杨通权 ◎编著

新编
房地产概论

四川大学出版社

特约编辑:蔡　晶
责任编辑:吴雨时
责任校对:楼　晓
封面设计:原谋设计工作室
责任印制:李　平

图书在版编目(CIP)数据

新编房地产概论 / 杨通权主编. —成都:四川大
学出版社,2011.4
　　ISBN 978-7-5614-5257-8

　　Ⅰ.①新…　Ⅱ.①杨…　Ⅲ.①房地产-高等学校-教
材　Ⅳ.①F293.3

中国版本图书馆 CIP 数据核字(2011)第 070714 号

书　名	新编房地产概论
编　著	杨通权
出　版	四川大学出版社
地　址	成都市一环路南一段24号 (610065)
发　行	四川大学出版社
书　号	ISBN 978-7-5614-5257-8
印　刷	郫县犀浦印刷厂
成品尺寸	170 mm×240 mm
印　张	22
字　数	405 千字
版　次	2011 年 6 月第 1 版
印　次	2015 年 1 月第 2 次印刷
定　价	46.00 元

◆读者邮购本书,请与本社发行科联系。
电话:(028)85408408/(028)85401670/
(028)85408023　邮政编码:610065
◆本社图书如有印装质量问题,请
寄回出版社调换。
◆网址:http://www.scup.cn

前　言

　　房地产具有基础性、先导性、关联性等特性，是国民经济的重要组成部分，与广大民众的生活息息相关。房地产产品与其他商品不同，它兼备了消费和投资的双重功能。因此，房地产不仅关乎经济发展、财产分配，还关乎民生和社会的稳定和谐。

　　房地产包括开发、经营、管理、服务等环节，是一个复杂的系统工程。从土地供应、城市规划、金融资本、税收调节、拉动内需等宏观政策考量，到建设许可、质量监督、新技术运用、项目管理等各项制度施行；从土地获取、资金筹措、施工建设、销售管理各方面和阶段的决策运作，到报批报建、合同签订、银行按揭、交房验房、交费办证、物业服务、纠纷处置等各流程环节实际操作，都有特别的规范、标准和要求，甚至还包括相当的经验和技巧。

　　改革开放以来，我国房地产业取得了巨大成就。随着房地产业的蓬勃发展，房地产业需要大批的专业人才。广大民众也随着与房地产关系的日益紧密，对房地产知识，特别是对其中具体细节的了解更加迫切。本书就是基于此，以房地产基本理论及原理为基础，以房地产开发经营实际操作为精要，借鉴他人的经验和成果，摈弃纯理论的枯燥模式及原有的篇章结构，以房地产开发运作流程为主轴，以房地产基础理论、相关法规、各开发经营环节流程为章节，侧重于实践性、操作性、技能性及经验性，独立成篇为章，编写而成。

　　本书共分三篇十五章，包括了前期的项目决策运作，如项目可行性分析、土地的获取、项目运作；中期的房地产开发，如规划设计、报批报建、建筑施工、贷款融资、房屋销售、交房办证；后期物业服务管理，如交房入住、装修管理、服务收费、业主规约、纠纷处置等。本书概述了土地制度、法律规范等相关的基础理论知识，着重梳理阐述各环节、流程的实际操作及要点，另外还加入了相关的房地产中介、房地产评估、房地产法律实务等内容。同时，每章末还有针对性地列出了相应的思考题，以供对照练习，加深和巩固知识要点。

　　本书主要供大、中专院校房地产、物业管理等专业教学之用。同时，也为了解、掌握房地产基本知识、房地产开发管理、房地产经营操作的读者朋友，提供一个全新的专业知识读本。

目　录

第一篇　房地产总论

第二篇 房地产开发经营

第三篇　物业管理、房地产中介及评估

第一篇

房地产总论

◆ 房地产概论

◆ 房地产开发经营

◆ 房地产与土地所有制

第一章 房地产概论

衣、食、住、行，是人类最基本的生活需求。衣食是为温饱，安居方能乐业。在衣食得以基本满足之后，安居就成了人们迫切的、明确的，渴望从根本上解决的大问题。居住之房屋，不只是遮风避雨之所，它关乎人们的社会地位、生活质量、地域户籍、医疗保障、就业投资、颐养天年，并直接影响下一代的教育、成长和发展。家是人们精神生活和物质生活的寄托和依靠。

人的出生不能选择，但户籍可以改变；老家是根，但新家可以安在别的地方；房子虽然不一定就是家，但家必须有房子，房子是家最直接的也是必不可少的物质表现。有了房子就有可能将户口转到城市，就可以从乡下人转变成城里人，享有城里人的福利和保障，后代就不再是农民。房地产作为给大众提供居住场所的商品化产业，渗透到了人们社会生活、经济生活的方方面面。人们不得不对房地产业给予敬畏的、小心翼翼的、又是无可奈何的关注，对房地产既爱又恨，既怕又气，既逃不掉，又避不开。普通消费民众如此，一般投资者如此，房地产商如此，房地产管理部门如此，与房地产关联的行业部门如此，政府亦如此。这是房地产与生俱来的不可复制的影响力和功效，也是房地产的魅力和精彩所在。

第一节 房地产与国民经济

一、房地产业是国民经济的重要组成部分

房地产业经济运行既要符合国民经济共同的运行规律，又有其特殊性。揭示房地产业经济运行规律的特殊性，与国民经济的关系，以及对国民经济的影响，不论是对房地产企业的经营，还是对政府部门的管理，以及提高经济效益、社会效益和环境效益，都有着非常重要的意义。

1. **房地产业的经济支柱特性**

（1）基础性。在社会经济生活中，房地产业提供的商品和服务具有生活资料和生产资料的双重属性，房地产既是人们生活的基本要素，又是社会生产的基本要素。在房地产中，住宅占80％左右，而住宅是满足人们居住需要的最基本的生活资料，也是衣、食、住、行中开支最大的项目，是基础性的生活资料。同时，房地产作为社会生产的基本要素，贯穿于社会生产和再生产的各个环节，成为不可缺少的物质载体。房地产的这种基础性地位，决定了房地产业作为支柱产业可以充分发挥其独特的主导性作用。

（2）先导性。城市开发首先要进行道路、交通、桥梁、给排水等基础设施建设；发展工业必须建设厂房；繁荣商业必须有商品楼；其他如文化、教育、体育、卫生事业的建立与发展，也离不开一定的用房。房地产的开发投资、经营活动先行，是城市开发的必然要求和普遍规律。我国正处在经济起飞阶段，城市化进程不断推进，城市建设蓬勃展开，促使房地产业以空前的速度发展起来。它带动了城市建设日新月异，促进国民经济的快速增长，充分体现了房地产业的先导性作用。

（3）关联性。房地产的开发、生产、交换、分配、消费各环节繁杂，涉及多种元素，建筑材料、建筑风格、功能要求等多样，直接和间接关联的产业门类不胜枚举，由此决定了其产业链特别长，产品关联度也特别强的特点。它不仅直接带动了建筑业发展，还促进了其他国民经济部门，如建材、制造、机械、五金、化工、运输、家电、通讯等几十个相关产业的发展。同时，它扩大了就业途径，吸纳了大量的劳动力。

2. **房地产业在国民经济中的地位和作用**

2003年8月12日《国务院关于促进房地产市场持续健康发展的通知》指出："房地产业关联度高，带动力强，已成为国民经济的支柱产业。""促进房地产市场持续健康发展，是促进消费、扩大内需、保持国民经济持续快速健康发展的有力措施，是充分发挥人力资源优势、扩大社会就业的有效途径。"这充分体现出：房地产业在国民经济发展中的作用举足轻重，对经济增长、扩大内需，以及向全社会不同收入群体，公平合理地分配有限的社会资源，满足他们不同层次的需求，都有着显著作用和不可替代的功能。

相关理论和许多国家的发展经验表明，房地产业的发展与整个社会经济发展相辅相成、息息相关。社会经济整体的发展会促进房地产业的发展，房地产业的健康发展会推动社会经济的进一步发展。

房地产业在国民经济中的重要地位决定其在国民经济发展中必将发挥重要作用。

（1）有利于推进我国的城市化进程。城市化是人类生产与生活方式由农村型向城市型转化的历史过程，主要表现为农村人口转化为城市人口及城市不断发展完善。我国正处在城市化进程的快速发展时期，需要健康稳定发展的、具有基础性和先导性的房地产业作为支撑，满足人们居者有其屋的基本要求，提高人民群众的生活质量。

（2）有利于提高城市的产业聚集效益。城市房地产业的发展，改善了城市基础设施包括生活服务设施，这有利于吸引更多的人才，聚集更多的资金、技术等生产要素。

（3）有利于带动经济结构的优化。房地产业的发展不仅改善了城市基础设施，为产业结构升级和优化创造条件，而且还能带动一系列相关产业的发展，改善劳动力结构，从而进一步优化产业结构、提升产业品质和产业贡献。社会经济的发展，使居民消费结构向高级化和多样化方向发展。随着住房条件的改善，对各类家用电器、家用轿车、高级饰品、全套家私、娱乐健身器具等的需求将不断增加，消费的重点从生活必需品转向提高生活质量的必备品。消费结构的提升必将带动整个产业结构的优化和进步。同时，房地产业的发展还极大地带动金融、保险、证券等行业的发展。

总体而言，房地产业在国民经济体系中处于先导性、基础性、支柱性的产业地位。房地产业在推动城市建设、促进经济增长和提高国民居住生活水平等方面发挥着重大的作用。一个国家的发展，总是伴随着大规模的人口迁徙，各种利益的创造和分配，各种社会势力和社会阶层都不得不面临房地产经济以及由此带来的诸多影响。因此，巩固和发展房地产业，繁荣房地产市场，对于加快国民经济建设，特别是城市经济建设，具有十分重要的意义。

二、房地产业与其他产业相互协调拉动和补充

房地产业有巨大的带动作用。房地产业是国民经济中的一个产业分支系统，与其他产业有着不可分割的互相拉动和补充作用。并且，这种协调拉动和补充作用是极其巨大的，是其他产业不可比拟的。

房地产与相关产业有如下关联：

1. 人力方面

（1）教育、培训；

（2）社会人力资源的配置等。

2. 资金方面

（1）金融企业（前期贷款、后期按揭）；

（2）保险行业；

（3）私募基金业等。

3. 物力方面

（1）前期物配，如办公设备设施、办公场地等。

（2）建筑建设，参与行业有设计、地质勘测、监理公司、建筑企业等；

（3）建材安装供应链。

材料供应：

①砖（上游所需的煤、机械设备、劳动力、运输等）；

②水泥（上游的机械、采掘、劳动力、运输等）；

③钢材（矿石、外贸业务、海运及船舶、煤电等）；

④玻璃、铝合金、外墙面砖、涂料、保温、防水材料、门窗等产品；

⑤消防器具设备设施、给排水材料、水泵；配电系统、采暖设施器具；

⑥通讯、网络、电梯等。

后期消费配套：

①装修设计、施工企业；

②装修机具材料（板材、标准固件等）；

③墙材装饰；

④橱卫家私；

⑤家用电器；

⑥交通工具配套（自行车、电瓶车、摩托车、小轿车、皮卡等）。

（4）物业管理服务。

①物业管理服务企业；

②保安人员及器材设备、保洁及易耗品；

③电力供应维护、消防、安全监控系统、供水采暖、电梯保养维修及更换等等。

据统计：100 元的房地产投资可以拉动 170～220 元的其他基础投资；100 元的房地产消费可以拉动 130～150 元的其他消费；1 万平方米的房地产建设可以提供 100 个就业岗位。房地产业每增加 1 个单位的最终产品，可带动关联产品增加 1.5～2 个单位。在我国建立发达的房地产业，主要通过对住房的有效需求和产业自身的内涵扩张，推动建材、轻工、钢铁、机械、电气、家具、化工等基础工业部门发展，提高国民经济发展水平和宏观经济效益，促进产业结构优化。

发达国家的经验和我们自己的实践还证明，贸易、商业、金融业、交通运输业、服务业、旅游业以及社会公共事业的发展，都要求房地产业有一个较快的发展。据第一次全国城镇房屋普查资料显示，住宅建设与相关配套设施的比例大体是 1：0.8。也就是说，每开发 100 万平方米的住宅，约需 80 万平方米的社会服务设施与之配套，才能实现社会的有效运转。由此可见，房地产业的适度发展，可以为国民经济协调发展开辟一条新径，并能以多角度的拉动效应，为城乡经济和社会发展创造良好的条件。当然，这需要对"度"有充分而恰当的把握，不能过热，否则将危及全局稳定和金融产业的安全。

三、房地产与金融

国内外的经验表明，房地产业的发展与金融业关系十分密切，无论是居民个人购房还是开发商投资开发，一般都必须借助向银行贷款或发行债券或股票融资的方式筹集资金。可以说，没有发达的金融业，就不可能有兴旺的房地产业。

房地产业与金融业的发展具有互补性，房地产业大量和持续的资金需求，能有效地扩大金融业的放贷业务，促进金融业的发展，而房地产本身的高附加值及其保值增值的特点，又利于使这个产业成为抵押贷款的可信对象。

国外金融业参与房地产的途径主要有投资、贷款和抵押三种形式。我国主要是贷款和抵押两种，一般不直接参与投资。

如果把我国的房地产市场比作是一架高速航行的飞机，金融则是引擎源源不断的动力。房地产行业是一个资金密集型的行业，没有金融的有力支持，房地产不可能飞速发展。同时，房地产也为金融提供了优质的产品、流动投资平台和利润回报保障。然而它们之间并非亲密无间，也同样存在矛盾。为期几十年的回款周期不但大大增加了金融机构的机会成本，也与金融流动的特性产生冲突。高位的房地产违规贷款，使房地产开发贷款中诸多矛盾呈现在金融系统的面前，房地产也随之成为一个高利润高风险的行业。事实上，从长远来看，房地产离开金融的支持将会变得寸步难行。同时，金融业需在流通中体现自身的价值，但也必须重视金融风险的防范。央行历次对房地产的宏观调控正是为了防范这种金融风险。房地产市场也只有在金融的杠杆作用下，才能有条不紊地发展。

第二节　房地产与政府执政理念和管理能力

房地产业关系土地的征用和储备，旧房的拆迁，相关土地使用人的失地与失业、过渡与安置、就业和发展等等，这也成了关系千千万万的普通老百姓切身利益的大事。从经济学的角度来说，房地产关系到政府的城市建设和运营、市场的接受程度、效益创造和利益分配；从社会学的角度来说，关系到千家万户的安乐福祉，关系到社会的和谐、发展、进步。能否有效调控房地产业局面，使房地产业得到稳定、健康、有序地发展，考验着从中央到地方每一级政府的执政能力，关系到我们党和政府的执政威望。

从产业经济来说，房地产是市场行为，按市场规律运行。但是，住房问题却关系到社会和民生保障，过高的房价加大了民众的住房压力，使低收入家庭住房失去保障，使中等收入家庭扣除住房支出外，可支配收入减少，影响生活质量。摆在政府面前的问题多种多样：是保证民生为主，还是住房完全市场化为主；是刺激产业经济，保证 GDP 增长，还是合理调控；或是多头并重并举，还是先放后治；是依赖市场手段，还是偏重政策调控；采取什么样的措施，才能既保持房地产业健康发展，又保障民生居住；提供经济适用房、廉租房等以什么样的度和采用什么样的程序办法……凡此种种，无不让政府通盘考量，无不考验执政党的执政理念、智慧和能力。

第三节　房地产与民生

房地产业，不仅是国民经济的支柱产业，更重要的是，它还有着关系民生福祉的公共属性。"居者有其屋"是人们共同的美好愿景。人类的生活离不开"住"，从洞穴时代开始，人类就对住所孜孜以求。"诗圣"杜甫更是早就放言："安得广厦千万间，大庇天下寒士俱欢颜。"这些无不体现人们对住的渴望。

"未来有房就可落户。"2010 年春节期间，《求是》杂志刊登的中共中央政治局常委、中央政法委书记周永康署名文章指出："加快推进户籍管理制度改革，着力解决流动人口就业、居住、就医、子女就学等问题，探索'以证管人、以房管人、以业管人'的流动人口服务管理新模式，提升流动人口服务管理水平。"此文甫一面世，即引发各方关注。许多户籍制度相关决策部门的权威学者认为：这一次对于户籍制度的改革已然是蓄势待发。与此改革息息相关的公众亦敏感：由于没有居住地户口而受到或多或少歧视的命运将会面临怎样的改变？

住房已与人最为重要的身份标识——户籍联系在一起，而在此之后的则是人所享有的福利及平台。拥有住房，则成了人们改变生活及未来的一个要件和跳板。

如果将房地产业比作头上遮风挡雨的帽子，那民生福祉就是那顶帽子带给我们的安全、凉爽，以及发展的空间和享有的自主自由。房地产的发展与民生福祉的进步，是不可偏废的关系。头上的帽子太大太重让我们花费了太多的成本，就会反过来变成一种压力和负担，让我们不得轻松。并且，为了支付过高过重的房屋成本，不得不减少在其他方面的必要开支，人们总的幸福指数将会不升反降。反之亦然。

皮之不存，毛将焉附？房地产与民生，是打断了骨头连着筋。这些年，随着房价的节节攀升，人们背着的那间房子越来越沉重，沉重得抬不起头，佝偻着腰；那肥沃的"泥土"里生长的房地产大"萝卜"，长势喜人，"泥土"的养分却严重缺失，缺失得其他庄稼都枯萎了。这就必须进行一番矫正，即"调控"。否则，市场无法平衡，其危害是长久而深重的。当然，房地产业低迷时，则也要根据情况进行扶持，使产业恢复增长，保持健康。

根据调查显示，国家住房改革后，91.1%的城市居民购房方式是按揭贷款，为了减轻负担，89.5%的购房者选择了长期贷款的方式，贷款期限在15~20年，最长的甚至达到30年。在贷款买房的人当中，54.1%的人月供占其收入的20%~50%，而有31.8%的人月供甚至占到了其收入的50%以上。按照国际通行的看法，月收入的1/3是房贷按揭的一条警戒线，越过此警戒线，将出现较大的还贷风险，并可能影响生活质量。

让不同收入的老百姓住上合适的房子，是政策的出发点和终极目的。为了达到这个目的，在不伤害房地产市场的同时也保护到老百姓的利益，这其实是关系到民生的一个大课题。温家宝总理在2007年的政府工作报告指出：房地产对发展经济，改善人民群众的住房条件有着重大作用，必须促进房地产业持续健康发展。一是从我国人多地少的国情和现阶段经济发展水平出发，合理规划，科学建设，适度消费，发展节能省地环保型建筑，形成具有中国特色的住房建设和消费模式。二是房地产业应重点面向广大群众的普通商品住房。政府要特别关心和帮助解决低收入家庭住房问题，加大财税等政策支持，建立健全廉租房制度，改进和规范经济适用房制度。三是正确运用政府调控和市场机制两个手段，保持房地产投资合理规模，优化商品房供应结构，加强房价监管和调控，抑制房地产价格过快上涨，保持合理的价格水平。四是深入整顿和规范房地产市场秩序，强化房地产市场的监管，依法惩治房地产开发交易中介等环节的违法违规行为，地方各级政府要对房地产市场的调控和监管切实负起责任。由此可见，房地产业与民生的重要关系。

第四节　房地产与权力关系及腐败

社会发展必然会形成不同的利益团体。在社会转型期，利益日趋多元化是市场经济发展的一种必然趋势。利益群体涵盖的范围很广，老百姓也能形成利益群体。利益集团对利益的诉求需要直指或借助于利益载体。房地产就是一种诱人的利益载体和媒介。权力、金钱和各种资源都向房地产这块诱人的大蛋糕蜂拥而来，房地产与权力便有了见缝插针且无孔不入的媾和，其滋生出来的，或者说它们要掠取的就是不当得利，侵害的是国家和公众利益，直接的表象就是腐败。虽然这种情况并不是绝对的，但在房地产市场没有完全法制化、公平化的情况下，却也不是个案。有鉴于此，2010 年 2 月，中共中央发布《中国共产党党员领导干部廉洁从政若干准则》，禁止领导干部干预和插手土地使用权出让、房地产开发与经营等市场经济活动。

有的房地产开发商为了能获得项目，占有土地，不惜主动委身于权力，这是金钱与权力的暧昧关系。但当金钱将权力利用之后，国家的公权力就发生了质的倾斜甚至颠倒，祸害体制和民众。

资本与一些官员滥用公权相勾结是房地产业的一大特性和顽症。权力作为稀缺且必需的资源和决定性资本进入房地产业，在相当程度上破坏了房地产市场的公平秩序，使正常的房地产经营利润分流，增加了房地产开发的成本，减少了房地产开发的利润，同时在相当程度上也导致了房地产界欠税偷税风行，助推了房价持续走高和房地产业的畸形发展。一个显见的事实是，越来越多的腐败和行贿受贿案件出在土地问题上。腐败官员与开发商之间的暧昧关系，与土地交易的不公开、不透明有很大关系。中央政府在过去几年接二连三地下发文件，要求全国所有经营性土地都要进行公开交易，但相当长的一段时间里，政策在落地时并没有得到全面、到位的执行。人们总能从层出不穷的个案中发现权钱勾结的影子。发生在土地、税收、规划等房地产开发、销售环节诸多"为钱左右"的事实令人震惊。

对于热衷追求政绩的地方政府来说，房地产业简直是上天的恩赐：第一，产出政绩效率最高。它能吸纳大量投资，能够创造高速增长的 GDP，也能给政府带来大量税收收入。第二，政府恰恰控制着这个产业最需要的两种要素：土地和信贷，尤其是土地。城市原有城区已被宪法宣告为完全属于国有，地方政府可以随意拆迁、改造；乡村土地尽管法律上属于农村集体所有，但地方政府通过其政治与行政控制链条，享有事实上的支配权。第三，这意味着，政府可以压低给农民的土地征用补偿，从而有条件以低廉的价格吸引工商业投资者，然后通过操纵供应将其价格哄抬上去，从而获得了巨额预算外收入——以此作为政府进行政绩工程、面子工程的资本。因此，20 世纪 90 年代中期以来，中国经济，尤其是城市经济迅速地"房地产化"。所以，一些地方官员没有站到普通百姓一边，而是一屁股坐到了房地产商的钱袋上。人民给予的手中的权力与将为谋求民众福祉、社会和谐当做执政之第一要务的要求尚存距离，过分看重了名与利。结果，在权钱勾结和其他多重因素的搅和下，实现了权力在房地产上的寻租及产出，形成了房地产业的一大特色。

这种利益与权力相勾结的社会后果极为严重。拆迁户、失地农民、工资长期被抑制的产业工人、被高房价压得喘不过气来的市民等群体，不可能为房地产经济的增长而欢呼。房地产经济的增长和发展，国际与国内、经济学圈子与公众媒体的评价反差强烈。增长给整个社会带来的不是喜悦，而是一种怀疑、焦虑、不满甚至愤怒。房地产业不得不直面在这种局面下复杂的民众心态和社会环境，以及由此引发的社会性经济风险。

第五节　房地产及房地产市场特性

一、房地产概念

1. 房以地为基，地以房为贵

地为原始的、自然的、天赐的；房则是后天的、人为的、创造的。两者有机结合，就是房地产。

房地产就是"房产"和"地产"的统称。"房产"和"地产"是分开的、可以独立的两个权属系列财产。

"房产"有"房产证"，"地产"有"土地证"；在我国，准确地说是"国有土地使用权证"。

　　"房产"和"地产"这两者不是一个混合体，它们作为财产定义的内容，在各自的范畴内，有时是可以分割的，即分出相应的百分比例，但却不能割裂；有时却不能分割。

　　"房产"和"地产"这两个不同的权属系列，分属不同的管理部门管理和确认。"房产"由房地产管理部门，俗称房产局管属；"地产"则由土地部门，通称国土资源管理局管属。

　　"房地产"一词有狭义和广义两种解释。狭义的房地产是指单项的房屋、屋基地，以及附属土地，包括院落占地、楼间空地、绿化用地、建筑小品用地、道路占地等空间上与房屋和屋基地紧密结合的土地。狭义的房地产近似于"不动产"。广义的房地产是指宗地项目以上的全部的土地和房屋，以及附着于土地和房屋上不可分离的构件，更多的指工程项目、行业或产业。房地产狭义和广义的区别在于：指单个或全部、微观或宏观。

　　房地产由于其权属及经济的特性，决定其具有特别的法律意义，即：房地产本质上是指以土地和房屋作为物质存在形态的财产。这种财产是指寓含于房地产实体中的各种经济利益，以及由此形成的各种权利。如所有权、使用权、租赁权、抵押权、处分权、收益权等。

　　2. "房地产"和"不动产"

　　就两者的冠名特征，非常明显，"房地产"倾向于该类财产或产业的物质属性，即"房"和"地"，倾向于表明这种财产是以房屋和土地作为物质载体；而"不动产"则侧重于该类财产的物理运动特性，即能不能"移动"以及"移动之后的后果"。

　　所谓不动产，就是指该财产是固定不可动的，一旦移动，将使该财产的价值和使用价值受到根本性的影响和破坏。以前由于建筑物的木质化，可以拆迁搭建而不受太多影响，所以不动产更多地指土地。现在由于建筑工艺技术及材料的改进，建筑物与土地已经成为一体，不可分割，不能独立拆建，故，不动产不再仅指土地，还包含了建筑物，即指：土地及附着于土地上的改良物。其中所谓的改良物（improvement）包括建筑物、道路、停车场、水电设施等。因此，不动产也就俗称为"房地产"。其意义不仅止于土地及房屋，更包括附着于土地上的各种结构物及设施。

　　英语 real estate 或 real property 翻译过来就是中文的"不动产"。Real estate 具体是指土地及附着在土地上的人工建筑物和房屋；real property 具体是指 real estate 及其附带的各种权益，翻译则为"房地产"。英语中，real estate 和 real property 可互译互称，两者关系可见一斑。

从广义的"房地产"概念来说,"房地产"与"不动产"是同一语义的两种表述。作为概念,房地产与不动产常被交换使用,两者之间有着密切的共通关系。但差别也是显而易见的。

(1)称谓领域不同。

"不动产"是民法惯常使用的词汇,"房地产"则是经济法和行政法及商事实务中较常用的称谓。

(2)适用范围不同。

"房地产"与"不动产"在某些方面可通用,但"不动产"一般指一个单项的"物业"单位(如单项的房产、地产,或者单个项目),在个人或微观适用上,采用"不动产",如购置不动产,投资不动产,拥有不动产等;而"房地产"是指一个国家、地区或城市所拥有的房产和地产。因此,在宏观适用上,一般只用"房地产"而非"不动产"。如"房地产业""房地产管理局""房地产体制改革"和"房地产政策"中的"房地产"一般不可以"不动产"代替,所以没有"不动产业""不动产管理局""不动产体制改革"或"不动产政策"的说法。

(3)概念外延不同。

一般而言,"房地产"概念的外延是包括房地产的投资开发、建造、销售、售后管理等整个过程。"不动产"有时也可用来指某项具体的房地产,然而,它只是指房地产的交易、售后服务这一使用阶段或区域。所以,两者有宏观与微观之别,有全体与部分之差。

(4)不动产与动产对应,房地产与动产没有明显的对应关系。

"动产"是指不动产以外的财产,如机器设备、车辆、动物、各种生活日用品等等。它是指可移动的,并不因为其移动而改变和影响其固有的物理特性、形状、功能、价值和使用价值。

动产和不动产在有的时候存在微妙的可变关系:如生长在土地上的各类植物,如树木、农作物、花草等,是动产还是不动产呢?植物的果实尚未采摘、收割之前,树木尚未砍伐之前,都是地上的定着物,属于不动产,一旦采摘、收割、砍伐下来,脱离了土地,则属于动产。

二、房地产的特性

1. 地理空间固定性

房地产固定于某地域某处街区某层楼,区位朝向等空间亦固定,不因人的意愿而改变,也不能随房地产所有权人之愿将房屋地产转移他处,具有地理空间不可变更，整体结构不可移动的属性。其地理空间的固定性使得在交易价格、价值、使用功能等方面显得格外重要和独特。偏僻乡野的房价地价与大中城市的房价地价之天壤之别，就体现和反映在这地理空间的差异上。

所以，房地产的金科玉律就是：第一是地段，第二是地段，第三还是地段。这地段就是指的区位，地理空间。

2. 独特性

世界上有数不清的叶子，但却没有两片完全相同的叶子。世界上有数不清的房子，但同样没有两套完全相同的房子，就算它们在相同的地段相同的楼房相同的单元拥有相同户型。每一件商品房都是独一无二的、不可完全复制的，即具有不相同的品质特性。不像其他商品，可以批量生产，原料、做法、价格相同。

由于区位条件、建筑类型、建筑风格、建筑材料、配套设施、层数高度、屋龄与邻里环境等因素不同，造成房地产产品的品质不同。同一区位同一项目的房地产产品，也有明显的品质差异。反映到价格上，就体现出房地产价格复杂化和多样化，不同的户型的价格不同，相同的户型其楼层不同，价格也不同。

3. 经久耐用性

房地产不是易耗品，不同于一般的日用品。如果不是发生泥石流、地震、海啸等自然灾害，则轻易不致消损毁坏。而房屋建筑材料的优化，工艺技术的进步，抗毁能力的提高则使其使用寿命大幅延长。一般而言，房屋建筑物的生命周期可达六七十年或上百年。房地产如果不是政策方面的原因，则可以轻松越辈传代。

4. 价贵值高性

房地产占据了私人财产中的大部分。住房可谓其一生最大的一笔投入。房地产虽然不是奢侈品，但绝非低值品。按照通常的计算模式，一般住宅的综合价格在户均收入的六七年左右；而按实际的情况估算，现在有的地方一套住宅已需户均近20年的收入，以至于出现了一辈子当房奴，辛辛苦苦一辈子，也就弄了套房子的独特的、同时也是可悲的房地产现象。房地产之价高，已成了普通民众心中的挥之不去的痛，成了压在其头上的新的一座大山。

5. 投资与消费双重性

与所有的商品具有价值和使用价值一样，房地产由于其高值耐久易于保存等特点，其价值和使用价值的表现更加明显。房地产首先是消费品，作为人们居住的必需品，用于自住，就是消费，体现使用价值。房地产其次是投资品，用于经营、租赁、投资，追求的是其内在的价值。同时随着城市建筑用地日益稀少，房地产不仅有保值能力，更有增值潜力，故成为一种理想的、大众化的投资理财产品。

房地产与一般的日用品，如衣物、电子产品、汽车等不同，它有超强的投资功能；同时与一般的投资保值品，如黄金、古玩、字画等也不同，具有超常的使用功能。因此，房地产兼顾了消费使用和投资理财功能，具有极强的投资与消费的双重属性。

6. 重复修饰升值性

房地产的价值和使用价值不是一次形成的，它的价值和使用价值可以通过多次的内饰外装保持或再次体现和提升。重复内饰外装可以随人所感，具有艺术性、创造性、观赏性、适用性。可以使房屋随时如新，风格随意。

当然，内饰外装属于房地产的再投入和附加值创造，投入较大，其附加值的体现波动较大，有时可能其附加值为零或负数。

7. 产品的线性快速发展

房地产产品不是波浪式前进，也不是螺旋式上升，而是更替式、树状发展。没有一种产品能包容所有的需要，加上房地产产品的经久耐用性，所以新的产品拓展新的领域，原有的产品占据一定份额，呈现百花齐放的繁荣景象。

其产品的升级换代是以其舒适、便捷、环保、适用，兼顾多种需求和功能为使用价值所体现，以及以节能、优材优质、文化风格、艺术元素、经典传承为其价值内涵，呈使用价值和价值双主线并重的线性发展模式。

三、房地产市场特性

1. 房地产市场的泡沫性

当价格的绝对值较多地大于和偏离价值，就产生了所谓的市场泡沫。房地产市场由于受房地产商品特性的左右，很容易受到理性的青睐和非理智的炒作，造成价格狂涨，价值虚高，出现泡沫化。经济规律不会让价格如脱缰之马横冲直闯，当价格与价值的偏离值达到临界点时，价格将会不由自主地进行回归，从而造成泡沫的破裂。任何商品市场都存在价格和价值的偏离，有时是正向的，有时是负向的。因为房地产市场除了拥有商品市场的特点外，还兼有资本市场的特殊性，所以其波动性，波动的幅度和激烈的程度，却是除了股票市场和期货市场外，任何商品市场都难以比拟的。房地产市场存在泡沫应一分为二地看待，应该说存在一定的泡沫是正常的，是有利的，但同时也应看到，泡沫积聚到一定的程度，是极其有害和危险的。它不仅危害经济发展，还会危及社会安定和民生进步。

2. 房地产市场的可拓展性

市场不是固有的，也不是一成不变的，市场是可以培育、拓展的，也是可以引导的，房地产市场同样如此。

市场的广度可能拓展，如开发新产品，开辟新市场；市场的深度可以发掘，如精细升级原有产品，巩固原有市场；市场的对象可以挖掘，如从思想意识上，从认知认同上，从消费取向和价值定位上，发现和培育新的消费和投资对象，增强市场流量和活力。

当然，房地产市场不只有正向的拓展，也会出现反向的萎缩。同时，不论其正向和负向的运行，都有其固有的惯行，并非随心所欲。

3. 房地产市场的多级多层次性

房地产市场从土地到建设，从建筑到销售，从商品房接收到再次或多次转卖，房地产市场是多级多层次的。按房地产流程，其市场级次分别为：一级土地市场，二级房地产销售市场，三级商品房再售市场。

另外，房地产可按其使用形态、品质、区位或价位等不同特性，区分成不同层次市场，如商业铺面市场、写字楼市场、住宅市场等。商业铺面又可分为中心商业铺面和一般商业铺面等。写字楼市场可分为高档和中低档市场。住宅市场则更多，可分为一般住宅市场、中档普通小区市场、高档花园小区市场、多层住宅市场、高层住宅市场、超高层住宅市场、别墅市场等。

4. 房地产市场的联动性和影响力

房地产产业关系众多上下游行业，故其市场的联动性十分突出。如对上游的水泥、钢材、玻璃、铝合金、门窗、消防器材、水电设备设施、电梯等行业的需求，对下游的五金、化工、塑管、线材、板料、家电、家私、布艺等等的拉动，可谓功不可没，影响深远。房地产市场体量巨大，在经济活动中有举足轻重的影响。

5. 市场交易法定权证的唯一性

房地产与其他商品一样可以通过买卖、赠予的方式实现经济利益和相关所有权、使用权、收益权等权利的转移。作为商品，它们完全可以进入市场，进行交易，进行不移动买卖。但是，与其他商品不同的是，房地产并不仅通过简单的交钱易物实现权属转移，还必须通过行政登记确认，即权证化才能完成。

房地产实行唯一的合法登记制度。登记权人为唯一的合法所有权人。故而其市场交易特点，必须以登记变更转移为结束。并不同于一般单纯的物钱交易。同时由于其手续繁杂，需要缴纳的各种税费较多，注定市场交易成本较高。

6. 期权性或权属后延性

房地产购买对象是商品房，但购买行为发生时，其商品房可以是现房，也可以是未来预期实现的期房。因此，房地产市场具有期权交易属性，即在购买时因房地产未成形，没有成为商品，故而拥有且只拥有该购买标的物的期待权及后期权属的可实现权。

同时，该期权属性，存在未知的不确定性，故而使房地产市场存在一定的风险。

7. 房地产市场的政策制约性

房地产市场依赖于政府宏观政策的引导支持，因而对政策因素极度敏感。政府的土地政策、城市发展规划、公共建设、建筑法规、房地产政策、房地产调控措施、金融政策和税务政策等政府行为意志，对房地产市场无不产生直接的影响和制约作用。

在房地产市场低迷不振之时，需要政策的扶持振兴，如降低产业准入门槛、降低房贷利率、降低首付比例及减免有关税收等；房地产市场狂热之时，需要政策的及时调控，如加息、提高首付比例、提高二套房贷款利率、限购多套房及增加税收等。通过政策的干预影响，使房地产市场保持良好健康的发展。

良好的房地产市场是房地产业本身的需要，也是政府宏观经济发展和社会平稳运行的需要。在某种程度上，政策的制约是各种利益在房地产市场领域的平衡和博弈。

8. 市场供给调整的周期性

房地产的需求长期随着人口、经济社会的变化而变化。市场的需求和供给，同样有一定的波动变化和调整周期。另外，从市场的供给来说，房地产从生产建设到成形交付有一个建筑期，形成交付期大约在 18 个月到两年，才能投入市场，市场供给有一个周期性延后的时差。

第六节　房地产经济学

房地产经济学就是从经济学的角度，用经济学及其相关学科的理论、分析工具和方法，研究房地产经济运行规律、房地产资源的科学合理配置和房地产业的经济贡献和经济辐射。它揭示房地产业的运行规律，揭示房地产经济运作过程中各环节，以及与之相关的各种经济的、政治的、资源的以及民生的诸因素的关系和矛盾。通过房地产经济学的研究，从宏观上，使政府管理部门发现房地产业运作过程中的主次矛盾，为政府及有关部门提供科学的及时的决策依据，充分合理地利用房地产资源，提高资源配置效率，促进和保证房地产业的健康、快速、稳定和可持续发展；从微观上，为房地产开发经营企业提供经济效应的理论指导，使之在竞争中争取主动，获取社会效益和经济效益的最大化。

房地产经济学的基本任务是对涉及房地产经济的各个主要方面进行理论分析和探讨，并由此阐述房地产经济的基本理论。房地产经济学作为部门经济学，要以理论经济学作为它的理论基础，以马克思主义经济学，特别是邓小平经济理论作为根本指导思想。房地产经济学是整个房地产经济学科的理论基础，是一门应用性的理论科学，也是一门综合性的涉及房地产整个经济运行全过程的基础科学。

思考练习题

一、名词解释

1. 房地产
2. 不动产
3. 动产
4. 房地产经济学

二、简述题

1. 房地产与不动产有何异同？
2. 简述房地产业在国民经济中的地位和作用。
3. 试述房地产特性。
4. 房地产市场有什么特性？
5. 房地产经济学的基本任务是什么？

第二章 房地产开发经营

第一节 房地产开发经营概述

一般认为，房地产就是房地产开发，将房地产开发公司说成是做房地产开发的。其实，准确地说，房地产包括开发和经营。对于房地产开发企业来说，其主要目的是生产和销售产品以此投资赚取利润。房地产开发是通过出让的方式取得城镇土地，并按规划进行商品房建设开发；房地产经营则是指将生产出来的商品房销售出去，以及将没有销售出去的商品房，或者本不销售的房屋经营好。

房地产开发从广义上讲，是以城镇土地资源为对象，按照预定目的，进行改造加工，对地上进行房屋设施的建筑安装活动，以及为此而进行的规划、设计、施工和经营管理活动的全过程。

狭义的房地产开发是按照预定的目的而进行的改造土地和建造房屋设施的经营管理活动过程，即侧重于土地的开发利用和房屋的建造。

房地产经营也有广义和狭义之分。

广义上讲，它是房地产企业对经营目标进行科学决策，并使确定的目标得到实现的全部管理活动的总和，它包括房地产的投资、开发、出售、出租、维修和服务等全部综合管理职能活动。广义的房地产经营与广义的房地产开发内涵相同，只是表述各异。

狭义上讲，房地产经营主要是指有关房地产产品供销的管理活动，其中尤其着重于销售活动。

还有一种为纯粹的房地产经营，一般出现在房地产开发企业内部的管理分类上。它仅指对商品房的自营、出租等经营管理活动。该种房地产经营的基础是：商品房并不是都能销售出去的，或者有的是开发商要作为长期投资不出售的，所以就存在经营问题。房地产开发经营的关系为：开发是主要的，经营是次要的；开发利润是主要的，经营收入是次要的；开发投资就项目而言是短期的，经营却是长期的；开发主要是独立的，经营可以是多种方式联合的。

第二节　房地产开发形式

根据不同的划分标准，房地产开发有多种形式。

1. 根据房地产开发内容的不同，可以分为以下三种形式

（1）综合开发，又为全程开发。是指从规划设计、征地拆迁、土地开发、房屋建设、竣工验收，直到建成商品房进行销售、交付使用的整个过程。这是开发公司组织开发建设、经营管理、服务的一项系统工程。

（2）土地开发。是指只办理征地拆迁和过渡安置，搞好水通、电通、路通及土地平整的"三通一平"的全过程。它与综合开发的区别在于，土地开发不包括房屋建设的过程。

土地开发实则为房地产开发中的炒地，即为通过土地开发使土地升值，或直接谋取土地差价。一般是完成土地开发或获得土地使用权之后，将土地转让给他人进行开发，获取利润。

因为土地的国有属性和政府的土地市场垄断地位，就土地开发而言，地方政府是最大的土地开发商。政府通过拆迁、规划、旧城改造、新城再建、改变土地使用性质或所有权等方式储备土地，采用市场化运作，高价出让给开发商，获取巨额利益。

转让获取的土地使用权在房地产开发活动比较少，多因土地使用权所有人无力再开发引起。但就一般的开发商而言，从政府手中获取土地的成本并不低，一般来说，转让土地获取的差价收益与继续进行建设开发的利润不可比。转让土地获利不为房地产开发公司首选。就算是通过不可为人道的方式和渠道低价或超低价获取土地的也如此。一是转让会带来一些不可预料和控制的风险，二是人类不可更改的贪婪的本性不会让肥水外流，更不要说油水让人了。当然，纯粹与政府官员勾结权钱交易，合谋权力租售、权力变现低价获取土地的除外。

（3）房屋开发。是在土地开发的基础上，获得土地使用权后，按照城市规划的要求，组织房屋设计、施工建设、竣工验收、出售和租赁等经营的全过程。

该房屋开发仅指房屋的建设及销售阶段。是从理论上的房地产开发的分段

归结和表述。实践中，没有土地的获取，后期房屋开发是无米之炊。

2. 根据房地产开发承担方式的不同，又可分为以下三种形式

（1）独立开发。即房地产开发公司自己负责从本项目工程的可行性研究、征地拆迁直到房屋建成经营全过程。房地产开发开公司既是投资商，又是发展商。此种开发在房地产开发中最为常见。

（2）委托开发。即房地产开发公司接受用户或投资单位的委托，根据已划定的征地红线，进行规划设计、拆迁安置、组织施工，直到建成后交付委托单位。开发公司按规定收取开发管理费或承包费。

严格意义上说，委托开发不属于房地产开发的范畴。因为开发主体不是房地产开发公司而是其他主体。出现这种委托开发的情况大多是：委托单位没有房地产开发的资质，不能进行房地产开发；或一个项目有多种使用性质的建筑，有的属于还建，有的可供开发。

委托开发出现的形式为挂靠或分包开发。

所谓挂靠又叫借名，就是将开发项目转至受托的开发商名下，向开发商交纳挂靠费或管理费，以开发商的名义进行开发经营，所有的管理运作全部由委托人自行处理，开发收益归委托人所有。

分包开发与挂靠稍有不同，除了借用开发商的名义外，委托人不向分包开发商交纳费用，将开发权让给分包开发商，收取议定的分包开发收益，剩余利润归受委托开发人所有。

（3）联合开发。联合开发则是项目原所有人与开发商合作，双方按议定的投资比例确定股权，将开发项目转至开发公司名下，不交纳挂靠费或管理费用，开发收益由委托人与开发商按比例分享，出现风险，双方亦按比例承担。联合开发的最显著表现为，在开发中开发商和发展商不为同一主体。此种联合开发不包括一方为国有土地使用权所有人，另一方为开发商，双方联合开发分成的形式。

联合开发中有一种为拆包开发。即：开发商将其中部分开发内容拆分，交由另行的投资人开发，以原开发商名义办理手续，而投资管理则由合作的投资人负责，开发商收取相应的费用报偿，投资人承担开发经营风险并获取利润。

3. 根据房地产开发阶段的不同，可分为以下三种形式

（1）前期开发。一般指将需开发的地块推出进入出让程序，以及如何拿到开发宗地，即指开发破土动工以前的一切准备工作。包括开发的可行性研究、选定开发的地点、向政府申请建设用地、征用土地、拆迁安置、规划设计、制定建设方案及施工现场的"三通一平"等工作。

前期开发出现的费用统称为前期开发费。在房地产市场并不完全透明化的情况下，前期开发费有灰色的成分。

（2）中期开发。即指对房地产的经营管理过程。一般主要包括房屋建设、竣工验收、房屋出售、租赁、经营目标、经营决策、经营方式及综合开发公司自身的专业管理和综合管理等内容。

中期开发是房地产开发成败的关键，是战役攻坚阶段。资金大量投入，规划设计、施工监理和策划销售全面展开。

（3）后期开发。即指房屋的售后服务。包括房屋出售或租赁以后，对各种建筑物、构筑物和设备的保修、维修、使用等房屋的维护管理工作。

后期开发对解决用户的后顾之忧尤为重要。

对于注重品牌的房地产开发公司，后期开发包括了物业管理和物业服务内容，虽然物业管理服务与房地产开发企业在法人主体上是要求分开和独立的，但房地产开发企业可以通过集团公司的形式或通过向物业服务公司注入资本的办法，实际控制物业管理服务公司，实现对后期开发的管理。

第三节 房地产经营方式

对于房地产经营方式的含义，存在许多不同看法。这些不同的看法基本上是由于对房地产经营存在广义和狭义两种不同的理解引起的。我们主张从狭义的角度研究经营方式问题。

狭义上的房地产经营方式，主要是指房地产产品的出售和出租的方式。

1. 房地产出售的经营方式

出售是商品经营必然的步骤，也是最普遍的方式。它是房地产产品实现其价值的渠道和办法。房地产产品出售，根据不同的分类，通常有以下方法：

（1）按交易期限不同分为现房与期房两种出售方式。

现房出售就是房屋已经建成，具有可使用性，购买者可以及时使用并得到了房地产的部分或全部产权。其特点是：产品已经成形，并具有可交付使用的功能。

期房交易是指购买的房屋是预期才能实现的房屋，即现时购买的只是所谓的"楼花"，购买时，作为标的的房屋还在建，需经一段时间后，才能竣工并经验收合格交给买受人。期货交易一般是在市场火暴，供给不足的情况下较多采用。我国实行的商品房预售制度，其实就是对房地产期货交易的保障。其优点是买受人可以得到货源保证，价格相对优惠；出卖人可以提前得到房款，缓解资金压力，加速房地产开发和流通。缺点是增大购买人的风险；容易发生转手倒卖的投机行为，积累泡沫。

（2）按成交方式分为订购、现购和拍卖等方式。

订购是买受人为了确保货源，先预付一部分订金圈定商品房，当该产品交易条件成熟时再行签订购买协议确定买卖行为。

现购是即时购买即时成交签署协议。

拍卖则为集约竞价现购。即将具备出售条件的商品房届时公开按一定的应价出售，价高者得的一种特殊交易方式。

（3）按付款方式可分为一次性付款和分期付款出售。

一次性付款可以是签订协议时一次支付，也可以是签订协议后一定期限内一次支付。

分期付款则为房款分二次或二次以上付清。

（4）按付款条件可分为平价出售和优惠价出售。

此种分类因价格的不确定性和随意性而没有多少实际意义。

（5）按出售数量，可分为批量出售和单宗出售。

批量出售即为团购。其批量基数设置因时因势而定，没有确切的标准。

（6）按销售组织方式可分为自行销售或委托代理销售。

自行销售为房地产开发公司自行组织人力物力，成立销售部门，自行销售商品房。

委托代理销售为将商品房销售按一定的要求，委托他人操作处理，并按约定支付委托代理费用或佣金。

2. 房地产出租经营

出租，是房地产经营的另一种基本方式。出售与出租的最根本区别是：出售是转移了房屋的所有权，以及所有权包含的其他一切权益；而出租是保有房屋的所有权，仅转让一定期限的房屋的使用权。

房屋出租，就其经济性质而言，它具有三重特性：首先，它只是出让一定期限的使用权而不出让所有权；其次，通过出租，承租人虽未得到房地产的所有权，但却只需用房地产价值中的很小部分——租金，就可在规定的期限内获得它的全部使用价值；再次，出租使房地产产品既处在流通中，又处在消费中，价值和使用价值得以充分体现。

房地产出租按所经营的对象不同，分为土地出租和房屋出租。

土地出租受各国土地制度影响很大。在我国，由于土地公有，土地租赁就成为土地经营的唯一方式。国家规定国有土地可以有偿出让，转让其使用权。土地出让的一级市场由政府垄断，它单向地流向土地使用者。就房地产经营来说，房地产开发企业通过出让的方式从政府手中租赁一定期限的土地使用权，然后开发建成房屋后，将房屋出售给购房者的同时，将土地租赁使用权转移给购房者。其土地出租属于转让或再转让土地使用权的行为。

房产出租，需要通过签订契约以确立和明确租赁关系，以及出租人和承租人的权利和义务。房产出租在城市房地产经营中占很大比重，是不容忽视的经营内容和方式。房产出租的租金价格主要取决于同期银行利息和房屋价格。房屋出租价格也是衡量房地产市场健康正常与否的一项指标。租价比，即租金与房价之比，过低则说明房价过高，反之则说明房价过低。一般认为，住房的租价比以不超过 1：200 为宜。

第四节　房地产开发模式

目前国际上具有一定代表性的房地产开发模式主要有两种：一种是以市场化资本运作为主、注重专业化细分和协作的"美国模式"；另一种是从融资、买地、建造，到卖房、管理都以开发企业为中心的"香港模式"。我国近几年的房地产开发模式渐渐由香港模式向美国模式转变，自 2005 年以来，这一转变愈发明显。

一、香港模式

香港模式是一条以房地产开发企业为核心的纵向运作链，投资买地、开发建设、营销销售、物业管理等，通常由一家企业独立完成，堪称"全能开发商"。香港房地产开发融资渠道也相对比较单一，主要构成是银行贷款和通过预售收取客户预购房款。

香港模式具有以下几个鲜明特点：

1. 获取土地是第一目标

政府高度垄断土地，大开发商高度垄断市场，房地产发展商占有了最具稀缺性的土地资源后，其他行业和社会财富自动聚拢而来，想不赚钱都难。香港地少人多、寸土寸金，香港拥有 660 万人口，却只是 1070 平方公里的弹丸之地，对香港地产商而言，有地才是生存的硬道理。拥有土地成了房地产开发企业竞争力的核心所在。

2. 项目运作"一条龙"化

香港房地产开发企业通常采用拿地、盖房、销售、物管"一条龙"式的滚动开发模式，作为"全能开发商"扮演着各类角色。长江和黄、新鸿基地产、新世界发展、恒基兆业等 10 家地产集团都是这样开发楼盘的。这种全能型模式有利于形成地产巨头，行业集中度相对较高，有利于资源的优化配置。正由于此，前 10 家地产商的开发量约占香港总开发量的 80％左右。

3. 融资渠道相对单一

总体来说，香港地产商大型化、财团化之后，其自身财力已经比较雄厚，然后通过银行贷款和预售款，基本就能满足开发经营需求，没有太大动力进行多元化融资。

4. 期房预售制

1953 年，在香港严重供小于求的卖方市场下，霍英东首创卖楼花的游戏规则，期房预售使得开发商除银行贷款外，又获得了一个新的融资渠道，从而在资金要求上大大降低了开发商的入行门槛。

二、美国模式

美国模式是以金融运作为核心，通过严格的专业化细分，形成一条横向价值链，构成以专业细分和金融运作见长的房地产发展模式。

美国模式代表了西方发达国家房地产开发的主流模式。美国拥有最成熟和完善的房地产金融体系，房地产投资信托基金和投资商成为主导者，而开发商、建筑商、销售商以及其他房地产服务商则成了围绕资本、基金的配套环节。美国地产模式的背景及特点是：

1. 土地自由供应

理论上讲，在 1990 年日本地产泡沫最大的时候，如果把整个东京卖掉后就可以买下整个美国，由此我们可知当时日本地价之高，美国地价之低。如果再追溯一下历史，当年美国西部大开发时，只需交纳 10 美元手续费就可以免费获得无人居住土地 160 英亩，只要定居和开垦 5 年，土地就永远归私人所有；由此形成美国 62％土地私有的格局，让政府不可能对土地供给进行严控。

2. 专业分工明确

美国房地产发展模式主要由房地产金融产业链、开发产业链、中介产业链和流通产业链等相互协调共存，强调房地产开发的所有环节由不同的专业公司来共同完成。而且不同公司根据自己的专业特长而专注于某个细化产品市场。比如：有专做写字楼的，也有专做大型超市的，既有做郊区成排别墅群的，也有独营退休社区的。

3. 以金融运作为核心

在美国房地产模式的各个链条中，金融产业链最为发达。美国没有一家房地产开发企业进入世界 500 强，但却有许多以房地产投资收益为利润来源的投资商、投资基金等金融机构进入世界 500 强。美国的房地产金融产业链由房地产基金、投资商和银行组成，其中最大部分是房地产基金。美国的房地产投资商主要是从事物业投资，而非物业开发，因此美国真正的大地产商都出于金融领域。以房地产投资信托基金为代表，美国目前约有 300 多只房地产投资信托基金，管理资产总值超过 3000 亿美元。

4. 收益大众化

美国的房地产资金只有 15％左右是银行资金，剩下的 70％是社会大众的资金，其中 35％是退休基金，35％是不动产基金。房地产基本上是私人投资，全国大多数人都可以通过不同方式参与房地产的投资，主要渠道是房地产投资信托基金、上市企业股票、MBS（房产抵押贷款证券）等。全民参与投资，既降低了房地产金融风险，又使行业利润被民众摊平，基本不可能出现如任由中国内地房地产开发商敛聚暴利的现象。

三、新加坡模式

由于政府实施了积极的住宅保障政策，新加坡成为全世界住宅问题解决得最好的国家。新加坡是一个市场经济国家，但在住宅消费保障制度方面，政府干预和介入很深。当然，这也与其是城邦型的地理特征有关。

1. 政府大力发展公共住宅

政府于 1960 年成立了建屋发展局，制定了"五年建屋计划"，大力发展公共住房，即一般所说的"组屋"。1968 年，新加坡政府又提出了"居者有其屋"的计划，从出租廉租屋为主向出售廉租屋过渡。受到英国的影响，新加坡近年来也倾向于住房私有化，通过推行住房私有化计划，新加坡一方面成功地把原属国家所有的住房逐步转让给个人，另一方面对经济收入不同的家庭，实行不同的政策。对收入高的居民，国家不包其住房，使其住宅完全商品化；对中低收入家庭，实行准商品模式，由政府投资建造社会住宅，然后再按优惠条件出售。梯级消费加上公积金支持的购买力使新加坡 80% 以上的居民购买了组屋居住。

2. 实行住房公积金保障制度

公积金制度是新加坡于 1955 年建立的一项强制储蓄制度，由雇主和雇员共同缴纳，以解决雇员退休生活保障问题。1968 年，新加坡政府为了解决中低收入家庭的住宅问题，允许动用公积金存款的部分作为首期付款之用，不足之数由每月交纳的公积金分期支付。这项规定使低收入者既能购房又不影响生活，从而极大地提高了低收入者购房的积极性。该项规定最初只针对最低收入家庭，1975 年后政府才对中等收入家庭放开限制。公积金制度成为新加坡国民储蓄的主要组成部分，也使新加坡成为东南亚地区解决住宅问题的典范。

3. 根据收入情况分级确定住房保证水平

分级提供公有住宅补贴要求严格按家庭收入情况来确定享受住宅消费保障水平。在住宅短缺时期政府规定只有月收入不超过 800 新元的家庭才有资格租住公用住宅。政府对购房补贴也采用分级的办法。例如，一室一套的，政府补贴 1/3；三室一套的，政府只补贴 5%；四室一套的，政府不仅没有补贴，而且按成本价加 5% 的利润；五室一套的，政府按成本价加 15% 的利润。由于房价上涨，出售公有住宅所赚得的利润，必须向房屋开发局缴纳一部分。

4. 公有住宅的合理配售政策

自 1968 年以来，新加坡购房者日益增多，搞好公房配售，让购房者觉得合理公平，成为房屋开发局的重要课题。起初，政府采用登记配售，以登记的先后顺序出售，后来改为订购制度。每季度公布一次建房计划，订购并申请房屋的人进行抽签，中签后经过购房审查交付订金，后随即签订购房合同，并交付房价的首付款。一般等两年多就可以住上新房。这种办法缩小了各地区、各类型住宅的供求差距。

四、德国模式

德国采取了住房政策和金融政策相结合，与市场经济相配套的措施。其梯度型、自助性的金融体系在解决居住问题方面发挥了明显的作用。

1. 公共住宅的建设与供应

二战后，德国面临非常严重的房屋短缺，为此政府大力推动低价住宅建设，同时也支持建设了相当规模的福利性公共住宅。国家和私人共同投资，主要以国家控制为主，承建公益性的大众住房。承建者可以是个人，也可以是企业或其他法人，个人或企业只承担造价的 20％的投资，其余由各级政府投资或者由政府提供担保。住房建成后，以出租为主，但是租住房屋的必须是低收入居民，住户凭低收入证书才能租用，房租仅相当于一般房租的 1/3，其余由政府补贴，也可以采用分期付款的办法将房屋出售给个人，售价也低于市场价格。

2. 房租补贴制度

该制度是目前德国对低收入居民住房保障的主要方式。新的住宅补贴法规定实行房租补贴制度，由政府根据家庭人口、收入及房租支出情况给予居民以适当补贴，保证每个家庭都能够有足够的住房支付能力。

3. 住宅储蓄制度

德国经营住房金融的机构很多，商业银行和私人银行都可以为个人购建住房提供金融服务。第一类是互助储金信贷组织，如住宅互助储金信贷社；第二类是契约储蓄系统，任何居民个人按照合同契约规定，连续几年存入一定数额的定期储蓄存款，存足一定金额时，即可取得住房贷款的权利；第三类是私人建筑协会和公营建筑协会，他们的贷款办法是自定、封闭性的。1999 年，德国住宅投资占 GDP 的 7.2％，其中住宅储蓄占整个住宅信贷的 22％。

4. 购房财政税收政策

为鼓励私人建房，政府通过减免税和其他奖励措施予以鼓励，联邦所得税法规定多方面优惠。此外，财政还给予收入较低的购房者不同程度的购房补贴，86％的德国人都可以享有不同额度的补贴。

五、日本模式

在日本的住房保障体系中，集团企业扮演着尤为重要的角色，而政府也以低息贷款等措施不断促进着民间企业的住宅建设。

1. 日本的住宅消费保障在其社会保障中占有十分突出的地位

日本公共住房的供应模式别具特色，主要以日本住宅金融公库、日本住宅都市整合公团和地方住宅供给公社为主体，其中住宅金融公库承担为公共住宅融资的职责，后两者则直接负责建设和提供住宅。

2. 重视法律保障

第二次世界大战后，日本住宅短缺达 420 万户，约 2000 万人无房可住，占到当时人口的 1/4。为了缓解住宅短缺问题，日本政府于 1950 年制定了《住宅金融公库法》，1951 年制定了《公营住宅法》，1955 年制定了《日本住宅公团法》。此后又陆续出台了一系列相关法规，通过建立健全住宅消费保障的法律法规，使得日本住宅政策逐步走向正轨。

3. 优惠的住宅政策

日本政府的具体做法是首先以低息贷款促进企业从事民间住宅建设；其次以低税和免税优惠促进私人住宅的兴建与购置；最后是充分发挥地方群众团体的作用，吸收社会资金发展住宅建设。

4. 集团企业发挥积极作用

日本经济发展的一大特点是集团企业的强大，大企业与政府关系良好，而政府对大企业的影响力巨大，形成特殊的官商关系。早在 1980 年，日本就有 200 多万家大企业建造了 16 万平方米以上的住宅区 240 多处。此外，日本政府在住宅保障方面的具体措施还包括：政府以低税、免税的手段促进私人住宅的建造；发挥各类社团组织的作用，吸收社会资金参与住宅建设。

六、英国模式

英国居民中有近 70％的居民拥有自有住房产权，30％的居民租赁住房。在租赁住房的居民中有 20％的居民向当地政府租赁公有住房，10％的居民租住私人房屋。

英国是资本主义国家中福利制度发展最早的一个国家，也是住房问题产生最早、政府干预最早的国家。

1950 年后，英国采取房租补贴替代原来的建筑补贴政策，使穷人成为补贴的最大受益者，被称为"真实租金政策"。1962 年，为规范当时民间兴起的建房社团的活动，颁布了建房社团法律，规定建房社团的宗旨是为社团成员筹集资金，并以完全所有或租赁保有房地产证券形式贷给社员等。最初的做法也是兴建公共住房，以低价出租给低收入者。但随着这一制度的发展，逐渐出现了财政负担过重的问题。1984 年，英国通过了《住宅与建房控制法》，推行住房私有化，大大减轻了政府的负担。

在英国也存在着中低收入家庭买不起、租不起房子的问题。英国政府采取了强制性规定，利用财政倾斜政策和市场化手段相结合的办法，解决了这一问题。如开发商新建住房中，必须有 50％低价出售，否则政府不批准建设规划；为关键岗位人员提供购房补助或优惠贷款；与房地产公司建立合作社，允许灵活的混合产权，如购房者可以先买一半的产权，或买一半租一半等。

七、国外房地产变化

他山之石，可以攻玉。借鉴国外房地产市场发展的新动向及其新举措，有利于我国房地产市场的进一步发展和完善。近来，国外房地产市场发生了一些新的变化。

1.　日本房地产创新改革

（1）办公楼改成民用住宅。

为了充分利用办公楼，缓解市中心住宅紧张状况。政府以都市圈的办公楼为对象，鼓励将办公楼层改装成住宅。其条件是每幢大楼最少要住五户人家，而且在一个楼层内；该楼层内不得设公司的办公室；在大楼内要醒目地标出办公地点同住宅区的出入口，使入住者的居住环境不受干扰。

（2）开发再生品住宅市场。

为了减轻废物处理场的压力及减少引起温室效应的二氧化碳的排出，进行了"再生品材料所建住宅"的实验。该实验房使用面积 177 平方米，再生品材料的利用率达 98％。如何提高再生品材料的利用率，是住宅建设的一大课题。由于成本及规格等问题尚未解决，目前还处在实验阶段。

2.　法国政府鼓励买房

（1）住房政策鼓励高收入者买房。

法国政府通过综合运用补贴、税收、金融、保险、担保等多种政策工具，鼓励中高收入家庭买房，帮助低收入家庭租房。在住房税收方面的政策如：住房储蓄存款利息收入免征所得税；住房贷款利息可以作为支出，从所得税税基中扣除；私人出租住房租金收入免征所得税；降低出租住房建设增值税。

（2）实施住房担保政策。

住房担保基金由政府和发放零利率贷款的银行共同出资组成，政府不作为基金股东，但向基金提供反担保，当担保基金破产时，政府负责偿还基金担保的债务。

（3）引入人寿保险制度。

法国政府在住房金融中引入了人寿保险制度，即借款人在申请住房贷款时，必须同时购买人寿保险公司的人寿保单，如果借款人在贷款期间发生残废、死亡而丧失还款能力时，由保险公司代为偿还借款人剩余的全部贷款。

3.　德国房产市场透明度高

德国购房者的利益得到《房租价格法》的保护，这项法律中有明确细致的条款规定。

为了增加房租价格的透明度，德国的多数城市都制定了一个叫做"房租明镜"的价目表，列出了该城市各种房产的大致租价，最后价格必须在这个项目表所规定的浮动范围内。这个价目表一般是由各个城市的住房管理机构、租房者协会以及住房中介商协会等机构在对住房情况进行综合评估后共同制作的。

第五节　我国房地产业现状及前景

中国房地产市场在 20 世纪 90 年代就已经开始启动，1998 年中国住房体制改革的纲领性文件《关于进一步深化城镇住房制度改革，加快住房建设的通知》出台，决定自当年起停止住房实物分配，建立住房分配货币化、住房供给商品化与社会化的住房新体制。这个纲领性文件不仅使得国内的房地产业得到飞速发展，形成一波又一波的房地产热，而且也使得房地产成了改变民众的消费结构与带动国内经济发展的支柱型产业。这不仅表现为房地产开发投资快速增长，而且表现为房地产投资占整个社会固定投资的比重越来越高。经过十几年的发展，中国房地产业正处于向规模化、品牌化、规范化运作发展的转型时期，房地产业的增长方式正在由偏重速度规模向注重效益和市场细分的转变，从主要靠政府政策调控向依靠市场和企业自身调节的方式转变。

随着 WTO 各项有关条款的兑现和落实，包括房地产业在内的我国经济各方面都发生了新的变化。国民经济的持续增长和居民消费结构的改变，为房地产业提供了高速发展的机会，也使房地产业面对着更加激烈的竞争。充分运用信息技术所带来的巨大生产力，尽快提高自身的信息化水平和管理水平，无疑成为提升房地产行业竞争力的重点。

我国目前土地供应不足，相反，很多地方存在土地批租过量的问题，现在投资渠道过窄，导致大批闲散资金流向房地产。近年来经济发展迅速，社会闲散资金大量增加，又没有合适的投资渠道，只能流入楼市，造成房地产投资过热，房价过高。由于中美之间的住宅条件和定价方法的差异，中美房价很难进行直接的比较：绝大部分美国住宅是 2~3 层的楼房，附带车库、游泳池，相当于中国的高级别墅和联体别墅；美国房产商所经营的都是现房，且是装修房，基本与中国的豪宅相仿。这样的住房在美国的售价折算成每平方米单价一般不足 8000 元人民币。更重要的是美国房地产商规范运用的住宅建筑面积概念不同于中国的"建筑面积"，直接以统计上公布的面积为基础推算的单价，美国住宅面积数据相对低估，其测量方法下的单元住宅单价还需要打折。

由此看来，世界最富裕国家的房价比作为发展中国家的中国还要低不少。而这些发达国家一个普通超市售货员的年薪约合人民币 20 万元，也就是说一套 100 平方米的住宅相当于其 5 年左右的总收入。但即使在这种房价情况下，发达国家已经在为高房价担忧。

房价、教育、医疗被形容为压在中国人身上的新"三座大山"，而在这"三座大山"中，百姓关注最集中的当属房价，"中国目前民愤最集中的就是房价上涨太快，直接反映就是民众对房价的高度关注"。一般情况下，房价冲到户均收入 6 倍左右的区域被经济学家称之为泡沫区。而在中国，20 倍于户均年收入，这对房地产业来讲，不能不说是一个危险的信号。

目前中国房地产市场面临三大矛盾：社会保障住房和市场化住房的矛盾；供不应求的矛盾；资金流动性过剩的矛盾。如何有效解决这些矛盾，需要在国家整个政策从治标转向治本的过程中逐步得到解决。虽然国家从宏观层面于 2007 年推出了保障房政策；在操作层面，对金融货币政策实行紧缩，包括对制开发商银根紧缩，限制购房者的"第二套房贷"；土地供应方面，一方面加大保障住房用地的大量供应，另外一方面严厉打击开发商捂地囤地的行为。这些政策的实施都将有效地解决房地产面临的三大矛盾，但调控的关键和效果还将集中体现于各地对中央政策的执行力度。

房地产的前景趋势：

（1）城市化水平走势稳步提高，形成对房屋越来越高的需求。2010 年城市人口达 6.1 亿，每年需新建住宅 3.27 亿㎡；

（2）人口流动增加形成对住宅的需求；

（3）居民消费水平的提高；

（4）城市的旧城改造，增加居民对住宅的要求；

（5）深化改革与市场发展的促进对住宅的需求；

（6）民众的投资需求。

从长期来看，未来房地产市场发展前景依旧被看好。我国的城市化进入城市化高速发展进程之中期。目前，我国大部分省市处于加速发展阶段，随着我国经济的高速发展，未来房地产市场需求空间巨大。另外，生活水平的提高、财富的积累、购买力的增强，改善性住房需求比例将逐步提高。一方面，基于我国地少人多的国情，政府对于投资性住宅地产政策性抑制，而另一方面，房地产商品具有投资品质和抵御通胀的性质，尤其是在人民币升值的背景之下，未来需求空间将迅速释放。

总之，房地产市场需求巨大，前景可观。当然，由于各方面的原因，问题也不少：比如高房价导致的社会不稳定性、贫富差距加剧、泡沫及经济风险，法规滞后带来的权力与资本相勾结等。

思考练习题

一、名词解释

1. 房地产开发

2. 房地产经营

二、简述题

1. 房地产开发的形式有哪些？

2. 房地产经营方式有哪些？

3. 简述房地产开发中的"香港模式"和"美国模式"的区别。

三、论述题

我国房地产现状及今后发展前景。

第三章　房地产与土地所有制

　　土地是房地产的粮食。没有土地，房地产将成无源之水，无本之木。不同的土地所有制决定不同的土地供给方式和供给量，不同的土地供给又决定不同的房地产开发模式、开发水平、开发量以及不同的政策取向。房地产与土地所有制息息相关，不容忽视。

第一节　美国现有土地制度

　　美国是市场经济规模最大、最集中的资本主义国家，土地以私有制为主，国有土地只占其中一小部分。美国法律保护私有土地和国有土地所有权不受侵犯，各种所有制形式之间的土地可以自由买卖和出租，价格则完全由市场供求关系决定。

一、美国土地使用概况

　　美国现有土地 22.3 亿英亩（1 英亩＝4046.86 平方米）。一个典型的美国家庭占地约 1/6 英亩，即 674.5 平方米，一亩多地（1 亩＝666.67 平方米）。美国国民财富有一半以上是房地产，而房地产价值中 75％是土地；公共部门用地仅占全美的 1/3；城市用地不足 2％；工业、国防、运输、娱乐等用地为总土地面积的 11.9％。

　　美国土地所有制有三种：

　　（1）私人土地，占 58％；

　　（2）联邦政府土地，占 34％；

　　（3）州及地方政府土地，占 6％；

　　另有 2％印第安人保留地。

　　土地在美国财富中所占的比重是：土地资产占政府总财富的 11.5％，占个人财富总额的 12%，占工商业全部财富的 18%。

二、美国土地管理

美国把土地权属分为三部分：

（1）地下权，包括地下资源开采权；

（2）地上权；

（3）空间权，包括建筑物加层发展和近空通过。

这三种权益均可分别转让。

在一般情况下，私人土地如何使用，只要在规划和法律许可范围内，联邦政府和州政府是不干预的。

为维护土地所有制和土地资源及其环境，美国政府制定了若干相关法规，组成土地法规体系。主要有《美国联邦土地政策管理法》《美国森林和牧地可更新资源法》《美国森林和牧地改良法》《美国露天采矿控制和回复原法》《美国海岸带管理法》《美国国家环境政策法》《美国原生态环境保护法》。健全的法规体系使得房地产市场的运行规范有序。

私有土地交易是指私人土地买卖是私人土地所有者将他自己所拥有的土地卖给另外一个人，美国政府对城市任何此种土地买卖一般都不予以干涉。

私有土地交易程序包括：

（1）登记。

凡是经过美国法律所承认的私人土地，在县政府都有详尽的登记，出卖土地时，只要双方达成协议后，通过在县政府办理变更登记，则使土地所有权实现转移。

（2）价格。

土地买卖价格，则由买卖双方根据当时土地的市场价值进行估计，完全由买卖双方自己协商，也可由私人估价公司帮助双方达成协议，并完成交易。

美国无公设的不动产估价制度，而是由有关不动产估价协会和学会来承担不动产估价人员的选拔和管理。

（3）缴纳税费。

在美国凡是私人进行土地买卖经营的一切活动，都必须在合法的范围内进行，并依法履行法律规定的义务。因此，土地所有者须向政府缴纳不动产税，并以个人所得税的方式缴交土地转让收益税。

（4）纠纷解决。

美国政府对私人土地买卖的管理只限于登记收费，当土地交易发生纠纷争议，一般都通过法律程序来解决。

在土地交易管理方面，美国政府对土地私有权的限制和对私人地产交易管理采取的方式有：对土地拥有权包括土地数量、种类、位置等的限制；对土地使用权包括用途、建筑高度、容积率的限制，并禁止闲置土地；对土地交易的限制，包括变更登记、租赁期限以及对土地投机行为的控制等等；为发展公共设施和保障社会利益而设定的限制，包括对某些行业提供廉价土地，优先提供住宅用地等。此外，城市房地产交易受城市规划等有关规定的限制。

而国有土地交易则是指政府出卖国有土地，其必须在法律的严格界定下进行。

三、美国国有土地状况

美国法律规定，国有土地是指联邦在各州内所有由内政部土地管理局管理的土地及其他地上权益，但不包括大陆架外部土地和为印第安人、阿留申群岛等保留的土地。所谓外部大陆架则是指领海以外的海底地下资源。美国国有土地的90％分布在西部11个州和阿拉斯加州，而阿拉斯加州96％的土地为联邦政府拥有或控制，大部分禁止使用。在城市土地构成中，约30％左右的土地为国有，其中波士顿国有土地占37.5％。

自美国独立后，政府即有计划地把国有土地卖给私人，而私人向联邦政府买地，须通过申请，并经法院审核后，由总统专职秘书签署批准后才生效。但是，联邦政府为了国家和社会公益事业，以及兴建铁路、公路和其他公共设施需要占用私人土地的，也须通过交换或购买。

国有土地出售有严格的限制条件，如公共目的、不便管理、位置不好等，如果数量过大，超过了2500英亩的限额时则必须经参、众两院的同意方可出售。

第二节　英国的土地制度

英国是典型的土地私有制国家，虽然从英国法学理论角度上讲，英国的所有土地都属国家所有，而实际上英国90％左右的土地为私人所有。土地所有者对土地享有永久业权。英国土地所有制的另一个特点是土地所有权包括对地下矿藏的所有权。

英国又是世界上最早通过规划立法限制土地开发的国家。1947年英国制定的《城乡规划法》规定所有土地的发展权均归国家所有，任何人欲开发土地，均须申请并取得开发许可，以获得土地发展权，即更高强度或更高价值的使用权；土地所有者或土地开发者，必须就因获得开发许可而取得的发展价值缴纳发展价值税。此后，英国又在 1951 年、1953 年、1954 年、1959 年、1963 年对该法进行了多次修改和补充，并制定了大量相关法规，形成了较为完整的规划立法体系。

《城乡规划法》的主要内容就是由地方规划当局制定弹性发展规划，任何类型的开发活动都必须得到地方规划当局同意，并成立了中央土地局。

英国的土地用途管制制度的核心是土地开发许可制度。

英国的土地开发许可制度规定：土地所有权人或土地开发者欲从事地中、地表、地下及地上进行建筑、土木工程、采矿或其他工程，或土地、建筑物任何使用作实质性改变的土地开发行为，均必须向地方规划机关申请开发许可；地方规划机关根据相关政策和对公共利益的影响程度而分别决定是准许开发，还是有限制条件的准许开发，或是不准许。这种先审查后开发的土地开发许可制度，是为了确保把开发建设活动对环境的影响降到最低，更加有效地利用土地资源。

英国的城乡规划虽然也对不同地块进行了功能分区，但是土地所有权人或土地开发者要改变土地的用途即使与发展计划不冲突，也必须得到规划机关的开发许可。另外还规定，土地开发者接到市镇村规划机关的开发许可后，必须在 5 年内着手开发，以确保规划的实施。例如，某土地所有者要在某规划住宅区自己所有的土地上建一住宅，也必须取得规划机关的开发许可。即英国的土地用途管制不是通过规划限制来实施的，而是通过是否授予开发者以发展权来进行管制的。

第三节　日本、韩国的土地法律管理制度

日本、韩国所有重大国土资源管理工作，都是首先从制定有关法律开始，以法制来约束和指导管理工作。国家对法制建设高度重视，根据不同社会发展时期对土地资源管理工作的需要，不断出台相应的法律法规，并逐步形成了系列化、完整化的土地管理法律制度。

一、土地立法完善

日本、韩国制定的有关土地管理的法律法规很多。尤其是日本，其国土管理法律数量之多、范围之广、要求之明确，为世界各国所公认。

日本土地立法具有以下几个基本特征：

（1）国家基本法规数量多、涉及范围广。

日本由国家颁布的国土管理方面的基本法律达 40 多部。国土管理各领域的全国性法律，非常繁多，构成纵横交错、系统完善的土地资源管理法律体系。

（2）附属法律、规定多。

日本在制定法律时，为了使法律含义更清楚并便于实施，通常在每项法律之后，都附有施行令、施行规则以及解释立法条文的规定等。

（3）每项法律法规条文具体、细致、针对性强。

如日本为限制对土地的破坏，在《城市规划法施行令》第二十八条中明文规定：“挖取土方或堆积土方的深度（高度）超过一米、面积超过一千平方米时，对该挖取或堆积了土方的部分必须采取表土复原、迁土、土壤改良等措施。”法律条文具体、细致、目的明确、针对性强，因而可操作性很强，执行过程中很少因法律的模棱两可而引起争议。

（4）对法律不断进行修改和完善。

日本法律制定后不是一成不变，而是随时间推移和条件变化，经常对法律的内容进行修改，使其适应时代发展的需要。

二、土地执法严明

日本、韩国土地执法中突出的特点是：

（1）法律面前，人人平等。在日本有关国土管理法律法规的制定、颁布和实施都是全国统一的，无论国土管理部门、国土管理相关部门，还是土地所有者和使用者，都必须遵守。这种公正、独立的土地执法体系成为国土资源管理法律法规得以贯彻的根本保障。

（2）制裁严厉。日本、韩国对土地违法行为者，以行政、经济和刑罚等多种手段相结合的方式进行严厉制裁。如日本制定的《国土调查法》和《国土利用计划法》中规定：未得到许可签订土地买卖合同者，判处 3 年以下徒刑或百万日元以下的罚款；不提出申请签订土地买卖合同者，判处 6 个月以下徒刑或30 万日元以下的罚款等等。这些严厉的制裁措施，大大减少了国土资源管理中的违法行为，提高了国土资源管理的效力，保证了国土资源的有序开发和合理利用。

三、严格保护农用地

日本和韩国的可耕地资源都很少，大规模的城市和工业建设又必不可少地挤占农地。因此，两国政府不断制定各种法律以保护农地。

（1）农地保护立法完善。

日本除《国土利用计划法》中明确划定农业地域并加强农地保护外，其他涉及农地保护的重要法律法规还有：以实施"农地转用许可制"为主的《农地法》；具体规定了农地转用许可条件的《农地转用许可标准制定办法》等。韩国农地保护方面的立法也很多，有《农地法》《农地改革法》等。

（2）农地利用审批严格，违法行为制裁严厉。

如日本1952年颁布的《农地法》第四条规定，农地所有者将自己的农地改变用途或转卖他人，超过2公顷的由国家农林水产大臣批准；2公顷以下的由都、道、府、县知事批准。《农地法》第九十二条又规定，不经批准，擅自占用农地的，处3年以下有期徒刑和100万日元以下的罚金。韩国为了有效保护农地，规定农地转为非农地必须先取得中央政府主管部门长官签发的农地转用许可证后方可转用农地，并且规定了宅基地上限度。同时在《农地扩大开发促进法》中规定，未经许可转用开发农地，处5年以下徒刑或处1000万元以下罚金，或两者并罚。

四、强力抑制土地投机

日本和韩国面积狭小，土地问题直接影响到政治的稳定和经济的发展。因此，这两个国家对土地投机问题都非常重视，制定了各种法律法规，并由此形成了地价公示制度、土地交易规章制度、土地利用计划制度、土地租税制度、土地登记制度等各种法律制度，从方方面面想方设法来阻止土地的投机行为。如，在全国公布法令，冻结土地市场，停止价格浮动；对房地产市场做出规定，提出建立标准地价评估体系；实行房地产经纪人许可制度；增加不动产交易所得税和土地闲置税；建立国家土地开发公司，以扩展公共事业用地数量；建立土地开发银行；实施"综合土地税"，征收土地增值税；颁布《宅地所有上限法》；实行土地买卖实名制等。这些措施虽然手段不同，但其根本目的都在于防止土地投机。

五、重视资源和环境保护，强调土地的可持续利用

战后的日本在强调充分开发国土资源的同时，注重对资源和环境的保护。这种认识自 1974 年制定《国土利用计划法》开始，得到了进一步加强。日本的森林面积占全国总面积的 66.7％，成为世界上森林覆盖率最高的国家之一。韩国第四次《国土综合开发规划（2000—2020 年）》也突出强调了资源和环境的保护问题。该计划重点之一就是环境保护问题和自然灾害防护问题。该规划将资源和环境保护放在了至关重要的位置，以此保证国土资源可持续利用目标的实现。

六、地价公示管理

日本自《土地基本法》颁布后，开始实施公示地价制度。日本开始的公示地价，由建设省、大藏省税务局、国土厅、自治省等四个政府机关各自公布其标准地价。由于政出多门，一地四价，不但起不到稳定地价的作用，反倒给土地投机者造成钻空子的机会。韩国也同样，政府开始实行的公示地价由基准地价（过去的建设部公布）、课税标准（过去的内务部公布）、基准时价（国税厅公布）、土地时价（过去的财务部公布）等构成，花样繁多。因其相互之间标准不一，带来了公示地价的混乱和公众对其的不信任。后来日本将公示地价统一归为国土厅管，韩国也规定统一由建设部来公布公示地价，由此消除了公示地价中政出多门的现象，实现了地价调查体系的一元化领导，并由此提高了公示地价其课税功能的实效性，实现了公示地价制度设立的目的。

七、土地交易规制

日本韩国土地的主要问题是地价的飞涨与随之而来的投机问题。为了防止这种问题的出现，两国皆采用了土地交易规制制度。但在具体实践中，两国政府也充分认识到，土地交易规制制度只能作为应急避难而采取的政策。为了纠正地价异常的状况，必须着手处理土地需求与供给的关系。否则不但问题得不到解决，相反甚至会有进一步恶化的危险。投机分子会通过各种地下黑市交易进行投机，从而致使公开化的投机潜入底下秘密进行。由此可见，采取土地交易管制这种对地价的直接性统治手段，在日本、韩国以自由交易为基础的市场经济中，是政府不得已而为之的措施。

第四节　我国土地制度概况

我国土地总面积大，人均量小，人均占有土地只占世界人均数的29%；人均耕地更少，仅1.5亩，相当于世界人均水平的43%。为保护耕地，我国在"十一五规划"中将18亿亩耕地红线列为土地管理与宏观调控的国策。房地产开发对土地供给提出了严峻的要求，土地能否高效合理利用，耕地能否得到严格的保护，能否解决好房地产开发与占用土地（含耕地）的矛盾，关系到农业基础地位能否巩固和经济能否协调健康发展，以及中华民族的生存和发展状态。

《宪法》《物权法》和《土地管理法》规定了中国现行土地所有制的性质、形式和不同形式的土地所有制的适用范围，以及土地的使用、管理制度。

全面理解和正确认识我国现行土地制度，对房地产开发有着重要的现实指导意义。

一、土地所有制

我国现行的土地所有制在《土地管理法》第二条中有明确规定："实行土地的社会主义公有制，即全民所有制和劳动群众集体所有制。"即所谓的"一元二项"制度。

1. 国有土地

国有土地概念：全民所有制的土地被称为国家所有土地，简称国有土地，其所有权由国务院代表国家行使。

《土地管理法》第二条规定："全民所有，即国家所有土地的所有权由国务院代表国家行使。"在具体操作过程中，采用委托代理制，即国务院将行使权逐级向下级政府进行委托。国务院委托省级人民政府，省级人民政府委托地州级人民政府，地州级人民政府再委托到县级人民政府；而下级政府逐级向上进行代理。

国有土地的范围：城市市区的土地属于国家所有。

《宪法》《物权法》都明确规定，城市的土地属于国家所有。《土地管理法》第八条更明确规定："城市市区的土地属于国家所有。"这里所说的城市是指国家设立市建制的城市，不同于某些法律、法规中的城市含义。

1998年12月27日国务院颁布的《土地管理法实施条例》（国务院令第256号，以下简称《土地管理法实施条例》）第二条进一步明确了国有土地的范围，其规定如下：

（1）城市市区的土地；

（2）农村和城市郊区中已经依法没收、征收、征购为国有的土地；

（3）国家依法征收的土地；

（4）依法不属于集体所有的林地、草地、荒地、滩涂及其他土地；

（5）农村集体经济组织全部成员转为城镇居民的，原属于其成员集体所有的土地；

（6）因国家组织移民、自然灾害等原因，农民成建制地集体迁移后不再使用的原属于迁移农民集体所有的土地。

建设用地使用权的取得方式《宪法》第十条规定："任何组织或者个人不得侵占、买卖或者以其他形式非法转让土地。土地的使用权可以依照法律的规定转让。"

在现阶段，按照国家有关规定，取得建设用地使用权的途径主要有下列4种：

（1）通过行政划拨方式取得；

（2）通过国家出让方式取得；

（3）通过房地产转让方式取得（如买卖、赠与或者其他合法方式）；

（4）通过土地或房地产租赁方式取得。

建设用地使用权政策规定：依法取得建设用地使用权后，建设用地使用权人享有土地占有、使用和收益的权利，有权利用该土地建造建筑物、构筑物及其附属设施。但不得改变土地用途，如需要改变的，应当依法经有关行政主管部门批准。

建设用地使用权可以在土地的地表、地上或者地下分别设立。新设立的建设用地使用权，不得损害已设立的用益物权。

建设用地使用权转让、互换、出资、赠与或者抵押的，当事人应当采取书面形式订立相应的合同。使用期限由当事人约定，但不得超过建设用地使用权的剩余期限。

建设用地使用权转让、互换、出资或者赠与的，附着于该土地上的建筑物、构筑物及其附属设施一并处分。同样，建筑物、构筑物及其附属设施转让、互换、出资或者赠与的，该建筑物、构筑物及其附属设施占用范围内的建设用地使用权一并处分。

2. 集体土地

劳动群众集体所有制的土地采取的是农民集体所有制的形式，该种所有制的土地被称为农民集体所有土地，简称集体土地。

农民集体的范围有下列 3 种：

（1）村农民集体；

（2）村内两个以上农村集体经济组织的农民集体；

（3）乡（镇）农民集体。

《土地管理法》第十条规定："农民集体所有的土地依法属于村农民集体所有的，由村集体经济组织或者村民委员会经营、管理；已经分别属于村内两个以上农村集体经济组织的农民集体所有的，由村内各该农村集体经济组织或者村民小组经营、管理；已经属于乡（镇）农民集体所有的，由乡（镇）农村集体组织经营、管理。"

农村和城市郊区的土地一般属于农民集体所有，即除法律规定属于国家所有的以外，属于农民集体所有。《宪法》第十条规定："农村和城市郊区的土地，除由法律规定属于国家所有的以外，属于集体所有；宅基地和自留地、自留山，也属于集体所有。"第九条规定："矿藏、水流、森林、山岭、草原、荒地、滩涂等自然资源，都属于国家所有，即全民所有；由法律规定属于集体所有的森林和山岭、草原、荒地、滩涂除外。"

二、土地管理的基本制度

1. 国家实行土地登记制度

根据《土地管理法》和《土地登记规则》，国家依法对国有土地使用权、集体土地所有权、集体土地使用权和土地他项权利进行登记。土地登记由县级以上人民政府登记造册，确认有关土地权利。

属于国有土地的，核发《国有土地使用证》，确认国有土地使用权。其中，中央国家机关使用的国有土地的具体登记发证机关，由国务院确定。

属于农民集体所有土地的，核发《集体土地所有证》，确认集体土地所有权；使用集体土地的，核发《集体土地使用证》，确认集体土地使用权。

属于土地他项权利的，核发土地他项权利证明书，确认土地他项权。土地他项权利是指土地使用权和土地所有权以外的土地权利，包括抵押权、承租权以及法律、行政法规规定需要登记的其他土地权利。

依法登记的土地所有权、使用权和他项权受法律保护，任何单位和个人不得侵犯。

土地登记以县级行政区为单位组织进行，具体工作由县级以上人民政府土地管理部门负责。

土地登记以宗地为基本单元。拥有或者使用两宗以上土地的土地使用者或土地所有者，应当分宗申请登记；两个以上土地使用者共同使用一宗土地的，应当分别申请登记。

跨县级行政区使用土地的，应当分别向土地所在地县级以上地方人民政府土地管理部门申请登记。

另外，林地、草原的所有权或者使用权确认，水面、滩涂的养殖使用权确认，分别依照《森林法》《草原法》和《渔业法》的有关规定办理。

注：《土地登记办法》，经 2007 年 11 月 28 日国土资源部第 5 次部务会议审议通过，自 2008 年 2 月 1 日起施行。该办法所称土地登记，是指将国有土地使用权、集体土地所有权、集体土地使用权和土地抵押权、地役权以及依照法律法规规定需要登记的其他土地权利记载于土地登记簿公示的行为。

其中国有土地使用权，包括国有建设用地使用权和国有农用地使用权；集体土地使用权，包括集体建设用地使用权、宅基地使用权和集体农用地使用权（不含土地承包经营权）。

2. 国家实行土地有偿有限期使用制度

除了国家核准的划拨土地以外，凡新增土地和原使用的土地改变用途或使用条件、进行市场交易等，均实行有偿有限期使用。

《土地管理法》第二条规定："国家依法实行国有土地有偿使用制度。但是，国家在法律规定的范围内划拨国有土地使用权的除外。"《城镇国有土地使用权出让和转让暂行条例》第八条也明确规定："土地使用权出让是指国家以土地所有者的身份将土地使用权在一定年限内让与土地使用者，并由土地使用者向国家支付土地使用权出让金的行为。"

《城镇国有土地使用权出让和转让暂行条例》规定了各类用地的最高年限，具体为：居住用地 70 年；工业用地 50 年；教育、科技、文化、卫生、体育用地 50 年；商业、旅游、娱乐用地 40 年；综合或者其他用地 50 年。

出让土地使用权的最高年限不是唯一年限，具体出让项目的实际年限由国家根据产业特点和用地项目情况确定或与用地者商定。土地使用权出让的实际年限不得突破规定的最高年限，而只能限于最高年限的范围内。

土地使用权出让年限届满后，有两种处理方式：

一是土地使用者申请续期。在一般情况下，政府应批准续期使用。按照《城市房地产管理法》规定，土地使用权出让合同约定的使用年限期满，土地使用者需要继续使用土地的，应当至迟于届满前一年申请续期，除根据社会公共利益需要收回该幅土地的，应当予以批准，经批准予以续期的，应当重新签订土地使用权出让合同，依照规定支付土地使用权出让金。

二是政府无偿收回土地使用权。《城市房地产管理法》规定，土地使用权出让合同约定的使用年限届满，土地使用者未申请续期或者虽申请续期但未获得批准的，土地使用权由国家无偿收回。根据《城镇国有土地使用权出让和转让暂行条例》的规定，土地使用权期满，土地使用权及其地上建筑物、其他附着物所有权由国家无偿取得。这就是说，国家在收回土地使用权的同时，也无偿收回建筑物、其他附着物的所有权。

注：这是土地制度下房产与地产的冲突，如何妥善、合理、科学地解决，学界有颇多争议，尚无定论。

3. 国家实行土地用途管制制度

土地用途管制制度是指国家为保证土地资源的合理利用以及经济、社会的发展和环境的协调，通过编制土地利用总体规划，划定土地用途区域，确定土地使用限制条件，使土地的所有者、使用者严格按照国家确定的用途利用土地。土地用途管制的特点，一是具有法律效力，二是具有强制性。

土地用途管制制度是目前世界上土地管理制度较为完善的国家和地区广泛采用的土地管理制度。日本、美国、加拿大等国称之为"土地使用分区管制"，英国称之为"土地规划许可制"，法国、韩国等称之为"建设开发许可制"。

土地用途管制制度由一系列的具体制度和规范组成。土地按用途分类是实行用途管制的基础；土地利用总体规划是实行用途管制的依据；农用地转为建设用地必须预先进行审批是关键；而保护农用地则是国家实行土地用途管制的目的；切实保护耕地，保证耕地总量动态平衡是核心；强化土地执法监督，严肃法律责任是实行土地用途管制的保障。

实行土地用途管制制度的作用是，可以严格控制建设用地总量，促进集约利用，提高资源配置效率，有利于建设用地市场的正常化和规范化；可以严格控制农用地流向建设用地，有利于从根本上保护耕地。同时，通过增设农用地转用审批环节，为土地利用总体规划的有效实施提供保证。其社会目标是维护社会公共利益，保护耕地，控制建设用地；限制不合理利用土地的行为，克服土地利用的负外部效应，提高土地利用率；保护和改善生态环境，防止土地资源浪费和地力枯竭，实现土地资源的可持续利用。

作为土地管理的一种有效形式，新《土地管理法》明确规定，中国实行土地用途管制制度。国家编制土地利用总体规划，规定土地用途，将土地分为农用地、建设用地和未利用地。使用土地的单位和个人必须严格按照土地利用总体规划确定的用途使用土地。

土地用途管制包括：用地指标管制、现状管制、规划管制、审批管制和开发管制。根本目的是在坚持因地制宜、科学规划原则的基础上，依据可持续发展的战略方针，严格限制农用地转为建设用地，落实耕地总量动态平衡的目标，实现土地利用方式由粗放型向集约型转变，促进区域社会经济的持续发展和土地的持续利用，达到社会、经济、生态综合效益的最优化。

4. 国家实行耕地保护制度

十分珍惜、合理利用土地和切实保护耕地是我国的基本国策。《物权法》规定，国家对耕地实行特殊保护，严格限制农用地转为建设用地，控制建设用地总量。

耕地主要是指种植农作物的土地，包括新开垦荒地、轮歇地、草田轮作地；以种植农作物为主间有零星果树、桑树或其他树木的土地；耕种 3 年以上的滩地和滩涂等。

注：2007 年 9 月 3 日，国家质量监督检验检疫总局和国家标准化管理委员会联合发布了《土地利用现状分类》，该标准采用一级、二级两个层次的分类体系，共分 12 个一级类、56 个二级类。其中一级类包括：耕地、园地、林地、草地、商服用地、工矿仓储用地、住宅用地、公共管理与公共服务用地、特殊用地、交通运输用地、水域及水利设施用地及其他土地。

三、城镇土地使用制度改革

在计划经济时期，我国的城镇土地使用制度是：对土地实行行政划拨、无偿无限期使用、禁止土地使用者转让土地的制度。

所谓行政划拨是指：土地由政府有关主管部门调拨使用。

所谓无偿无限期使用是指：从国家那里得到土地时不支付地价，在使用土地的过程中也不缴纳地租或土地使用费。同时国家在将土地划拨给这些使用者时，也没有规定具体明确的土地使用期限。

所谓禁止土地使用者转让土地是指：禁止土地使用者以买卖、出租、抵押、赠与、交换等方式将土地转让给其他单位或个人使用。

我国城镇土地使用制度改革有一个发展过程。这个发展过程突出表现在下列 5 个方面：

（1）征收土地使用费。

　　征收土地使用费起初是因为对外开放举办中外合资企业提出的。1988 年 9 月 27 日，国务院发布了《城镇土地使用税暂行条例》，规定自 1988 年 11 月 1 日起施行。该条例指出，征收土地使用税施行后，土地使用费改征土地使用税。

　　（2）开展土地使用权有偿出让和转让。

　　1987 年下半年，深圳特区率先开展土地使用权有偿出让和转让的试点。1988 年，福州、海口、广州、厦门、上海、天津等城市也相继进行了这方面的试点。

　　（3）制定地方性土地使用权有偿出让、转让法规。

　　（4）修改宪法和土地管理法。

　　1984 年 10 月，标志着中国改革发展重要里程碑的《中共中央关于经济体制改革的决定》认为土地不是商品，并以此为区别社会主义商品经济与资本主义商品经济的标志之一。

　　1988 年 4 月 11 日，七届全国人大一次会议通过宪法修正案，删去了宪法第十条第四款中不得出租土地的规定，改为"土地的使用权可以依照法律的规定转让"。这就为土地使用权制度改革的全面推开和深入发展扫清了道路。1988 年 12 月 29 日，土地管理法也做了相应的修改。

　　2004 年 3 月 14 日，十届人大第二次会议通过了宪法修正案，将宪法第十条第三款修改为："国家为了公共利益的需要，可以依照法律规定对土地实行征收或者征用并给予补偿。"根据宪法修正案，2004 年 8 月 28 日，十届人大常委会第十一次会议通过了《关于修改〈土地管理法〉的决定》，区分了"征收"和"征用"。

　　（5）制定全国性土地使用权出让和转让条例。

　　1990 年 5 月 19 日，国务院发布了《城镇国有土地使用权出让和转让暂行条例》。该条例对土地使用权出让、转让、出租、抵押、终止以及划拨土地使用权等问题做了明确规定。

　　1994 年 7 月 5 日，全国人大常委会通过了《城市房地产管理法》，该法明确规定"国家依法实行国有土地有偿、有限期使用制度"，并对土地使用权的出让和转让做了进一步的补充完善。

四、集体土地征收

　　集体土地征收是指国家为了公共利益的需要，通过法定程序，将原属于农民集体所有的土地征转为国有土地，并给予补偿的行政行为。

　　土地征收方案依照法定程序批准后，由被征收土地所在地的市、县级人民政府予以公告并组织实施。被征收土地的所有权人、使用权人应在公告规定的期限内，持土地权属证书到公告指定的人民政府土地行政主管部门办理征地补偿登记。

　　征收土地的补偿费包括土地补偿费、安置补助费以及地上附着物和青苗补偿费。土地补偿费归土地所有权人所有；地上附着物和青苗补偿费归地上附着物和青苗的所有者所有。

　　我国的土地征收法律制度曾经为国民经济建设和发展作出了重大的贡献，但随着市场经济的建立，其已不适应市场经济的发展要求。首先，与资本主义国家多为征收私人土地，产权明晰，土地所有人对征地行为有一定的制约作用相比，我国征收的是集体土地，集体土地产权模糊，主体不明，缺乏所有权主体对土地征收的制约作用，因此产生了大量的侵权行为；其次，对征地的"公共利益"概念没有严格的界定，征地范围模糊不清，不利于耕地保护；第三，征地补偿标准测算不科学，与地价无关，征地补偿费偏低，已不适应社会主义市场经济的要求；第四，征地补偿费分配和使用不规范，征地补偿费没能达到其应有的目的。由此，集体土地征用引发了不少的社会矛盾和土地纠纷。

五、国有土地使用权划拨

　　国有土地使用权划拨是指经县级以上人民政府依法批准后，在土地使用者依法缴纳了土地补偿费、安置补偿费及其他费用后，国家将土地交付给土地使用者使用，或者国家将土地使用权无偿交付给土地使用者使用的行为。

　　根据《土地管理法》第五十四条和《城市房地产管理法》第二十三条的规定，国有土地使用权划拨适用于以下范围：

　　（1）国家机关用地和军事用地。国家机关用地是指各级权力机关、行政机关、审判机关和检察机关用地。

　　（2）城市基础设施用地和城市公益事业用地。

　　城市基础设施用地是指：给排水、环境保护、供电、通信、煤气、道路桥梁、消防保安等设施用地；

　　城市公益事业用地是指：城市内教育、文化和卫生等设施用地。

　　（3）国家重点扶持的能源、交通、水利等项目用地。

　　（4）法律、行政法规规定的其他用地。

　　国有土地使用权的划拨需要经过申请、审核、划拨、登记等程序。

六、国有土地使用权出让

出让国有土地使用权是指：土地使用者以向国有土地所有者代表（政府）支付出让金为代价而原始取得的、有期限限制的国有土地使用权。简单说来，就是指国家将国有土地使用权在一定年限内出让给土地使用者，由土地使用者向国家支付土地使用权出让金的行为。

1. 国有土地使用权出让的特征

（1）国有土地使用权以出让方式取得；

（2）出让国有土地使用权直接依法律的规定原始取得；

（3）出让国有土地使用权在存续期间内其权能近似于所有权；

（4）出让国有土地使用权取得性质为有偿和有期限，即以支付出让金为取得土地使用权的对价，土地使用权的行使有一定的期限限制。

2. 国有土地使用权出让的方式

国有土地使用权出让应当采用招标、拍卖、挂牌的方式出让。所有进行房地产开发的土地，都必须通过出让的方式取得。

七、闲置土地的处置

根据国土资源部令〔1999〕第5号《闲置土地处置办法》第二条规定，闲置土地是指土地使用者依法取得土地使用权后，未经原批准用地的人民政府同意，超过规定的期限未动工开发建设的建设用地。

具有下列情形之一的，也可以认定为闲置土地：

（1）国有土地有偿使用合同或者建设用地批准书未规定动工开发建设日期，自国有土地有偿使用合同生效或者土地行政主管部门建设用地批准书颁发之日起满1年未动工开发建设的。

（2）已动工开发建设但开发建设的面积占应动工开发建设总面积不足1/3或者已投资额占总投资额不足25％且未经批准中止开发建设连续满1年的。

（3）法律、行政法规规定的其他情形。

在城市规划区范围内，以出让等有偿使用方式取得土地使用权进行房地产开发的闲置土地，超过出让合同约定的动工开发日期满1年未动工开发的，可以征收相当于土地使用权出让金20％以下的土地闲置费；满2年未动工开发时，可以无偿收回土地使用权；但是，因不可抗力或者政府、政府有关部门的行为或者动工开发必需的前期工作造成动工开发迟延的除外。

现实中土地闲置情况相当严重，但因种种原因，按规定处理的并不多。

第五节 土地所有制与现代经济发展

我国目前所实行的土地制度为国家所有和集体所有的公有制形式，简称为"一元二项"形式的土地制度。这种制度曾为战后千疮百孔的中国经济带来过盎然生机，也曾为改革开放的经济奠定了腾飞的基础。但是从上世纪90年代至今，在我国逐步建立和完善市场经济的大时代背景下，这种"一元二项"的土地制度的不足逐渐显露。包括我国目前最严重的经济、社会、乃至政治问题，均直接、间接地同土地制度相关。

一、当前土地问题的严重性

1. 工业化、城市化与保护耕地的矛盾

我国城市化、工业化的加速和目前建设用地紧缺的矛盾十分突出。2020年要达到城市化率60％、工业化率70％的目标，需要增加1.5亿亩建设用地。而在18亿亩耕地红线下，未来实际可以增加的建设用地不足3000万亩。1.2亿亩建设用地缺口成为我国经济发展最严重的资源约束。

2. 农地经营规模狭小，农民增收困难，农民的土地权益受到严重侵害，群体抗争频繁发生

我国农村的土地经营规模一直非常狭小，每个农户平均不过0.5公顷，而美国是我国的400倍以上，欧盟是我国的40倍以上，即使是日本和韩国也分别比我国高3倍以上。农民从每亩农业用地得到的净收益不过两三百元。改革开放以来通过征地而从农民那里拿走的资金至少在3万亿元以上，远远超过改革开放前30年靠剪刀差从农民那里拿走的资金（大概是6千亿）。近年来，关于征地、土地流转等问题的信访始终占信访总量的一半以上。

3. 土地征用和出让成为滋生腐败行为的三大温床之一

从受贿496万余元的崂山区委原书记、区长王雁，到贪污受贿上亿元的深圳市原副市长王炬；从把价值上亿元土地半价批出的温州市原副市长杨秀珠，到1997年至2000年使沈阳市财政收入一年损失数十亿元的原市长慕绥新；从造成国有资产流失高达10亿元的安徽省原副省长王怀忠，到利用职权为其女儿低价批地3500亩，一转手获利2800万元的广东省原副省长于飞；从一句话

就能赚 3000 万的全国人大常委会原副委员长的成克杰，到贪污受贿金额达 2200 余万元的河北省邢台市原土地管理局干部；从受贿 860 余万元的青岛市规划局原局长张志光，受贿 539 万余元的原崂山区国土资源局原局长于志军，到从国土资源部部长的位子上倒下的田凤山，无不因土地而走上腐败之路。所查到的 10 个贪官当中也许有 8 个是跟土地有关系的。土地腐败已经与国企改制腐败、重大工程腐败并称为"当代中国三大类腐败"。

4. 地方政府土地财政膨胀

一些地方政府依靠出让土地使用权的收入来维持地方财政支出。据国务院发展研究中心的一份调研报告显示，在一些地方，土地直接税收及城市扩张带来的间接税收占地方预算内收入的 40%，而土地出让金净收入占政府预算外收入的 60% 以上。在"土地财政"上，一些地方政府最核心的做法是土地整理，就是政府运用行政权力把集体所有或其他用途的土地整合后，进行招标、拍卖、挂牌，将价格翻几番后出让。这种主要依靠"土地财政"建立的城市经济发展模式也是不可持续的，将数十年后的公共财政收入提前收了，一旦大规模城市化进程结束，可供开发的土地日益减少，未来的公共财政状况将会面临严峻考验。

同时，地方政府从房地产开发中获取过多资金，造成住房价格攀升，中低收入阶层难以承受。北京住房痛苦指数高达 4.41，为全球之首；上海房地产投资的最优地位也将让位给日本的东京。房地产价格中 50% 由政府土地出让金和各种税费构成，地方政府财政收入的 50% 来自房地产业。而这部分收入作为预算外收入缺乏监管，往往成为滋生腐败的温床。

5. 集体土地所有制存在着诸多内在矛盾

（1）集体土地产权残缺，没有处置权。按照宪法和土地管理法及土地承包法，村民对集体所拥有的土地，既不能出卖，也不能转让，村民的集体土地所有权是残缺不全的，以至于有相当多的村民，甚至是一些官员和经济学家，都认为农村的土地是归国家所有的（至少事实上如此）。这种残缺的集体土地所有权，排斥了村民集体在城市化和工业化进程中对农地转用的自主支配权和在征地过程中的议价权，从而排除了农民分享工业化和城市化净福利的权力，造成数以千万计的农民在失去土地的同时，没有获得相应的非农就业岗位和社会保障，更没有转化为城市居民。

（2）集体土地所有者缺位，没有代表。乡镇政府是国家机关，许多乡镇又没有集体经济组织，谁是乡（镇）农村集体土地所有权代表模糊不清；村民小组虽是基础，但一没有法律地位，二没有经济核算形式，三没有办公地点，有的甚至连小组长也没有，遇事由各户联合推举一名代表。在这种情况下，土地所有权由谁来行使，怎么行使，都是问题。

正是由于作为集体成员的农民个人对集体所有的土地原则上没有所有权，只有使用权，而集体土地的所有者又是缺位的或虚构的，因此，本来对集体土地仅仅具有经营、管理权限的乡镇集体经济组织或村民委员会，便往往以集体所有者的名义为农民做主，在土地征用、承包、流转以及机动地的处置中侵害农民的利益。

（3）集体土地所有权与稳定承包权相矛盾。这种不稳定性的一个重要原因正是在于农地的集体所有制：由于一个地区的农地是由这个地区的农民集体所有的，那么当单个的农户离开这个地区的时候，他就必须放弃该地区集体土地的使用权；而当该地区出现新的农户时，别的农户享有的土地使用权必然要被重新分配，以满足新的农户的土地需求。结果就是，随着地区人口的变化，土地的分配必须不断做出调整。

（4）集体土地所有权与农地无偿使用相矛盾。

（5）宅基地集体所有与房产私有相矛盾。

6. 农民对土地所有权的诉求日甚一日

近几年，中央给了农村、农民不少政策上倾斜和经济上的帮扶，但农民的土地权、创业权才是根本和实质。也只有从根本上解决农村问题，农民也才能和城里人平等，才能参加分享现代化的成果。

二、土地制度改革热点方向

世界上没有永恒的土地所有制。哈罗德·德姆塞茨（Harold Demsetz），曾深刻地指出："新技术的发展和新市场的开发，都会促使旧产权发生不适而改变。"公有制的相对性正是我们改革合理性的逻辑起点。在土地所有制这样的开放系统面前，人们本来就拥有更多、更好的选择，没有什么制度是绝对不可以变更的。特别是在多元化的发展与选择下。

如何改革当前的土地制度，更好地为社会、经济发展服务？有观点指出：

1. 取消集体土地所有权，确立农民土地所有制的法律地位，从根本上实现国有和集体所有的公有制这个"一元二项"型向国有和农民所有的"二元"型所有的转变

（1）对于农村耕地的分配原则，根据地租理论中的级差地租原理，对农村土地实现优、中、劣的三等分原则。根据马克思的绝对地租原理，优级土地收归国有，而中、劣等土地（包括宅地）归农民所有。这样，一可以消除集体所有带来的弊端；二不会影响社会主义的土地公有制性质，也不会对国家的财政收入造成太大影响，同时可以明晰农村土地使用权、所有权、转让权等。

（2）根据不同用地类型，分解土地国有权的所有、占有、使用权处置等内容。对于道路交通、城镇基础建设、国防安全、公益事业用地，实行国有、国拨、公有的制度；对于学校、医院等半公益性用地实行市场土地交易原则和国家补助相结合的制度；其他用地一律实现土地资源市场化分配原则。

2. 通过立法的形式完善明晰"二元"型土地产权

（1）根据新制度经济学，土地所有制规范的土地产权主要包括三方面的内容：一是土地的使用权，即在法律规范下自由使用土地资源的权利；二是土地的收益权，即在法律（有时需要道德相助）的规范下享受土地资源所生利益的权利；三是土地的经营权，即在法律规范下出售、转让土地资源的权利。有经营权就有依法买卖、转让、入股、抵押、出租、发包、整治、开发建设、合理利用等权力。

（2）农民土地所有制下的土地"所有权、使用权、收益、转让权"统一有效归于农民，国家及集体和个人不得以任何理由侵占。属于国有的土地农民只享有使用权和收益权，而不得以任何理由荒废、转让或者改变用途，集体退出土地制度的主体。国有土地及农民所有制土地统一实行市场化经营原则，国家可以收购农民所有制的土地。

（3）对于城市用地可以参照现行土地制度，完善市场化分配原则，强化城市个人或集体对土地的使用权、收益权。政府可以进行土地整理和土地储备，在涉及城市重大规划建设、成片改造等土地资源配置时可以集中购买和批租土地。但是购买和出让土地必须按公开、公正、公平的方式进行，要以合理的价格进行交易，土地交易的增值部分，要在原土地年期使用者和政府间合理分配。

3. 建立"二元"体制下的行之有效的土地行政管理机制，革除"一元二项"形式下的弊端

（1）建立在国土资源部领导下的土地垂直管理体系，而且这个机构代表国家属于唯一的土地所有权的法人代表，在中央、省或直辖市、县三级进行派驻管理的办法，保证对地方土地的有效管理。避免地方政府在土地使用、转让出现腐败，保护国家土地资源和平衡土地市场。同时这个机构对农村用地（包括

国有土地的使用状况和对农民私有土地的收购）和地方政府对优级耕地的土地税的收取状况实行监督。

（2）组建国有土地公司，主要负责市场经济条件下的国有土地的市场化经营和土地储备代替地方行政储备，实现土地行政管理和市场经营的分离。成熟土地市场化经营，同时由于代表国家利益的公司对全国土地的经营权的掌握，可以有利于国家实施行之有效的宏观调控，保证土地市场的稳定乃至整个经济发展的平衡。

关于土地制度改革的讨论还有很多，相信随着社会的进步和经济的发展，在土地制度上会有根本性的完善。

思考练习题

一、填空题

1. 我国土地总面积大，人均量小，人均占有土地只占世界人均数的_____％；人均耕地更少，仅_____亩，相当于世界人均水平的_____％。

2. 十分珍惜、_____和_____是我国的基本国策。

3. 为保护耕地，我国在"_____规划"中将_____亩耕地红线列为土地管理与宏观调控的国策。

4. 土地用途管制包括：用地指标管制、现状管制、_____、_____和开发管制。

5. 我国《土地管理法》第二条规定："实行土地的_____公有制，即_____所有制和_____所有制。"即所谓的"_____"制度。

6. 国家编制土地利用总体规划，规定土地用途，将土地分为_____地、_____用地和_____地。使用土地的单位和个人必须严格按照土地利用总体规划确定的用途使用土地。

7. 国有土地使用权的划拨需要经过_____、_____、_____、_____等程序。

8. 国有土地使用权出让应当采用_____、_____、_____的方式出让。

9.《城镇国有土地使用权出让和转让暂行条例》规定了各类用地的最高年限，具体为：居住用地_____年；工业用地_____年；教育、科技、文化、卫生、体育用地_____年；商业、旅游、娱乐用地_____年；综合或者其他用地

_____年。

二、判断题

1. 所有进行房地产开发的土地，都必须通过出让的方式取得。　　（　　）

2. 理论上说，土地使用权到期后，国家可以无偿收回土地，国家在收回土地使用权的同时，也无偿收回建筑物、其他附着物的所有权。　　（　　）

3. 农村集体土地可以由农村村民委员会决定出让和转让，进行房地产开发。　　（　　）

三、简述题

1. 简述美国土地使用情况。

2. 简述英国的土地制度。

3. 日本、韩国的土地法律管理制度如何？

4. 简述我国目前实行的土地制度。

5. 国有土地使用权出让的特点是什么？

6. 简述房地产开发与保护耕地的辩证关系。

7. 你对我国现行土地制度有何看法？

第二篇

房地产开发经营

◆ 房地产开发关联主体

◆ 房地产开发运作实际操作

◆ 土地使用权出让及土地经济技术指标分析

◆ 房地产开发手续办理和建筑施工组织

◆ 房地产销售

◆ 商品房买卖合同

◆ 房地产权证

◆ 房屋交付

◆ 房地产税制

第四章　房地产开发关联主体

第一节　房地产开发公司

房地产开发和经营具有专属性，只有拥有房地产开发公司营业执照，具有房地产开发资质的房地产开发企业，才能从事房地产开发。也就是说，房地产开发必须以房地产开发公司的名义进行，其他自然人或非房地产开发公司、企业，不能从事房地产开发业务。需要明确的是，在土地出让竞拍中，非房地产开发公司，包括自然人在内，都可以报名参与。获得和拥有土地的自然人或非房地产开发企业要进行房地产开发，必须先注册成立房地产开发公司。

一、房地产开发公司

1. 概念

通常意义上说，房地产开发公司就是指按照城市房地产管理法的规定，以营利为目的，取得房地产开发资质（含《暂定资质证书》），专业从事房地产开发和经营的企业。

2. 分类

按房地产开发业务在企业经营范围中地位的不同，可将房地产开发公司分为：房地产开发专营企业、兼营企业和项目性公司。

二、房地产开发公司资质

房地产开发企业的资质就是房地产开发企业的综合能力素质及资格。

房地产开发企业按照企业条件分为一级资质、二级资质、三级资质、四级资质，四个资质等级（暂定资质不计等级）。

各资质等级企业的条件不同：

1. 一级资质

(1) 注册资本不低于 5000 万元人民币；

(2) 从事房地产开发经营 5 年以上；

(3) 近 3 年房屋建筑面积累计竣工 30 万平方米以上，或者累计完成与此相当的房地产开发投资额；

(4) 连续 5 年建筑工程质量合格率达 100%；

(5) 上一年房屋建筑施工面积达 15 万平方米以上，或者完成与此相当的房地产开发投资额；

(6) 有职称的建筑、结构、财务、房地产及有关经济类的专业管理人员不少于 40 人，其中具有中级以上职称的管理人员不少于 20 人，持有资格证书的专职会计人员不少于 4 人；

(7) 工程技术、财务、统计等业务负责人具有相应专业中级以上职称；

(8) 具有完善的质量保证体系，商品住宅销售中实行了《住宅质量保证书》和《住宅使用说明书》制度；

(9) 未发生过重大工程质量事故。

2. 二级资质

(1) 注册资本不低于 2000 万元人民币；

(2) 从事房地产开发经营 3 年以上；

(3) 近 3 年房屋建筑面积累计竣工 15 万平方米以上，或者累计完成与此相当的房地产开发投资额；

(4) 连续 3 年建筑工程质量合格率达 100%；

(5) 上一年房屋建筑施工面积达 10 万平方米以上，或者完成与此相当的房地产开发投资额；

(6) 有职称的建筑、结构、财务、房地产及有关经济类的专业管理人员不少于 20 人，其中具有中级以上职称的管理人员不少于 10 人，持有资格证书的专职会计人员不少于 3 人；

(7) 工程技术、财务、统计等业务负责人具有相应专业中级以上职称；

(8) 具有完善的质量保证体系，商品住宅销售中实行了《住宅质量保证书》和《住宅使用说明书》制度；

(9) 未发生过重大工程质量事故。

3. 三级资质

(1) 注册资本不低于 800 万元人民币；

（2）从事房地产开发经营 2 年以上；

（3）房屋建筑面积累计竣工 5 万平方米以上，或者累计完成与此相当的房地产开发投资额；

（4）连续 2 年建筑工程质量合格率达 100%；

（5）有职称的建筑、结构、财务、房地产及有关经济类的专业管理人员不少于 10 人，其中具有中级以上职称的管理人员不少于 5 人，持有资格证书的专职会计人员不少于 2 人；

（6）工程技术、财务等业务负责人具有相应专业中级以上职称，统计等其他业务负责人具有相应专业初级以上职称；

（7）具有完善的质量保证体系，商品住宅销售中实行了《住宅质量保证书》和《住宅使用说明书》制度；

（8）未发生过重大工程质量事故。

4. 四级资质

（1）注册资本不低于 100 万元人民币；

（2）从事房地产开发经营 1 年以上；

（3）已竣工的建筑工程质量合格率达 100%；

（4）有职称的建筑、结构、财务、房地产及有关经济类的专业管理人员不少于 5 人，持有资格证书的专职会计人员不少于 2 人；

（5）工程技术负责人具有相应专业中级以上职称，财务负责人具有相应专业初级以上职称，配有专业统计人员；

（6）商品住宅销售中实行了《住宅质量保证书》和《住宅使用说明书》制度；

（7）未发生过重大工程质量事故。

5.《暂定资质证书》

新设立的房地产开发企业没有业绩不能评定资质等级，为了能让其进行房地产开发，采用暂定资质证书办法。

新设立的房地产开发企业应当自领取营业执照之日起 30 日内，持下列文件到房地产开发主管部门备案：

（1）营业执照复印件；

（2）企业章程；

（3）验资证明；

（4）企业法定代表人的身份证明；

（5）专业技术人员的资格证书和劳动合同；

（6）房地产开发主管部门认为需要出示的其他文件。

房地产开发主管部门应当在收到备案申请后 30 日内向符合条件的企业核发《暂定资质证书》。

《暂定资质证书》有效期 1 年。房地产开发主管部门可以视企业经营情况延长《暂定资质证书》有效期，但延长期限不得超过 2 年。

自领取《暂定资质证书》之日起 1 年内无开发项目的，《暂定资质证书》有效期不得延长。

个人和没有取得房地产开发经营资质（含暂定资质）的单位、公司，均不得从事房地产开发、经营。

第二节　房地产开发管理机构及职能

房地产开发是一个系统工程，关系到土地使用、土地规划、建筑工程规划、设计规范、施工组织、安全防范、工程质量监督、施工技术、环境影响、消防控制、人民防空、宣传销售、合同签订与履行、综合验收等方方面面。为了保证对各环节和流程的监控，国家规定了相应的管理制度和办法，成立相应的机构具体实施监管约束，履行职责。对房地产开发经营负有直接的监管职责的有关政府管理部门有以下几个：

一、国土资源管理局

国土资源管理局与房地产开发密切相关的职责有：

（1）依照有关规定对国有存量土地及其他需要储备的土地进行储备。

（2）负责公开出让土地底价的测算评估。

（3）负责国有土地使用权出让的招标、拍卖、挂牌交易。土地界址核定、宗地图、办理用地批准书、签署相关的土地出让、转让合同。

（4）受政府和其他单位的委托，组织土地转让和租赁的挂牌交易。

（5）监督土地出让金交财政专户。

（6）定期向社会发布经营性土地使用权供求信息、市场行情和指导价格。

（7）核发土地预登记证；办理项目开发土地使用权证。

（8）对商品房土地证进行分割证证（小证）。

（9）土地权属纠纷处理。

国土资源管理局为系统垂直与地方双重管理机制。

房地产开发与国土资源管理局的业务接点：

（1）签订国有土地出让合同；交纳土地出让金。

（2）办理《土地使用权预登记证》。

（3）办理《用地批准书》。

（4）办理《土地使用权证》（总证及分证）。

二、城市规划局

城市规划部门的职责包括：

（1）协助政府组织编制城市总体规划（包括市域城镇体系规划、近期建设规划）。

（2）负责城市规划（包括分区规划、各专项规划和控制性详细规划以及修建性详细规划）的编制、审查、申报和实施，组织城市设计。

（3）负责城市规划区范围内的各类建设项目的"规划选址"和"建设用地、建设工程的规划审批管理"；颁发建设项目的选址意见书、建设用地规划许可证、建设工程规划许可证和建设工程规划竣工验收证。

（4）指导和监督建设项目严格按规划实施，负责城市规划区内建设放线、跟踪管理及规划验收。

（5）监督检查、查处各种违法占地和违法建设行为，负责办理规划管理的行政诉讼。

房地产开发项目，首先要符合城市规划，在城市规划范围及要求下实施。其项目是否可以实施，在什么样的条件和范围内实施，都要经过规划部门的审批。没有取得规划部门对项目的建设项目的选址意见书、建设用地规划许可证、建设工程规划许可证，项目不得实施，没有取得建设工程规划竣工验收证（或意见），项目不能验收，或验收不能合格。可以说，城市规划部门是房地产开发公司第一个与之打交道的并且是从头到尾都要接受监督管理的政府部门。房地产开发公司可以通过规划部门获得信息和帮助，了解相应地块的情况，以便于决策和采取行动。在项目实施的过程中，房地产开发公司需遵循规划要求，包括重要经济技术指标变化情况，需与之沟通并得到许可，方能使项目顺利施行。

三、城市建设管理局

与房地产开发密切相关的职责：

（1）负责城乡规划范围内各项建设项目的选址定点工作，核发选址意见书。

（2）管理城乡规划范围内各项建设项目规划，确定用地的具体位置、面积和用途，向用地单位提出规划设计条件，核发建设用地规划许可证。

（3）审批建设工程规划设计方案和建设工程的初步设计。

审批内容主要包括建筑风格、道路红线、层高、外墙立面材料（色彩及建筑质材）、亮化要求、各种经济技术指示、绿化率、容积率和建筑密度等，以及配套设施是否达到相关要求，如是否满足《道路交通法》中有关停车位的规定要求等。核发建设工程规划许可证，并参与工程的竣工验收。

（4）建筑工程勘察设计质量监督与管理。

省、自治区、直辖市人民政府建设行政主管部门负责组织本行政区域内的施工图审查工作的具体实施和监督管理工作。审查合格的项目，审查机构向建设行政主管部门提交项目施工图审查报告，由建设行政主管部门向建设单位通报审查结果，并颁发施工图审查批准书。对审查不合格的项目，提出书面意见后，由审查机构将施工图退回建设单位，并由原设计单位修改，重新送审。

凡应当审查而未经审查或者审查不合格的施工项目，建设行政主管部门不得发放施工许可证，施工图也不得交付施工。建筑工程竣工验收时，有关部门应当按照审查批准的施工图进行验收。

（5）会同有关部门做好城市人防工程建设和易地建设的规划管理工作。

（6）负责建筑市场管理。

负责建设工程报建及招投标管理、工程建设标准定额和工程造价工作；负责工程质量监督和施工安全检查监督；负责工程建设监理工作。

（7）负责勘察测绘、建筑设计、建筑节能和墙体材料革新等施工图的审查工作。

（8）负责建设配套费的收缴工作；负责建筑业劳保统筹基金、建筑工程定额测定费、新型墙体材料专项费、施工图审查费等费用的收缴、管理工作。

（9）负责核发施工许可证。

注：以前城市规划局与建筑局是同一家单位，现在大部分地方已分开。建设局主要管城市建设，规划局管城市规划。建筑工程的"两证一书"，《建设用地规划许可证》、《建设工程规划许可证》《项目选址意见书》在规划局办理。

一般情况下，城市规划局在行政设置和级别上，下属于城市建设管理局，为二级局，相当于建筑局下设的独立的一个科室。

四、房地产管理局

房地产管理局与房地产开发密切相关的职责有：

（1）负责城市房屋权属管理与房地产交易市场管理有关工作。研究培育和发展房地产交易市场。

（2）确认房屋权属，办理房屋所有权总登记和初始、转移、变更、注销及设定他项权登记，颁发房屋权属证书，管理产籍资料。

（3）负责商品房预售、现房销售和商品房面积管理；审发房屋销售许可证（含预售许可证）；销售合同管理，对销售合同进行备案登记。

（4）负责房地产转让、房屋租赁管理、房地产抵押管理和房地产中介服务机构的管理与监督，参与国有土地使用权出让有关方案的制定。

（5）负责城市房屋的拆迁管理工作。核发城市房屋拆迁许可证，调解拆迁纠纷，组织行政强制拆迁，负责拆迁单位的管理与监督。

（6）负责物业管理工作；负责物业管理企业的管理和监督；负责物业管理从业人员资格的监管工作；负责协调处理物业管理纠纷投诉工作；负责指导城市房屋专项维修资金的归集、使用和监督管理工作。

（7）负责房屋安全鉴定和管理工作。

（8）对具有独立法人的房地产测绘中心对房屋的测绘及测绘成果等进行监督管理。

房地产开发与房地产管理局的业务接点为：

（1）房地产管理局核发销售许可，办理《商品房预售许可证》。

（2）商品房买卖合同的审查和备案。只有备案的合同才能办理按揭或公积金贷款。

（3）办理贷款抵押登记。

（4）收集审查工程项目资料，核办房屋总证。

（5）办理房产证（《房屋所有权证》《房屋共有权证》）。

（6）物业管理服务落实审查。

城市规划局、建筑局、房地产管理局三者在房地产开发过程中的区别和联系：形象地说，城市规划局负责项目开发前的规划设计审核批准，即管房子怎么建，也就是房子建之前的管理；建筑局负责项目开发过程中的施工建设、质量、安全等管理，也就是房子在建过程中的管理；而房产局则是对建设工程可销售后的销售（含预售）合同备案，以及工程竣工后的房屋产权登记办证管理和物业管理，即是对房子建好之后的管理。当然，各地的设置方式不一样，有分开设的，也有合并在一起的，不能一概而论。

五、消防部门

消防工程是建筑工程中不可或缺的子项目。消防工程由消防部门单独进行监督管理。根据消防规范要求，消防部门对房地产开发密切相关的职责有：

（1）房地产开发建设项目规划设计方案消防专项审查。

（2）负责提出消防整改意见，办理消防许可手续和消防验收，出具验收报告和工程准予使用文件。

房地产开发与消防部门的主要接点：

（1）图纸送消防部门审查并通过。

（2）办理消防审查意见书。

（3）工程完工后汇集资料报消防专项验收。

（4）办理消防验收报告及准予使用通知书。

《消防法》第十条明确规定：按照国家工程建设消防技术标准进行消防设计的建筑工程竣工时，必须经公安消防验收，未经验收或者经验收不合格的，不得投入使用。建筑工程未经消防审核与消防验收擅自投入使用，消防部门将责令停止使用和责令停止施工，并进行经济处罚。

六、人民防空办

根据《中华人民共和国人民防空法》和《城市房地产开发经营管理条例》有关规定，房地产开发项目需服从防空规定要求，由人民防空办参与项目初步设计的审核。主要是对设计人民防空地下室进行审查，对没有设计人民防空地下室的项目，督促检查并要求房地产开发企业办理人民防空易地建设手续并缴纳费用。

房地产开发中，如修建人民防空地下室及相关防空设施，则需办理相关的设计审核、工程验收。如不修建防空设施，则需办理：

（1）申请免建并交纳（人民防空）易地建设费。

（2）办理《人民防空工程免建证》。

人防工程验收不合格，或者手续资料不齐备的工程项目，不得进行工程竣工验收备案。

七、环境保护局

房地产项目必须依法做环境影响评价。建设项目对环境可能造成重大影响的，应当编制环境影响报告书，对建设项目产生的污染和对环境的影响进行全面、详细的评价；建设项目对环境可能造成轻度影响的，应当编制环境影响报告表，对建设项目产生的污染和对环境的影响进行分析或者专项评价；建设项目对环境影响很小，不需要进行环境影响评价的，应当填报环境影响登记表。

房地产项目引入环保审批机制，在整个项目的审批、施工及验收等环节都要进行环评工作。如在项目施工前，先要领到建筑施工排污许可证，在项目验收阶段，要凭环保竣工验收合格证，向建设部门申请建筑工程竣工验收等。但现在并不规范，多数房地产开发项目直接报规划部门审批，建成后才到环保部门补办环评手续。

八、工商部门

房地产开发企业的工商登记、营业执照核发及年检均由工商部门负责。

房地产开发必须以房地产开发公司为主体进行。刚进入房地产开发领域的单位和个人，必须到工商部门注册成立房地产开发公司，领取工商营业执照，办理组织机构代码证、税务登记证（国税、地税）等，如此才能开展房地产开发经营业务。

房地产开发企业必须按要求每年到工商部门进行营业执照年检，接受工商部门的监督和检查。房地产开发公司进行工商年检需提供《公司财务报表》和《财务审计报告》（会计师事务所出具）。超期年检或年检不合格的，将面临取消营业资格的处罚。

房地产开发公司需要对公司名称、股东、股本、法人和办公场所等进行变更，亦由工商部门进行审查、登记和备案。

九、银行

可以说，房地产离不开银行，银行也很偏爱和倚重房地产。两者的关系从正常的健康角度说，是互惠互利、相辅相成的关系——银行为房地产的发展提供资金支持，房地产给银行带来巨额的利益回报。

房地产开发企业在业务开展过程中有大量的资金往来，这就要在银行开设户头。一般而言，房地产开发企业在银行开设的户头有基本账户、专户和一般账户。基本账户只有一个，专户、一般账户可以开设多个，并且可以在不同的银行开设。

房地产开发是资金密集型产业，融资是房地产开发的重要工作之一，银行是可供融资的首选，包括信用贷款、项目贷款、在建工程抵押贷款、销售按揭贷款等，都是银行的业务范畴。所以，除了开设户头之外，房地产企业还到银行办理贷款许可证（卡），进行企业授信评级，办理各项可能的贷款等。

国家通过银行贷款规模、贷款利率等调整，对房地产业重要的行之有效的调控。所以，房地产业受国家金融、货币政策影响明显，房地产企业必须对国家的金融政策十分敏感。

十、税务部门

房地产企业与其他企业一样，首要目的是创造利润；国家鼓励开设和扶持企业，除了解决就业、技术创新、掌握核心竞争力外，就是收取税收、扩大财税收入、经济效益社会化和提高国家的综合国力。依法经营、自觉纳税、接受税务部门的监督管理是房地产企业义不容辞的责任。

在房地产开发经营过程中，国家税务部门、地方税务部门从不同的系列对开发项目进行跟踪，对企业生产、营业、所得等诸方面进行税务征收和稽查，防止企业偷税漏税。

房地产业为国家带来巨大的财税收入，同时国家通过税收杠杆对房地产市场进行引导和影响。当房地产市场低迷不振需要扶持的时候，可以通过减免税收，比如降低契税税率，缩短二手房营业税、个人所得税计缴时限等；为了抑制房地产市场的炒作行为，控制房价，可以提高契税税率，延长二手房营业税、个人所得税计缴时限（如从房产持有二年免征延长至持有满五年才免征），增大交易成本，增设"房产税"等税种，增大房屋持有成本，减少过度投机等现象。

十一、城市综合管理执法局

城市道路、城市卫生、环境安全、市容市貌等由城市综合管理执法局负责。房地产开发在施工过程中会出现占道、土方清运、垃圾处理、城市卫生、道路交通、噪音等与城市管理要求相冲突的问题。如此，房地产开发需接受城市综合管理执法局的监督管理，使房地产开发建设在一定秩序下进行。有的地方（如大连市）还专门成立"城市管理综合执法局房地产行政执法大队"进行专门管理。

第三节　房地产开发相关协作单位

房地产开发不是简单的来料加工生产，不是房地产开发企业一家就能独立完成。从产品的规划定位、地质基础、产品设计、建筑生产、质量监督控制、产品交付到维修保养等，需要很多产业、单位的协作配套支持。

一、地质勘察单位（地质队）

房地产开发的基础是土地，土地除了区位、地表状况外，还需探明地质情况，提供建筑施工地质条件，以便为设计和施工组织提供专业的技术支持。如何才能知晓地质情况？这就得委托有资质有能力的单位进行地质勘测，做出地质资料报告。

地质勘察单位就是负责对房地产项目进行地质勘测，出具地质成果报告，为设计提供依据，对基础状况、孔桩基础进行技术指导和技术处理的专业单位。

房地产公司与地质勘察部门是纯商业的委托服务关系。双方要签订相关的地质勘察合同，规定工作范围，打孔数量及密度，工作期限及付款方式等。

地质勘察单位需参与房地产开发项目的竣工验收，并在竣工验收报告上签署意见并加盖单位公章。

地质勘察部门要有与房地产开发工程项目相对应的资质。

根据《建设工程勘察设计管理条例》和《建设工程勘察和设计单位资质管理规定》的原则，工程勘察资质范围包括建设工程项目的岩土工程、水文地质勘察和工程测量等专业。

工程勘察资质分综合类、专业类和劳务类。综合类包括工程勘察所有专业；专业类是指岩土工程、水文地质勘察、工程测量等专业中的某一项，其中岩土工程专业类可以是岩土工程勘察、设计、测试监测检测、咨询监理中的一项或全部；劳务类是指岩土工程治理、工程钻探、凿井等。工程勘察专业类资质原则上设甲、乙两个级别，确有必要设置丙级勘察资质的地区经建设部批准后方可设置专业类丙级；工程勘察劳务类资质不分级别。

二、工程项目设计单位（建筑设计院）

房地产开发不是批量生产，而要根据不同的项目特点，结合开发思路和要求，进行专门的包括项目平面布置、立面风格、环境美化、建筑高度、房型层高、采光通风、周围道路等诸方面的规划设计，进行各分项图纸设计，房地产开发公司按图组织施工生产。规划设计，除了大型的有设计部门的房地产开发企业外，一般房地产开发公司不能自行设计，只好将其委托给专业的设计单位。

设计单位负责根据项目实际提出设计意向，根据设计规范和房地产开发公司要求，对项目进行初步的平面布置、立面效果、整体配置、建筑风格及绿化处理等方案设计，提交审委会审定。审委会由当地资深的专家（包括建筑、结构、规划、城市管理等方面）组成。审委会通过后，设计部门再进行全面的工程技术设计，做出符合设计规范和房地产公司要求的建筑、结构、设备（包括暖通、给排水、电气等）"施工正图"，并经设计审核部门审核通过后交房地产开发公司，房地产开发公司再按图组织施工。

在施工前，设计单位要对相关的图纸进行会审和技术交底；在施工过程中出现设计问题，包括设计变更等，设计单位要作技术指导和相应的设计修改，提出书面意见和通知。工程完工后，设计单位必须参与工程竣工验收，并在竣工验收报告上签署验收意见，加盖单位公章。

设计单位一般为建筑设计院，有国家事业单位性质的，也有民营性质的。有独立的法人资格，有相应的资质。设计单位的设计人员必须取得相应的专业资格证书，并对设计质量负终身责任。

设计院资质分为甲级、乙级和丙级三个等级。

1. 甲级

（1）从事建筑设计业务 6 年以上，独立承担过不少于 5 项工程等级为一级或特级的工程项目设计并已建成，无设计质量事故。

（2）单位有较好的社会信誉并有相适应的经济实力，工商注册资本不少于 100 万元。

（3）单位专职技术骨干中建筑、结构和其他专业人员各不少于 8 人、8 人、10 人；其中一级注册建筑师和一级注册结构工程师均不少于 3 人。

（4）获得过近四届省级建设行政主管部门评优及以上级别评优的优秀建筑设计三等奖及以上奖项不少于 3 项，参加过国家或地方建筑工程设计标准、规范及标准设计图集的编制工作或行业的业务建设工作。

（5）推行全面质量管理，有完善的质量保证体系，技术、经营、人事、财务以及档案等管理制度健全。

（6）达到国家建设行政主管部门规定的技术装备及应用水平考核标准。

（7）有固定的工作场所，建筑面积不少于专职技术骨干每人 15 平方米。

2. 乙级

（1）从事建筑设计业务 4 年以上，独立承担不少于 3 项工程等级为二级及以上的工程项目设计并已建成，无设计质量事故。

（2）单位有社会信誉以及相适应的经济实力，工商注册资本不少于 50 万元。

（3）单位专职技术骨干中建筑、结构和其他专业人员各不少于 6 人、6

人、8 人；其中一级注册建筑师和一级注册结构工程师均不少于 1 人。

（4）曾获得过市级建设行政主管部门评优及以上级别评优的优秀建筑设计三等奖及以上奖项不少于 2 项。

（5）有健全的技术、质量、经营、人事、财务和档案等管理制度。

（6）达到国家建设行政主管部门规定的技术装备及应用水平考核标准。

（7）有固定的工作场所，建筑面积不少于专职技术骨干每人 15 平方米。

3. 丙级

（1）从事建筑设计业务 3 年以上，独立承担过不少于 3 项工程等级为三级以上的工程项目设计并已建成，无设计质量事故。

（2）单位有社会信誉以及必要的经营资本，工商注册资本不少于 20 万元。

（3）单位专职技术骨干人数不少于 10 人；其中二级注册建筑师不少于 3 人（或一级注册结构工程师不少于 1 人），二级注册结构工程师不少于 3 人（或一级注册结构工程师不少于 1 人）。

（4）有必要的技术、质量、经营、人事、财务和档案等管理制度。

（5）计算机数量达到专职技术骨干人均 0.8 台，计算机施工图出图率不低于 75%。

（6）有固定的工作场所，建筑面积不少于专职技术骨干每人 15 平方米。

根据民用建筑的类型和特征等因素将民用建筑分为特级、一级、二级、三级四个等级。各级别设计单位承担任务范围为：

1. 甲级

承担建筑工程设计项目的范围不受限制。

2. 乙级

（1）民用建筑：承担工程等级为二级及以下的民用建筑设计项目。

（2）工业建筑：跨度不超过 30 米、吊车吨位不超过 30 吨的单层厂房和仓库，跨度不超过 12 米、6 层及以下的多层厂房和仓库。

（3）构筑物：高度低于 45 米的烟囱，容量小于 100 立方米的水塔，容量小于 2000 立方米的水池，直径小于 12 米或边长小于 9 米的料仓。

3. 丙级

（1）民用建筑：承担工程等级为三级的民用建筑设计项目。

（2）工业建筑：跨度不超过 24 米、吊车吨位不超过 10 吨的单层厂房和仓库，跨度不超过 6 米、楼盖无动荷载的 3 层及以下的多层厂房和仓库。

（3）构筑物：高度低于 30 米的烟囱，容量小于 80 立方米的水塔，容量小于

500 立方米的水池，直径小于 9 米或边长小于 6 米的料仓。

房地产开发与设计单位的关系与地质勘测一样，是委托服务的商业关系。双方要签订相应的技术服务委托合同。

附：民用建筑工程设计等级分类表

		特级	一级	二级	三级
一般公共建筑	单体建筑面积	8 万平方米以上	2 万平方米以上至 8 万平方米	5 千平方米以上至 2 万平方米	5 千平方米及以下
	立项投资	2 亿元以上	4 千万元以上至 2 亿元	1 千万元以上至 4 千万元	1 千万元及以下
	建筑高度	100 米以上	50 米以上至 100 米	24 米以上至 50 米	24 米及以下（其中砌体建筑不得超过抗震规范高度限值要求）
住宅、宿舍	层数		20 层以上	12 层以上至 20 层	12 层及以下（其中砌体建筑不得超过抗震规范层数限值要求）
居住区、工厂、生活区	总建筑面积		10 万平方米以上	10 万平方米及以下	
地下工程	地下空间（总建筑面积）	5 万平方米以上	1 万平方米以上至 5 万平方米	1 万平方米及以下	
	附建式人防（防护等级）	四级及以上	五级及以上		
特殊公共建筑	超限高层建筑抗震要求	抗震设防区特殊超限高层建筑	抗震设防区建筑高度 100 米及以下的一般超限高层建筑		
	技术复杂、有声、光、热、振动、视线等特殊要求	技术特别复杂	技术比较复杂		
	重要性	国家级经济、文化、历史、涉外等重点工作项目	省级经济、文化、历史、涉外等重点工程项目		

注：符合某工程等级特征之一的项目即可确认为该工程等级项目。

三、施工承建单位（建筑公司）

房地产的生产就是建筑工程施工。房地产开发公司是工程建设单位，它通过建筑市场对工程进行招投标，选定施工方承担建筑工程施工。有的房地产开发公司（或集团）设有建筑公司，既开发又施工。而有的房地产开发公司只开发不施工，将工程对外进行发包，房地产开发公司与施工方签订施工承建合同，根据承建合同的内容和质量要求，施工方按其施工规范、技术、工期、安全及质量进行施工作业，并对所承建的房屋负有质量保证及保修责任。

工程竣工后，施工承建单位要汇集各项资料，归类成册，在自检的基础上提出验收报告和验收申请，向建设单位申请并参加工程竣工验收。在工程竣工验收备案表上签署是否同意验收合格的意见，并由项目经理及单位领导签字，加盖单位公章。施工承建单位对工程还负有一定年限的保修责任。

房地产开发商与工程承建企业是承包服务关系。所签订的合同属于合同法中的"承揽、建设工程合同"范畴。

施工承建单位需具备一定的资质，才能承建相应规模的工程项目。房屋建筑工程施工总承包企业资质分为特级、一级、二级和三级。

1. 特级资质标准

（1）企业注册资本金 3 亿元以上。

（2）企业净资产 3.6 亿元以上。

（3）企业近 3 年年平均工程结算收入 15 亿元以上。

（4）企业其他条件均达到一级资质标准。

2. 一级资质标准

（1）企业近 5 年承担过下列 6 项中的 4 项以上工程的施工总承包或主体工程承包，工程质量合格。

① 25 层以上的房屋建筑工程；

② 高度 100 米以上的构筑物或建筑物；

③ 单体建筑面积 3 万平方米以上的房屋建筑工程；

④ 单跨跨度 30 米以上的房屋建筑工程；

⑤ 建筑面积 10 万平方米以上的住宅小区或建筑群体；

⑥ 单项建安合同额 1 亿元以上的房屋建筑工程。

（2）企业经理具有 10 年以上从事工程管理工作经历或具有高级职称；总工程师具有 10 年以上从事建筑施工技术管理工作经历并具有本专业高级职称；

总会计师具有高级会计职称；总经济师具有高级职称。

企业有职称的工程技术和经济管理人员不少于 300 人，其中工程技术人员不少于 200 人；工程技术人员中，具有高级职称的人员不少于 10 人，具有中级职称的人员不少于 60 人。

企业具有的一级资质项目经理不少于 12 人。

（3）企业注册资本金 5000 万元以上，企业净资产 6000 万元以上。

（4）企业近 3 年最高年工程结算收入 2 亿元以上。

（5）企业具有与承包工程范围相适应的施工机械和质量检测设备。

3. 二级资质标准

（1）企业近 5 年承担过下列 6 项中的 4 项以上工程的施工总承包或主体工程承包，工程质量合格。

①12 层以上的房屋建筑工程；

②高度 50 米以上的构筑物或建筑物；

③单体建筑面积 1 万平方米以上的房屋建筑工程；

④单跨跨度 21 米以上的房屋建筑工程；

⑤建筑面积 5 万平方米以上的住宅小区或建筑群体；

⑥单项建安合同额 3000 万元以上的房屋建筑工程。

（2）企业经理具有 8 年以上从事工程管理工作经历或具有中级以上职称；技术负责人具有 8 年以上从事建筑施工技术管理工作经历并具有本专业高级职称；财务负责人具有中级以上会计职称。

企业有职称的工程技术和经济管理人员不少于 150 人，其中工程技术人员不少于 100 人；工程技术人员中，具有高级职称的人员不少于 2 人，具有中级职称的人员不少于 20 人。

企业具有的二级资质以上项目经理不少于 12 人。

（3）企业注册资本金 2000 万元以上，企业净资产 2500 万元以上。

（4）企业近 3 年最高年工程结算收入 8000 万元以上。

（5）企业具有与承包工程范围相适应的施工机械和质量检测设备。

4. 三级资质标准

（1）企业近 5 年承担过下列 5 项中的 3 项以上工程的施工总承包或主体工程承包，工程质量合格。

①6 层以上的房屋建筑工程；

②高度 25 米以上的构筑物或建筑物；

③单体建筑面积 5000 平方米以上的房屋建筑工程；

④单跨跨度 15 米以上的房屋建筑工程；

⑤单项建安合同额 500 万元以上的房屋建筑工程。

（2）企业经理具有 5 年以上从事工程管理工作经历；技术负责人具有 5 年以上从事建筑施工技术管理工作经历并具有本专业中级以上职称；财务负责人具有初级以上会计职称。

企业有职称的工程技术和经济管理人员不少于 50 人，其中工程技术人员不少于 30 人；工程技术人员中，具有中级以上职称的人员不少于 10 人。

企业具有的三级资质以上项目经理不少于 10 人。

（3）企业注册资本金 600 万元以上，企业净资产 700 万元以上。

（4）企业近 3 年最高年工程结算收入 2400 万元以上。

（5）企业具有与承包工程范围相适应的施工机械和质量检测设备。

5. 承包工程范围

（1）特级企业：可承担各类房屋建筑工程的施工。

（2）一级企业：可承担单项建安合同额不超过企业注册资本金 5 倍的下列房屋建筑工程的施工：

①40 层及以下、各类跨度的房屋建筑工程；

②高度 240 米及以下的构筑物；

③建筑面积 20 万平方米及以下的住宅小区或建筑群体。

（3）二级企业：可承担单项建安合同额不超过企业注册资本金 5 倍的下列房屋建筑工程的施工：

①28 层及以下、单跨跨度 36 米及以下的房屋建筑工程；

②高度 120 米及以下的构筑物；

③建筑面积 12 万平方米及以下的住宅小区或建筑群体。

（4）三级企业：可承担单项建安合同额不超过企业注册资本金 5 倍的下列房屋建筑工程的施工：

①14 层及以下、单跨跨度 24 米以下的房屋建筑工程；

②高度 70 米及以下的构筑物；

③建筑面积 6 万平方米及以下的住宅小区或建筑群体。

注：房屋建筑工程是指工业、民用与公共建筑（建筑物、构筑物）工程。工程内容包括地基与基础工程、土石方工程、结构工程、屋面工程、内外部的装修装饰工程、上下水、供暖、电器、卫生洁具、通风、照明、消防以及防雷等安装工程。

四、建筑工程监理公司

《中华人民共和国建筑法》规定："国家推行建筑工程监理制度。"《建设工程监理范围和规模标准规定》[2000 年 12 月 29 日经第 36 次部常务会议讨论通过，2001 年 1 月 17 日颁布实行，部长（俞正声）]第五章规定：成片开发建设的住宅小区工程，建筑面积在 5 万平方米以上的住宅建设工程必须实行监理；5 万平方米以下的住宅建设工程，可以实行监理，具体范围和规模标准由省、自治区、直辖市人民政府建设行政主管部门规定。为了保证住宅质量，对高层住宅及地基、结构复杂的多层住宅应当实行监理。

建设工程监理按监理阶段可分为设计监理和施工监理。设计监理是在设计阶段对设计项目所进行的监理，其主要目的是确保设计质量和时间等目标满足业主的要求；施工监理是在施工阶段对施工项目所进行的监理，其主要目的在于确保施工安全、质量、投资和工期等满足业主的要求。目前我国实行的还仅仅是施工阶段的工程监理，还没有设计阶段的工程监理，但在市政工程和房屋建筑工程这两个工程行业实行了施工图审查制度，相当于一种变通了的设计阶段的工程监理。

建筑工程监理由监理公司承担，负责在工程施工过程各个环节的质量监管、检查及签证。

工程监理单位的质量责任和义务：工程监理单位应当依法取得相应等级的资质证书，并在其资质等级许可的范围内承担工程监理业务，并不得转让工程监理业务。

工程监理单位与被监理工程的施工承包单位以及建筑材料、建筑构配件和设备供应单位有隶属关系或者其他利害关系的，不得承担该项建设工程的监理业务。

工程监理单位应当依照法律、法规以及有关技术标准、设计文件和建设工程承包合同，代表建设单位对施工质量实施监理，并对施工质量承担监理责任。工程监理单位应当选派具备相应资格的总监理工程师和监理工程师进驻施工现场。未经监理工程师签字，建筑材料、建筑构配件和设备不得在工程上使用或者安装，施工单位不得进行下一道工序的施工。未经总监理工程师签字，建设单位不拨付工程款，不进行竣工验收。监理工程师应当按照工程监理规范的要求，采取旁站、巡视和平行检验等形式，对建设工程实施监理。

理论上监理公司是中立的，但大部分监理公司因为受雇于房地产开发公司，为房地产开发公司服务，对房地产开发公司负责，所以站在房地产开发公司一方。有的时候，施工企业为了自身利益，会出现拉拢监理人员的情形。

建设监理单位资质及监理范围：建设监理单位资质管理制度规定，根据从事工程建设监理业务应当具备的人员素质、资金数量、专业技能、管理水平及监理业绩等条件，监理单位的资质可分为甲级、乙级和丙级三个等级。

业务范围：甲级监理单位可以跨地区、跨部门监理一、二、三级的工程；乙级监理单位只能监理本地区、本部门的二、三级工程；丙级监理单位只能监理本地区、本部门的三级工程。

五、策划公司或销售代理公司

策划公司或销售代理公司是指接受房地产开发公司的委托，负责房地产开发中的产品推介销售，根据双方协议，按实际完成的销售情况及差价，计收佣金的专业策划和销售公司。在销售期间，代理公司主要完成推广计划书（包括市场定位、销售对象、销售计划、广告宣传等等）；根据市场推广计划，制订销售计划，安排时间表；按照甲乙双方议定的条件，在委托期内，进行广告宣传、策划；派送宣传资料、售楼书；在甲方的协助下，安排客户实地考察并介绍项目环境及情况；利用各种形式开展多渠道销售活动；等等。

策划公司对项目进行全程策划；销售代理公司则是对销售进行代理。很多时候，策划和销售代理是合二为一的。

销售代理的好处在于：专业性强，销售业绩有保障，效益成本比高，可以在相当程度上有效降低房地产开发公司自行组织销售的人力资源成本，包括招聘、培训、人员管理、工资福利，以及便于处理没有销售任务时的人员安排等；同时还可以有效回避自行销售中的人情费用和人情后遗症——熟人或关系户找要折扣、优惠价；有的时候，给了折扣还不讨好，得了便宜的还认为不到位，坏了关系。不好之处在于，有出现代理纠纷和商品房买卖合同纠纷的风险。因代理公司与房地产开发公司对销售的目标不太一致——代理公司需要销售额提取佣金，房地产开发公司则需要在保证销售的情况下高价销售并规避风险。由此，如果沟通不及时，约束不明确，将会导致在宣传、承诺、合同约定及管理等方面的不一致，代理公司在保证自身利益的同时，会有不顾及房地产开发公司的最大利益的情况发生。如将房地产开发公司的优惠条件无控制使用，为了销售成功进行虚假承诺等。特别需要注意的是，代理公司用掌握的客户资源要挟房地产开发公司，在双方关系恶化的时候，代理公司出卖房地产开发公司，怂恿购房户与房地产开发公司作对。

房地产开发公司根据情况，可聘请策划及销售代理公司为房地产开发项目服务，也可以自行策划和销售。一般而言，较大型的房地产开发公司有自己的专一稳定的销售团队，以自行销售为主；一般的项目性房地产开发公司倾向于销售代理方式。

六、律师事务所

律师事务所主要是对房地产开发公司事务进行法律服务，对房地产项目作全程法律咨询和把关，并处理房地产项目开发过程中的法律纠纷。

房地产开发项目涉及面广，如拆迁、安置补偿、材料采购、设备供给、房屋销售、合同以及劳动人事等方方面面。没有律师事务所专业法律服务和帮助，稍有不慎，将面临严重的法律风险和经济损失。

一般稍具规模的房地产开发公司都聘请有常年法律顾问。需要注意的是，并不是聘请了法律顾问，所有的纠纷都能避免或迎刃而解。律师也有律师的缺陷，特别是对房地产流程、环节，房地产有关法规方面，律师并不太熟悉，希望他们堵掉所有经营活动过程的合同、协议等法律漏洞是不现实的，希望他们打赢所有的官司只能是一种理想，在关键问题关键节点上，房地产开发公司必须自己把好关。

房地产公司与律师事务所是通过聘请形成的雇佣关系。律师事务所通过提供律法服务获得顾问费和经过诉讼代理获取收益。房地产开发公司通过支付费用获得法律服务，避免或解决法律纠纷，降低运营成本及风险，提高经营效益。

是否聘请法律顾问，由房地产开发公司自行决定，法律上没有硬性规定。

七、水、电、气、通讯专营公司

房地产开发的产品需要满足多种功能需求，水、电、气、通讯，包括闭路电视等，就是其必不可少的功能要件。而这些功能的实现，在国家高度行业垄断的背景下，只能由专营的"自来水公司""供电局""城市管道燃气公司"和"广播电视网络信息服务公司"提供。从市场经济及经营活动角度而言，房地产开发公司在房地产开发经营过程中与它们的关系是双方有偿合同关系，但由于供电、供水、供气等受计划的控制，在实际的开发过程中，作为合同关系的双方地位并不平等，房地产开发公司是被动的，是有求于这些专营部门（公司）的。

供配电工程：供用电是供电局独家经营。配电，包括高低压配电，以前也由供电部门独家承接，包括工程设计、预算、施工、验收和并网供电等。现在随着市场的放开和竞争，配电工程的设计施工，可以委托有资质及获得地方准入的单位负责，但验收需由当地供电部门进行。配电工程市场的开放，大大降低了房地产开发中供配电方面的成本。

供水工程：供水主要为城市供水，包括公共供水和自建设施供水。公共供水指城市自来水企业以公共供水管道及其附属设施向单位和居民的生活、生产和其他各项设施提供用水；而自建设施供水，指的是城市用水单位以其自行建设的供水管道及其附属设施向本单位的生产、生活和其他设施提供用水。房地产开发中，需要城市供水，同时也需进行自建设施供水，自建设施供水即项目范围内的供水设备设施建设，也即为本项目内的供水工程。目前，供水工程开放程度不高，基本由城市自来水公司负责，包括工程设计、概算、施工和验收等。

供气主要以燃气为主，如天然气、液化石油气等。随着城市功能的不断配套完善，大多数城市都实现了供气，在房地产开发的规划控制下，都增加了供气要求，如有的要求没有供气设施的，商品房不准销售。

思考练习题

一、判断题

1. 所有公司、法人、自然人都可以进行房地产开发。　　　　　　（　　）
2. 某房地产开发公司的资质是四级，则注册资金不低于100万元。（　　）
3. 房地产开发公司的资质分为一级、二级、三级、四级、五级，
　　共五个等级。　　　　　　　　　　　　　　　　　　　　（　　）
4. 建筑工程规划许可证是在建设行政管理部门办理。　　　　　（　　）

二、简述题

1. 什么是房地产开发公司？
2. 三级房地产开发公司的资质条件有哪些？
3. 房地产开发过程中的主要行政管理部门有哪些？
4. 房地产开发与国土资源管理局的业务接点是什么？
5. 房产局在房地产开发中的职责有哪些？
6. 拥有乙级资质的规划设计单位，可否承接一个投资5000万，建筑面积10万平方米，楼层高度不超过20层的房地产开发项目？为什么？
7. 简述二级建筑工程施工企业可承建的工程范围。
8. 某住宅小区建筑面积10万平方米，单项工程26层，具有丙级资质的监理公司是否可以对该工程进行监理？为什么？
9. 你认为房地产开发自行销售与委托代理销售的区别及优劣有哪些？

第五章 房地产开发运作实际操作

第一节 房地产开发运作流程

房地产开发作为经济活动，有许多流程和环节。就已成立并拥有开发资质的房地产公司运作单个房地产开发项目，其流程环节如下：

(1) 收集土地市场及房地产市场信息；

(2) 可行性分析及前期项目评估；

(3) 参与土地挂牌招标，获取土地、办理土地预登记证；

(4) 领取《项目手册》；

(5) 市场调研定位；

(6) 项目规划设计及策划；

(7) 融资；

(8) 人员组织；

(9) 办理用地批准书；

(10) 委托地质勘测单位进行地质勘测；

(11) 委托设计单位进行工程项目方案设计；

(12) 规划设计报审、修改、通过；

(13) 办理用地规划许可证；

(14) 办理工程规划许可证；

(15) 建筑工程招投标；

(16) 办理建设工程开工许可证；

(17) 委托施工单位进行工程施工及工程管理；

(18) 委托监理单位进行工程监理；

(19) 销售前期准备及宣传；

(20) 办理预售许可证；

（21）销售及合同制作；

（22）合同的签订；

（23）合同备案；

（24）银行按揭贷款或公积金贷款；

（25）工程竣工验收及备案；

（26）交房（入伙）；

（27）工程结算和决算；

（28）物业管理（前期）；

（29）房产证办理；

（30）办理相关图纸资料移交；

（31）履行保修责任。

注：在具体实施过程中，有的可以同时进行，有的还可以视情况调换顺序，有的可以根据当地的相关规定免办，如用地批准书。

第二节　各流程环节需解决的事宜及注意事项

一、地产信息收集

地产信息收集分为主动和被动两种。主动又分为两种，第一种为与土地市场主管部门——土地交易中心建立相应的关系，在第一时间或者在土地未上市前了解掌握相关的情报信息资料，提前进行可行性分析、项目测评和资金运作，以便及时主动获取土地；第二种则为主动性推动土地上市，直接与政府相关部门沟通，对土地上市的前置要求条件作前期协商确定，相当于协议出让土地的前段工作，按国家有关规定经过土地公开的招标、拍卖、挂牌后，获得土地使用权。此类情形一般限于国有企业土地出让或政府有特别要求的项目，比如修建有关的设施或兴办某种产业等。由于中国现行体制的局限，此种急进主动性的土地获取方式很容易让人交谪，容易滋生腐败。

被动获取信息则为在土地上市公告出来之后才获得信息。根据公平、公正、公开的原则要求，房地产土地出让信息必须在相应的媒体（相关的网站，当地有影响力的报刊、电视台等）公布。有的房地产开发公司在这方面设有专职人员对此类信息进行收集和归类，呈报决策层以资备选定夺。

信息收集分析时，需注意国家对房地产业的政策变化，要有明确的方向性和坚定的前瞻性。另外，土地是房地产的根本，专业的房地产开发公司需有相应的战略土地储备。

二、可行性分析及前期项目评估

这是要求从经济的、社会的、环境的角度，对项目作主要的经济技术可行性分析。确定项目的可行程度，提供关键经济技术指标，根据公司的投资回报预期要求，对项目作出前期的评估认定，以定取舍。

主要指标有投资额（直接投资、间接投资，动态投资、静态投资）、投资建设周期、投资回报率、利润、利润率、年利润率等，包括其他有利因素和不利条件影响对相关经济技术指标数据的校正。

其确定的依据为：

（1）根据容积率确定可建建筑面积。

（2）根据市场价格确定预期销售收入。

（3）根据市场建筑安装成本、开发成本及费用、预计财务费用，预计税金等，确定该项目在盈亏平衡点时的最高土地出让价款。

（4）根据项目情况确定相应的利润、利润率，再按其投资开发周期，确定最低的年投资利润率。

（5）根据土地成本与利润、年利润率的线性变量对应关系，确定土地成本，即确定为了保证相应的利润和年利润率，该项目在土地成本上最多能承受的价款。以及确定最高土地成本线和相关的土地利用率等变量关系。

在做可行性分析时必须注意：

（1）需在符合相应的经济技术指标要求的情况下作几个备选的规划设计方案，从中选出最优者，并以此进行测算。一个项目，规划设计方案不同，则获取的经济效益差别很大，所以，规划设计方案非常关键和重要。

（2）在项目评估时，除了当时的市场情况及因素外，还必须综合未来一定时期内的房地产市场变化因素，要有前瞻性和预期性。如有的房地产项目，在当时的情况下按一定价格把地拿下来可能是没有效益的，但预期房地产市场在未来有相当大的土地升值和房价上涨的空间，这种项目就须充分考虑，修正其效益值。不可以当时的市场因素，一成不变地死搬硬套。

（3）除了土地成本外，建安成本及政策可能的变化亦需充分考虑。

三、市场调研定位

市场调研定位包含各方面的工作，在市场调研中，需对以下方面进行综合考量：

（1）国家政策调研。包括宏观产业政策动向、金融信贷、税收调控、阶段性行业波动变化及未来一段时期的走势。

（2）房地产市场调研。包括土地供应规划及施行、土地市场保有度和可供应状况、土地市场价格波动及走势发展、房价水平、市场现有及未来一段时期的供需关系、房价的趋势发展。

（3）竞争对手调查。有多少房地产开发公司，实力如何，开工楼盘对市场的冲击影响，特别是外来房地产开发公司的动向。因为一般来说，外来房地产开发公司的实力较强，会影响当地房地产的战略布局。

（4）房地产二级市场调研。主要为各种不同产品的商品房价格及价格走势分析。

（5）房地产成本市场调研。对主要的建筑材料、人员工资成本、融资财务成本等进行调研，把握各项开发成本和费用。

（6）客户市场及销售半径。这其实也是对市场容量进行充分摸底，做到产销对路。

客户目标确定：房地产产品供给对象有一定的范围，有中等收入群体，有高收入群体，或有特殊收入和特殊阶层群体。在确定项目定位时，目标客户的确定直接关系到后续的销售方法和策略。

价格定位：当前不同项目的不同产品的市场价格。产品可供给市场时预期的市场价格，包含涨跌。价格定位直接关系到收益的测算，应尽量调研详尽，客观分析。

销售预测：又称为销售预期测算，即在销售过程中不同的时段、不同的产品销售情况进行预计和测算，找出最差的也就是企业能承受的销售最低点，通常说的就是最少销售数及最低资金回收时点及回收额度。

通过全方位的市场调查，最后确定房地产开发项目规划方案选择、产品定位、成本控制、销售对象、客户源、资金流及配置等，并以此支持项目决策。

值得注意的是，在市场调研时要全方位进行，要细致，不得凭空想当然，要用客观数字说话。

四、土地的获取

根据前期的可行性分析和项目测评，在可承受范围内，通过合法的方式获得土地使用权。用于房地产开发的土地必须经过出让方式取得，并交纳土地出让金。合法的方式，即须通过合法有效的招标、挂牌、拍卖之一种形式，获得土地使用权。

土地的获取需注意：

（1）充分做好项目测评，固守预定的最高限度，尽量以最小的成本代价获取土地，为开发减轻压力，为效益预留空间。

（2）不可头脑发热，非理性竞价。特别是在竞拍过程中，现场气氛火爆激烈，容易产生头脑发热和争气斗胜情形，参与竞拍的人，不能图一时之快和逞一时之能。

（3）必须合法竞地，千万不可违法钻营。不能私下与竞拍人串标，不能买标卖标——用钱收买其他竞标人，让其放弃投标；或收取他人好处，放弃竞标。因为这是违反有关规定的，这是损害国家利益的行为。弄不好到头来鸡飞蛋打，损人害己，或者损己不利人。

五、项目规划设计

土地使用权竞拍成功后，需及时完善土地手续，包括：签订土地出让合同、交纳土地出让金、土地契税、交易服务费用；办理土地预登记证；提出选址用地申请；规划土地道路红线、办理用地批准手续、选址放线等。

项目如何规划设计，除了有关法规规定及房地产开发公司的意愿要求外，必须充分考虑地质及周边环境情况。因此，在完善土地手续后，在规划设计前，需对土地的地质情况进行详细的勘测，以作为计设规划的重要依据。

完成前及工作事宜后，项目开发接下来就是在符合城市规划的前提下，根据相应的经济技术指标（容积率、绿化率、层高、建筑密度等），对项目进行前期规划设计和方案报批。

方案设计由房地产开发公司提出总体要求及思路，交由专业的有规划设计资质的单位进行。

规划设计主要是对平面布置、建筑风格、配建设施、立面效果等方面的初步设计，报批时需提供相应的规划成果图样。

设计方案的审批由政府有关部门（一般为城市规划委员会）及专家组成员共同讨论决定。包括的部门及人员有地方行政首长、规划城建管理部门、环保、人防、消防等相关部门、城建分管领导及专家组成员。重要项目需报经市（县）长签字批准。

对不符合规范要求的需进行整改，直到通过为止。一般而言，多次修改规划设计方案是常见的。

在房地产开发经营实践中，常常出现"一个设计方案害死一个项目"的情况。这可以看出项目规划设计在房地产开发中的重要性。方案设计失败的原因大体有两种，一种是设计公司自己专业能力不足，"天下设计一大抄"，平庸浅陋，敷衍塞责，做出低下水平的作品；另一种是开发商自以为是，独断专横，听不进专业意见，完全不尊重设计院，把设计师当做一支笔，让他怎么画就得怎么画，最后造成项目走样，开发失败。

一个规划设计方案的好坏，在很大程度上决定着一个项目的成败命运。如何审视、评价分析一个规划设计方案？归纳起来有：

一是要以人为本，充分考虑人文方面的因素。住宅的时限较久，纯住宅的是70年，相当于一辈子，所以要从人的生活需要等方面考虑，要从承受能力、舒适程度、生活空间、生活环境、配套设施、绿化交通等方面给予充分的照顾和统筹，使产品充分地满足业主长期的发展以及现实的多种需要。二是顾及市场需求、消费习惯及经济因素，充分考虑资金的承受能力，考虑项目的开发期限和资金回收时限，慎防出现资金链的断裂。三是法规因素。绝对遵照有关法律法规，在有关城市规划要求内进行，切不可自行其是，胆大妄为。四是环境功能配套，并具有超前性。

规划设计方案通过后，项目进入实质性全面设计阶段。根据设计规范要求、地质勘测成果报告、房地产开发公司的具体要求，由设计院进行全面施工正图设计。全面的工程技术设计包括土建工程、结构、供电、给排水、暖通、消防、绿化和亮化等。

施工图完成后，还需报审。《建设工程质量管理条例》第十一条规定："施工图设计文件未经审查批准的，不得使用。"建设单位（房地产开发公司）应在设计单位完成施工图后，到建设行政主管部门办理施工许可证前，先到施工图审查机构进行施工图设计文件审查。

需注意以下几点：

（1）办理土地手续要及时，以防出现其他意外，影响项目实施。

（2）规划设计要在政府规定的相关经济技术指标下进行，不得擅自突破，否则会因有关部门的监管而使规划作废，有做无用功的风险。

（3）方案设计要精益求精，多方案对比，好中取优，不要图快，要讲究，不能将就。

六、融资及人员组织

房地产项目落实以后，最关键的两个要素是资金和人员。

资金问题是房地产运作的血液，从项目前期开始就必须有组织有计划地统筹安排。资金问题以工程最后完工并支付完工程款项为终点；其最大压力点在正式销售房款资金开始回笼之前，此时项目投资为没有其他资金补给缓解时的高点，此时房地产项目运作过程中资金链最容易出问题。

之所谓兵马未动，粮草先行，房地产项目必须合理科学安排组织资金，充分考虑资金的来源和可能出现的状况，考虑资金的承受度，切不可不自量力，贪大求快，否则会得不偿失。同时在融资上可以多种渠道，除了本公司自有渠道、方式及能力外，在不能满足项目资金要求之时，可以出售股份融资，找人合作合伙等，不能一棵树上吊死。在实在没有办法和能力的情况下，也可以考虑出售项目。

房地产公司有相应的人员构成，有的相对固定和稳定，但有的却比较松散，特别是项目型房地产公司。不论如何，项目确定后，要对人员进行高效的配置，从办公室到工程技术部门再到销售部门人员等，根据项目的进度情况，逐一进行配置。最先要确定的是项目经理，其次是项目行政经理（或办公室主任）、财务经理、技术管理人员、预决算人员。这些人员在施工启动之前必须到位。销售人员可以在预售前招聘培训。销售人员也可不另行组织，而是将销售委托给房地产销售代理公司。

需要注意的是，以前在法律、法规不太健全规范，要求监管不是太严的情况下，房地产公司除了正规的融资渠道和办法外，还可以通过假销售，假按揭的方式缓解资金压力，并且取得了很好的效果。现在国家在金融监控，特别是对房地产业的调控从严从紧，所以公司在融资上，要有余地和多种选项，避免资金链出现问题。在人员组织上，应根据要求配备，以岗定人，不能以人定岗。对于有关系却没有能力想进入公司的人员，必须坚决拒绝；对于有亲属关系的人员要以能取人，举贤不避亲，同时不唯亲。人员调配完成后并非万事大吉，培训和在工作中不断提高人员能力水平是关键。

七、工程招投标

前期项目设计、规划审批以及设计施工正图出图并经审核通过后，工程进行施工建设阶段。由谁来进行工程建设施工呢？这需要有一个工程招投标的过程来确定工程施工承建单位。

建设工程招标是建设业主即房地产公司率先提出工程的条件和要求，发布招标广告吸引或直接邀请众多投标人参加投标并按照规定格式从中选择承包商的行为。建设工程投标是指投标人在同意招标人拟好的招标文件的前提下，对招标项目提出相应的报价和条件，通过竞争努力被招标人选中的行为。建设工程的招投标活动，是我国建设工程承包合同订立的最主要方式。经过招投标的建设工程合同同样是经过要约、承诺两个阶段。《合同法》第十五条规定，招标人发布招标公告的行为属于要约邀请，据此，招标人投标的行为属于要约，招标人发出中标通知书的行为是承诺。《中华人民共和国招标投标法》规定：大型基础设施、公用事业等关系社会公共利益、公众安全的项目；全部或者部分使用国有资金投资或者国家融资的项目；使用国际组织或者外国政府贷款、援助资金的项目，包括项目的勘察、设计、施工、监理以及与工程建设有关的重要设备和材料等的采购，必须进行招标。

那么，房地产建筑工程项目是否要进行招投标？国有房屋开发企业的工程项目必须进行招投标。民营房地产公司投资的房地产建筑工程项目，无需进行招投标。作为发包方，可以直接将建筑工程发包给符合资质要求的施工承建企业，签订相关的建筑施工合同。但为了保证其施工方的资质能力及工程质量，合同必须要拿到建设行政主管部门备案。

没有自己的建筑公司的民营房地产开发公司，其房地产建筑工程项目大都以邀标、议标为主，即通过房地产公司发出要约邀请，双方进行协商，最后选定承包单位，达成相关的内容条款，签订合同。

建筑建设管理部门作为市场的管理和建筑质量的监督部门，对项目的招投标质量，包括工程造价水平、施工作业计划、安全措施、施工机具的使用等进行评估和控制，并对不讲诚信的建筑企业实施禁入等。

企业都是以盈利最大化为目的，房地产开发公司、施工承建企业同样如此。因此，在招投标过程中，有效压低建筑成本既是手段，也是目的，但必须有一定的度，即在保证施工质量要求、工期以及相应新技术工艺、新产品的使用的基础上，以预留最低的施工利润为度，不得只考虑自己单方的利益，而损害对方的最低利益。否则到头来，施工企业要么找茬撂挑子，项目清盘；要么出现偷工减料，降低施工要求标准的情况，影响工程项目质量，最后是损人也不利己，两败俱伤。

要注意的是，民营房地产开发企业在发包工程时，必须对承包企业的资质进行审查，要求承包企业的资质达到工程规模要求，否则其发包无效，不能办理建筑工程施工许可证。

八、施工管理

施工管理除了由施工企业进行组织管理外，房地产开发公司工程技术部、房地产开发公司委托的工程建设监理公司，一并自始至终参与。

工程技术部门是房地产开发公司对工程质量进行控制监督的执行实施部门。其工作职责是：项目前期的跟踪参与、工程规划设计、施工监督、材料核查、施工质量检查认定、工期审定、特殊情况记录、施工中的技术问题处理、工程预决算以及验收、工程交付、房屋维护等进行系统的工程管理。

工程建设监理，是指监理单位接受发包人的委托，根据国家批准的工程项目建设文件、有关工程建设的法律、法规和工程建设监理合同以及其他工程建设合同，综合运用法律、经济、行政和技术手段，对工程建设实施的监理管理。具体一点讲，就是对工程建设的可行性研究、勘察、设计、施工、保修等工程设计活动及相关的中间活动进行监督管理。

工程技术部门和工程建设监理是房地产开发公司对工程做出的有内有外的工程控制质量保证措施。

施工管理中，房地产开发公司必须做好对自己工程技术人员的管理，同时对监理公司现场工程师、工程技术人员进行有效监督，防止这些人员与施工方串通一气，损害工程品质。

九、广告策划、销售

广告策划，是房地产开发公司为了实现开发项目目的所采用的宣传手段和策略。房地产开发项目运作的好坏，广告策划起着相当大的作用。广告策划方法方式多种多样，可以是自己策划自行实施，也可以请广告策划专业公司进行全程策划或阶段性策划。广告策划有专一针对项目的类型，也有公司与项目的综合类型。其发布渠道、平台包括电视、报纸、户外媒体、专门资料、专项活动表演、网络平台、手机短信等。

销售体现一个公司的管理水平、经营实力和价值追求。管理水平越高，销售的组织越到位，广告投放越系统和实效，客户跟踪服务越周到，人员素质能力越高，合同管理越规范，经营实力越强，则销售就会越从容，给消费者的印象越积极和正面，预留的销售利润空间越大。

房地产开发公司在运作过程中，因为资金等方面的原因，一般都会进行房屋预售，这是法规所允许的。其要求就是工程达到一定的投资比例或完成一定的工程量后，由房地产开发公司申请，经房产局核实同意，由房产局下发预售许可证，准予销售。

有的房地产开发公司在预售之前，出于广告宣传、销售策略的考虑，会进行所谓的"内部认定"、"认筹"、"认购"、"售号"等。"内部认购"是不公开的买卖前期认定。房地产开发公司挂出房价，购房者看准房源后，双方协商定价，购房者交纳一部分购房定金或购房款，待到房地产开发公司拿到预售许可证之后，双方正式签订合同，进行交易。"认筹"、"认购"、"售号"是一种销售手段的策略，也是一种炒作。购买人有购买意向，不论看中房屋与否，先由消费者交纳一定数额的"筹金"（又叫诚信金等），获取一定的房价折扣或价款优惠，并给予优先参与看房摇号权。如预先交纳2万元，开盘时，选中房号成交，2万元可冲抵3万元房款，或可享受九七折优惠；如果没有选中房号，则无息退回已交款。或预交2万元，根据交款时间的先后顺序领取号数，开盘时按所获号数先后看房。此种情形是在未定价前进行，有极强的造势作用，能有效固化消费者，促成交易，推高房价。但需注意的是，该种行为弄不好会违反有关规定，甚至有涉嫌非法融资的风险。

"内部认购"和"认筹"、"售号"的区别："内部认购"更接近于销售，属于销售的前端，重点在"购"；而"认筹"、"售号"则更多地在于宣传炒作，为后期的售销作铺垫。另外，"内部认购"一般适用于小公司小项目，"售号"则更多地受大公司大项目的偏爱。

在正式销售之前，不论是自行销售或是代理销售，都要做好目标或潜在客户的培育沟通工作，注重客户咨询意见收集，必要时召开客户座谈会，了解客户的意愿和想法，征求他们的对房屋品质、价格、交付日期等方面的意见；建立客户档案，包括年龄、职业、购房类型（自住、投资）、价格承受、价款选择、付款方式、联系方式、住址等。以便选择最为适合的销售时点、销售策略。

如果是实施销售代理的话，房地产开发公司应注意：

（1）必须以己为主，以房地产开发公司的意见、标准为主，以房地产开发公司拥有最终解释权为界，不能放任销售代理。杜绝各自为政、意见不同、标准不一，以免造成误会和矛盾。

（2）签订代理合同要仔细详尽，避免出现不可调和的矛盾，严重影响项目运作。现实中有过这样的情况，由于双方未就代理关系中的事宜约定清楚，出现矛盾，最后，代理公司走人，留下烂摊子，对房地产开发公司造成极坏的影响和重大的经济损失。

（3）不要吝啬广告策划宣传的投入。好的策划能带来意想不到的效果。

但也要记住，不是所有的问题，通过策划、炒作都能解决，绝对不能放松对项目、产品质量的严格控制要求。

另外需注意，广告发布中的几个容易混淆的名词单位：开发商、发展商、投资商。开发商主要找项目，签地皮，办理相关手续和对楼盘进行建设等。发展商主要负责楼盘推广和规模扩建等事务。投资商对项目进行考核，认为有投资潜力就进行投资开发，以期回报。户外广告的发布须按有关法规进行，要到工商部门进行广告发布登记。

十、合同管理

《商品房买卖合同》由建设部和国家工商行政总局制定并负责解释。该示范文本由房地产管理局提供，房地产开发公司购用，通常为必用。其合同中除了必要的提示和相应的通用条款外，还有补充条款，由双方商定。合同中还要求提供房屋的图纸。

除通用格式化合同外，房地产开发公司还可制作前期的认购协议或补充协议。这些协议在一定程度上促进和巩固销售，为一般房地产开发公司惯用。随着法律法规的规范，此种为房地产开发公司利益目的而出现的合同条款越来越隐蔽。

有人为了防止房地产开发公司在销售过程的霸权行为，专门制作了商品房买卖合同，但一般来说，房地产开发公司不会接受和使用。

商品房买卖合同实行备案制。国务院《城市房地产开发经营管理条例》第二十七条规定：房地产开发企业应当自商品房预售合同签订之日起 30 日内，到商品房所在地的县级以上人民政府房地产开发主管部门和负责土地管理工作的部门备案。预售登记备案制度是在我国商品房预售过程中形成的一套比较特殊的制度，在其他国家很少有类似的制度可供参考。设立预售登记备案制度的核心意义在于"公示"，即通过行政主管机关的登记，向社会上的不特定多数人告知该房屋已经出售的信息。这样做的主要目的，是为了防止开发商对已经出售的房屋再次进行出售，即通常所说的"一房二卖"。应该说，该制度的建立和完善，对于规范房地产市场和保护买家的权益起到了很积极的作用。现实操作中，商品房买卖合同的备案均按规定执行，但到土地管理部门备案却并非强制，大多是在办理土地分证时方才备案。

如果不进行备案，购房者的权益将处于没有保障的风险之中：一是购房者不知道所购房屋是否有其他的处置，存在权属上的纠纷和障碍，如已售、抵押等；二是其房屋有被房地产开发公司再售或抵押的可能。备案是房地产管理部门代表政府对其房地产交易行为的确认，如果出现一房多卖的情形，不论签订合同的时间先后，其到房产部门备案的合同对房屋具有先占权。

现在随着电子化办公的普及，许多地方都实行网上签订商品房买卖合同（俗称网签）。此种方法时效更高、更好。

银行按揭的合同要求：银行按揭是针对付款方式不同而言。银行按揭是指购房者先支付首付款之后，剩下款项通过用所购房屋作为抵押的方式进行贷款给付房款。在签订合同时，必须有足够的份数（一般不低于四份，其中，房产局备案一份，按揭银行一份，抵押登记一份，房地产开发公司一份）。填写的首付、房价要如实。

所以合同签订后要将合同拿到房产局进行备案，这是房地产交易合同签订的重要一环，这也银行按揭贷款，以及后来的房产证办理的必需。

需要明确的是，商品房买卖合同虽然实行备案制，但根据《合同法》的有关规定，商品房买卖合同并不是经过备案后才生效。如无特别约定，商品房买卖合同在双方签订时就成立并生效。

合同管理中需要注意的事宜：

（1）不要进行虚假按揭。

虚假按揭有两种情形，一种是完全虚假，一种是部分虚假。有的房地产开发公司由于资金短缺，用他人名义进行完全虚无的购房交易，由公司自行垫付购房首付款（实为将购房首付款从公司的一个账户转至另一账户，以获得首付款凭据，钱款根本没动，这又称为"虚倒"），通过按揭获得银行的销售贷款，待资金缓解后，再解除原先签订的本来就不实的商品房买卖合同，原标的房屋解套另行"清洁销售"；部分虚假按揭是指购房者及购房行为是真实的，不实的是首付款不实，人为减少——目的是减轻首付压力；合同中的购房单价及房价总款被人为改高增大——如此增大银行按揭贷款的额度。这样一少一多，总的应付房价款不变。但购房者以支付很少的首付款完成购买，房地产开发公司少收首付款，多收按揭贷款，也实现了房款的回收。虚假按揭为不少房地产开发公司惯用，并且取得了不错的效果，但随着国家对虚假按揭查处力度的加强，房地产开发公司的自律也有所提高。

虚假按揭存在的弊端和风险：

完全虚假按揭风险：

a. 对于借名购买人（许多为公司职员）来说，如果房地产开发公司资金出现问题，不能如期"代"其还本付息，借名购买人将面临诉讼追索风险；

b. 如果房地产开发公司的按揭不能在短期内清算，让借名购买人解套清白，借名购买人需真实购房时，会存在"二套房"的交易成本上升——国家对二套房在利率及首付上有区别于一套房的利率上调和首付加成的规定。

部分虚假按揭的风险：

a. 由于房价大幅提高，购房者及房地产开发公司将会交缴更多的额外税费；

b. 因为该按揭加大了银行风险，如果银监部门查出并进行处罚，销售有可能不能实现，影响公司形象和销售收益。

（2）合同是双方意志的真实体现和不可替代的法律凭证。合同的制作填写必须规范合法，不得有违双方意愿，不得模棱两可，似是而非，否则容易造成理解歧义，出现纠纷。鉴于合同的重要性，在重要条款上，应先通过律师审查，以免出现漏洞和瑕疵。合同签定时应有审核程序。

（3）房地产开发公司应将销售合同，分幢按层列座归类归档存放和管理。

（4）合同管理必须专人负责，并做好保密工作。

十一、交房及前期物业管理

房地产开发经营其实就是商品房的生产和销售，最终需完成资金的回笼和商品的交付。房屋建成并经验收达到交付条件，房地产开发公司将发布公告或通知，办理房屋的交接及相关手续，将商品房交付给买受人。同时，房屋作为物业，有自用部分和公用部分，存在安全、保洁、公共秩序管理等方面的事宜，所以，虽然商品房是商品，但却有与其他商品不一样的范围和使用特质，需有物业管理服务，并通过物业服务和管理保证物业的品质和使用功效发挥。

交房前，房地产开发公司必须组织相关单位和部门对建筑工程进行验收，取得竣工验收合格证明；申请自来水、供电、消防和电梯质检部门等分项验收，获取相关的准予使用文件。

交房前，房地产开发公司必须委托具有房屋测绘资质的机构对房屋面积进行测绘，出具测绘成果报告。这是因为商品房的计量有专业的标准和要求，需要专业的技能。其计量不由房地产开发公司，也不由买受人进行测计，而是由专业的具备相应资质和专业技术人员的机构测绘，出具结果。

交房前，房地产开发公司还必须备好"两书"——《商品房使用说明书》和《商品房质量保修书》。这是将商品房作为商品并按商品出售的一般要求规定制作的，其目的是使买受人或使用人能更好地了解作为商品的房屋的品质特点，有何特殊的使用要求，以及明确在交付使用后，作为商品生产和供给的房地产开发公司应负的质量保修责任，维护消费者（买受人）的权益。

交房时，房地产开发公司要与购房者对房屋的面积根据测绘成果报告进行核定，根据商品房买卖合同的约定，重新核定房价款。房地产开发公司需提供房屋准予交付使用的有关法律凭证；办理签署相关的房屋交接文书，明确界定责任义务，在出现交房纠纷时，才拥有证据和占据主动。必须明确物业管理服务企业及其相应的权利义务，签署确认有关"业主临时公约"及"前期物业服务委托协议"等。否则，很多本来是物业管理服务的事情，会转嫁到房地产开发公司的身上，造成不必要的资源浪费和成本提高。

注：有的前期物业管理协议条款在商品房买卖合同附件中已作明确，包括委托的物业服务公司、物业服务范围及等级，收费标准等。在交房时不再履行相关手续。

交房时是收取房价尾款（包括应补房款），以及收取前期物业管理服务费用，包括装修押金、垃圾处理费等的最佳时机，房地产开发公司需先结清房款后再交房；而前期物业管理服务公司要请房地产开发公司配合，收缴有关物管费用后才交房。有的房地产开发公司将交房事宜委托给物业服务公司办理，仅提供财务结算房款，含水、电及闭路电视开户费收缴工作支持。

前期物业管理至小区业主委员会成立后结束。其后的物业管理由业主委员与受聘的物业服务公司重新签订协议并按协议约定执行。

十二、房产证办理

房产证是商品房的唯一权属法律证明。办理房产证也是房地产开发过程中房地产开发公司一项基本的必不可少的义务和责任。房地产开发公司必须保证项目及开发的合法有效性，房屋权属的不可争议性，保证提供合法、完整的资料，供房屋买受人能办理房产证，或能在规定时间内代为房屋买受人办理其名下的房屋产权证书。

办理完房屋产权证书是房地产开发经营单元流程完结的标志。也是产权转移的唯一法律认定。

房产证的审核办理部门是当地县级以上房地产管理局。在办理时，房地产开发公司除提供公司的法定资料和所开发项目的必备资料外，还需开具正式购房发票，交纳有关税费（契税、交易服务费、测绘费等），而购房者也需提供相应的资料，包括身份证、结婚证、应交税费和房屋维修基金等。

因房地产开发公司的原因不能在规定的时间内办理好房产证的，房地产开发公司将按合同的有关规定承担责任；如果是因为购房者的原因造成房屋产权不能如期办理，房地产开发公司免责，购房者自行承担后果。因此，房地产开发公司在房屋交付后，要及时收集整理资料，呈送房产部门审核，本着对公司，对购房者负责的态度，履行通知义务，通知购房者办证及提供相关资料证件，专人负责，跟踪办证。

房产证办理完毕，并与工程承建施工单位进行决算后，项目开发经营完结。

思考练习题

一、填空题

1. 用于房地产开发的土地必须通过_____获得_____，_____，交纳_____。

2. 房地产建筑工程招投标，房地产公司作为_____，建设管理部门作为_____，建筑商作为_____。

3. 房屋销售分为：_____销售和_____销售。

4. 商品房买卖合同由国家有关部门编制示范文本，其内容条款由_____和_____制定并负责解释。

5. 商品房买卖合同中除了必要的提示和相应的_____外，还有_____，由双方商定。

6. 房产证是商品房的_____权属法律证明。

7. 办理房产证，购房者需提供相应的资料，包括：_____、_____、_____、_____等。

8. 交房时，房地产开发公司需提供_____的有关法律凭证。

二、简述题

1. 简述房地产开发流程。

2. 简述房地产开发中的施工管理。

3. 简述商品房合同管理中需注意的事宜。

第六章 土地使用权出让及土地 经济技术指标分析

第一节 土地使用权及他项权利

一、土地交易市场

土地是房地产开发之源，房地产开发首先从土地入手。我国的土地管理制度决定了房地产开发的土地必须通过出让的方式从代表国家的当地政府手上获取，也就是获取土地的开发权。开发权指的是一定年限的土地使用权，而不是所有权。

土地从政府转移至房地产开发公司手上，需要进行交易。这个土地交易市场，就是房地产一级市场。房地产一级市场又称土地一级市场，是土地使用权出让的市场，即国家通过其指定的政府部门将城镇国有土地或将农村集体土地征用为国有土地后出让给使用者的市场，是由国家垄断的市场。

出让的土地，可以是生地，也可以是经过开发达到"三通一平"或"七通一平"的熟地。

二、可供房地产开发的土地

我国的土地所有制决定了土地有国有和农民集体所有两种形式。在此基础上，根据土地的性状、地域和用途等方面存在的差异性，按照一定的规律，将土地归并成若干不同的类别。

按照不同的目的和要求，有不同的土地分类。我国的土地目前大致有三种分类：（1）按土地的自然属性分类，如按地貌、植被、土壤等进行土地分类；（2）按土地的经济属性分类，如按土地的生产力水平、土地的所有权、使用权等进行分类；（3）按土地的自然和经济属性以及其他因素进行的综合性分类，如土地利用现状分类。

从我国的实际情况出发，同时借鉴国外一些发达国家的经验，国家新颁布的《土地管理法》，科学地将我国土地分为三大类，即农用地、建设用地和未利用地。

农用地是指直接用于农业生产的土地，包括耕地、林地、草地、农田水利用地和养殖水面等。建设用地是指建造建筑物、构筑物的土地，包括城乡住宅和公共设施用地、工矿用地、交通水利设施用地、旅游用地和军事设施用地等。未利用地是指农用地和建设用地以外的土地。

在我国，通过出让或划拨方式依法取得国有土地使用权是房地产开发的前提条件，房地产开发必须是国有土地。我国另一类型的土地即农村集体所有土地不能直接用于房地产开发，集体土地必须经依法征用转为国有土地后，才能成为房地产开发用地。原则上，国家只将建设用地出让给房地产开发公司进行房地产开发。

三、土地使用性质

土地使用性质决定着土地的用途，在土地开发建筑过程中，不能超越其使用性质，如将工业用地直接用于房地产开发。土地出让过程中涉及的土地使用性质一般分五类：商业用地、综合用地、住宅用地、工业用地和其他用地。

商业用地是指规划部门根据城市规划所规定该宗地块的用地性质是用于建设商业用房屋。

综合用地是指同一宗地包含两种或两种以上不同用途的土地，例如商业、居住综合用地，科研设计、办公综合用地等。

住宅用地是指用于住宅建筑的土地。

工业用地是指城市规划只允许用于工业项目建设的土地。

其他建设用地指除城乡住宅和公共设施用地、工矿用地、交通及水利设施用地、旅游用地、军事设施用地之外的建筑用地。

《中华人民共和国城镇国有土地使用权出让和转让暂行条例》规定了各类用地最高出让年限：居住用地 70 年；工业用地 50 年；教育、科技、文化、卫生和体育用地 50 年；商业、旅游、娱乐用地 40 年；综合或者其他用地 50 年。

用于房地产开发的土地使用性质原则上只能是住宅用地、商业用地或综合用地。

四、土地使用权

土地使用权是指单位或者个人依法或依约定，对国有土地或集体土地所享有的占有、使用、收益和有限处分的权利。

1. 国有土地使用权

国有土地使用权是指国有土地的使用人依法利用土地并取得收益的权利。国有土地使用权的取得方式有划拨、出让、出租和入股等。有偿取得的国有土地使用权可以依法转让、出租、抵押和继承。划拨土地使用权在补办出让手续、补缴或抵交土地使用权出让金之后，才可以转让、出租、抵押。

2. 农民集体土地使用权

农民集体土地使用权是指农民集体土地的使用人依法利用土地并取得收益的权利。农民集体土地使用权可分为农用土地使用权、宅基地使用权和建设用地使用权。农用地使用权是指农村集体经济组织的成员或者农村集体经济组织以外的单位和个人从事种植业、林业、畜牧业或渔业生产的土地使用权。宅基地使用权是指农村村民住宅用地的使用权。建设用地使用权是指农村集体经济组织兴办乡（镇）企业和乡（镇）村公共设施、公益事业建设用地的使用权。按照《土地管理法》的规定，农用地使用权通过发包方与承包方订立承包合同取得。宅基地使用权和建设用地使用权通过土地使用者申请，县级以上人民政府依法批准取得。

3. 土地使用权转移

在我国，土地使用权的主体是广泛的。国家机关、企事业单位、农民集体和公民个人以及三资企业，凡具备法定条件者，依照法定程序都可以取得土地使用权，成为土地使用权的主体。

土地使用权附属于土地所有权，两者可以分离。土地使用权可以在所有权不变的情况下进行有限制和有条件的转移。土地使用权可以出让、转让、买卖、出租或抵押。

土地使用权转移有以下几种情形：

（1）土地使用权出让。

（2）土地使用权转让。是指通过出让方式取得国有土地使用权的单位和个人，将土地使用权再转移的行为，如出售、交换、赠与等。土地使用权的出让构成土地使用权流转的一级市场，土地使用权的转让构成土地使用权流转的二级市场。集体土地使用权的转让，目前情况比较复杂，在法律中并无系统的规定，各地的做法也不一致。从原则上讲，农民集体所有的土地使用权不得出让、转让或者出租用于非农建设。因此，集体土地使用权的转让，目前一般是指不改变农用地性质的承包和转包。通过土地划拨及建设用地程序取得的使用权是无限期的，通过土地使用权出让取得使用权的，按照土地的用途不同，使用权的年限不同。

（3）土地使用权出租是指土地使用者作为出租人将土地使用权随同地上建筑物、其他附着物租赁给承租人使用，由承租人向出租人支付租金的行为。未按土地使用权出让合同规定的期限和条件投资开发、利用土地的，土地使用权不得出租。

（4）土地使用权买卖是土地使用权人以获取价款为目的，将自己的土地使用权转移给其他公民或法人，后者获得土地使用权并支付价款的行为。

（5）土地使用权变更指国有土地使用权、集体土地使用权在初始登记后发生的变更，主要有以下几种类型：a. 国有土地划拨、集体土地内部划拨；b. 依法通过土地有偿出让、转让取得土地使用权；c. 因赠与或继承、买卖、交换或分割地上附着物引起；d. 因土地交换、机构调整、企业兼并等原因引起；e. 因宗地合并或分立引起；f. 因处分抵押财产取得土地使用权；g. 更改土地使用者名称、地址等。

（6）土地使用权赠与是土地使用权人将土地使用权无偿地转移给相对人，相对人予以接受的行为。

（7）土地使用权继承指公民按照法律规定或者合法有效的遗嘱取得死者生前享有的土地使用权的行为。继承人除继承土地的使用权外，其地上附着物的所有权也随之得到继承。

用于房地产开发的土地可以通过政府出让方式取得，并且可以进行买卖、转让、出租、赠与和继承等。

五、土地他项权利

土地他项权利是指土地所有权和土地使用权以外与土地有密切关系的权利。它有如下特征：

1. 是在他人土地上享有的权利。
2. 可以满足他人对土地利用的需求。
3. 他项权利的主体是土地所有人、使用人以外的人。
4. 它的存在对所有人、使用人有一定限制，如应满足别人的通行权。
5. 它是一种生产、生活中客观存在的权利。

　　土地他项权利主要有地役权、地上权、空中权、地下权、土地租赁权、土地借用权和土地抵押权。在房地产开发活动中，经常出现的土地他项权表现为抵押权，即将土地的使用权进行抵押，这也是融资的一种常用渠道和方法。

　　土地抵押权是土地使用权人在法律许可的范围内不移转土地占有而将土地使用权作为债权担保，在债务人不履行债务时，债权人有权对土地使用权及其上建筑物、其他附着物依法进行处分，并以处分所得的价款优先受偿的担保性土地他项权利。接受抵押的人是抵押权人，提供土地抵押的人，是抵押人。其特点有：一、不转移抵押土地的占有；二、以一定的土地作为清偿债务的担保物权；三、当债务人不履行债务时，债权人有权依法将土地折价或者以变卖方式从所得的价款中优先受偿。土地他项权利以《土地他项权证》作为法定凭证和执行依据。《土地他项权证》由土地产权登记机关颁发，由抵押权人或者典权人等他项权利人收执。他项权利人依法定凭证行使他项权利，受国家法律保护。

六、国有土地使用权出让

　　国有土地使用权出让是国家将其所有的土地中的使用权分离出来，由土地使用者以向国有土地所有者代表支付出让金为代价，而原始取得的有期限限制的国有土地使用权。简单说来，就是指国家将国有土地使用权在一定年限内出让给土地使用者，由土地使用者向国家支付土地使用权出让金的行为。

　　出让国有土地使用权的主体为国有土地所有权代表，一般为县市级以上的国土行政管理部门（国土资源管理局）。境内外法人、非法人组织和自然人都可以依法取得出让国有土地使用权。

　　出让国有土地使用权具有五个特征：

　　1. 国有土地使用权以出让方式取得。

　　2. 出让国有土地使用权直接依法律的规定原始取得。

　　3. 出让国有土地使用权为有偿取得性质，即以支付出让金为取得土地使用权的代价，土地使用者取得一定年限内的土地使用权应向国家支付土地使用权出让金。国家凭借土地所有权取得的土地经济效益，表现为一定年期内的地租，一般以土地使用者向国家支付一定数额的货币为表现形式。

　　4. 土地使用权的行使有一定的期限限制。土地使用者享有土地使用权的期限以出让年限为限。出让年限由出让合同约定，但不得超过法律限定的最高年限。

　　5. 出让国有土地使用权在存续期间内其权能近似于所有权。取得的土地使用权是一种物权。土地使用权出让是以土地所有权与土地使用权分离为基础的。土地使用权出让后，在出让期限内受让人实际享有对土地占有、使用、收益和处分的权利，其使用权在使用年限内可以依法转让、出租、抵押或者用于其他经济活动，合法权益受国家法律保护。

6. 国有土地使用权出让最基本的缔约方式是拍卖、招标、挂牌和协议四种。

商业、旅游、娱乐和商品住宅等各类经营性用地，必须以招标、拍卖或者挂牌方式出让。

综上所述，用于房地产开发的土地必须是国有土地，其使用性质不超出商业用地、综合用地、住宅用地范围；必须通过拍卖、招标、挂牌出让，或协议出让的合法方式取得，且其使用权有一定的年限。

第二节　土地使用权的获取

一、国有土地储备及供给

我国城镇土地使用制度规定，在不改变城市土地国有的条件下，采取拍卖、招标、协议及挂牌等方式将土地使用权有偿、有限期地出让给土地使用者。土地使用者的土地使用权在使用年限内可以转让、出租、抵押或者用于其他经济活动，其合法权益受国家法律保护。期满后需要继续使用的，经批准，期限可以延长，同时按当时市场情况补交地价。

国家根据规划及使用需要，对国有划拨土地和集体所有土地通过一定的补偿方式进行前期征收储备，再通过一定的方式出让或转让供应给使用者。这就是国有土地储备和供给。如果国家在土地市场投放供给土地量过多，将会抑制土地价格，同时造成房地产开发过剩，供大于求，房价下降，同时反过来影响土地价格，出现下行波动。如果土地供给不足，则出现房地产开发不足，满足不了市场需求，造成房价飞涨，同时带动地价的上扬。因此，房地产土地供给必须保持一个合理的度，做好前期的土地规划和储备，根据市场情况和反映进行及时有效调控。

二、土地使用权出让的市场化方式

根据市场需要及供给规划，政府部门将所储备的国有土地，采用法律法规所必需的方式，合法地将土地使用权出让给土地使用者，这就是土地使用权出让。根据有关法规，土地使用权出让的市场化、规范化方式有下列几种：

1. 协议出让

协议出让，是指政府土地管理部门作为土地所有者的代表，与选定的受让方磋商用地条件及价款，达成协议并签订土地使用权出让合同，出让土地使用权的方式。

2. 招标出让

招标出让，是指政府土地管理部门作为土地所有者的代表向多方土地使用者发出投标邀请，在规定的期限内，由符合条件的单位以书面形式投标，竞投该宗土地的使用权，招标小组通过对标书的评判，择优确定土地使用者的土地出让方式。

3. 拍卖出让

拍卖出让，是指政府土地管理部门作为国有土地所有者的代表或其委托的拍卖人，在指定的时间和地点组织符合条件的国有土地使用权有意受让人到场，就拟出让地块公开叫价竞投，按"价高者得"的原则，确定土地使用者的出让方式。

4. 挂牌出让

挂牌出让，是指出让人发布挂牌公告，按公告规定的期限将拟出让宗地的交易条件在指定的土地交易场所挂牌公布，接受竞买人的报价申请并更新挂牌价格，根据挂牌期限截止时的出价结果确定土地使用者的行为。

三、土地使用权出让的程序

1. 协议出让土地使用权的程序

（1）用地者向政府申请出让土地使用权。

（2）用地申请经政府同意后，用地者与政府协商出让土地的用地面积、使用年限、出让地价等用地条件，双方就有关内容达成一致后，草签土地使用权出让合同。

（3）土地使用权出让合同草签完毕后，持有关材料，按审批管理的规定报有批准权限的政府批准出让土地使用权。

（4）土地使用权受让人按合同约定支付出让金价款，政府按合同约定提供土地使用权。

（5）办理土地登记的有关手续。

2. 招标出让土地使用权的程序

（1）发布招标公告。招标公告至少在招标开始日前一定时间（一般为20日）发布，公布招标出让宗地的基本情况和招标的时间、地点等。

（2）投标人向土地收购储备交易中心申请购买招标文件；勘察了解土地及土地使用权相关事宜。

（3）投标人按招标公告的规定持有关资料向土地收购储备交易中心报名；缴纳竞买保证金。

（4）土地收购储备交易中心按照出让公告规定的时间、地点组织招标投标活动。

（5）投标。

投标开始前，招标主持人应当现场组织开启标箱，检查标箱情况后加封。投标人应当在规定的时间将标书及其他文件送达指定的投标地点，将标书投入标箱。招标公告允许邮寄投标文件，投标人可以邮寄，但以招标人在投标截止时间前收到的方为有效。招标人登记后，负责在投标截止时间前将标书投入标箱。投标人投标后，不可撤回投标文件，并对投标文件和有关书面承诺承担责任。投标人可以对已提交的投标文件进行补充说明，但应在招标文件要求提交投标文件的截止时间前书面通知招标人并将补充文件送达至投标地点。

（6）开标。

招标人按照招标公告规定的时间、地点开标，邀请所有投标人参加。开标应当由土地招标主持人主持进行。招标主持人邀请投标人或其推选的代表检查标箱的密封情况，当众开启标箱。标箱开启后，招标主持人应当组织逐一检查箱内的投标文件，经确认无误后，由工作人员当众拆封，宣读投标人名称、投标价格和投标文件其他主要内容。开标过程应当记录，并存档备查。

（7）评标。

按照价高者得的原则确定中标人的，可以不成立评标小组。以能够最大限度地满足招标文件中规定的各项综合评价标准确定中标人的，招标人应当成立评标小组进行评标。评标小组由出让人、有关专家组成，成员人数为5人以上的单数。有条件的地方，可建立土地评标专家库。每次评标前随机从专家库中抽取评标小组专家成员。招标人应当采取必要的措施，保证评标在严格保密的情况下进行。评标小组可以要求投标人对投标文件中含义不明确的内容做出必要的澄清或者说明，但澄清或者说明不得超出投标文件的范围或者改变投标文件的实质性内容。

评标小组对投标文件进行有效性审查。有下列情形之一的，为无效投标文件：投标文件未密封的；投标文件未加盖投标人印鉴的；投标文件未经法定代表人签署的；投标文件不齐备、内容不全或未按规定的格式内容填写清楚的；投标文件字迹不清，无法辨认的；投标人对一个标的有两个或两个以上报价的；投标人重复投标的；委托投标的，委托文件不齐全或不符合规定的；以及评标小组认为投标文件无效的其他情形。

评标小组应当按照招标文件确定的评标标准和方法，对投标文件进行评审，综合评分，并根据综合评分结果确定中标候选人。

（8）定标；发出《中标通知书》。

确定中标人后，招标人应当向中标人发出《中标通知书》。招标人应当将中标结果同时通知其他投标人。《中标通知书》包括招标人与中标人的名称、地址、出让标的、成交时间、地点、价款，以及双方签订《国有土地使用权出让合同》的时间、地点等内容。《中标通知书》对招标人和中标人具有法律效力。《中标通知书》发出后，出让人、招标人改变中标结果，或者中标人不按约定签订《国有土地使用权出让合同》、放弃中标宗地的，应当依法承担责任。

3. 拍卖土地使用权的程序

（1）发布拍卖公告。公布拍卖出让宗地的基本情况和拍卖的时间、地点等。公布发布时间应于拍卖截止 20 日前。

（2）竞买人向土地收购储备交易中心申请购买拍卖文件；竞买人勘察了解土地使用权相关事宜。

（3）竞买人按拍卖公告的规定持有关资料向土地收购储备交易中心报名；缴纳竞买保证金，核发竞买资格确认书，领取竞买号牌。

（4）土地收购储备交易中心按照出让公告规定的时间、地点组织拍卖活动。

（5）组织拍卖。

①拍卖主持人查看竞买人基本资料记录以及到场登记记录，宣布竞买人到场情况。

②拍卖主持人介绍拍卖地块的位置、面积、用途、使用年限、规划指标要求等；拍卖主持人宣布竞价规则。

③拍卖主持人宣布拍卖宗地的起叫价、增价规则和增价幅度，并明确提示是否设有底价。在拍卖过程中，拍卖主持人可根据现场情况调整增价幅度。拍卖主持人报出起叫价，宣布竞价开始。

④竞买人举牌应价或者报价（举牌高度应超过肩膀）；拍卖主持人确认该

竞买人应价或者报价后继续竞价。

⑤拍卖主持人连续三次宣布同一应价或报价而没有再应价，且该价格不低于底价的，拍卖主持人落槌表示拍卖成交，并宣布最高应价者为竞得人；最高应价或报价低于底价的，拍卖主持人宣布拍卖终止，应当按规定重新组织出让。

（6）签订《成交确认书》。

确定竞得人后，拍卖人与竞得人当场签订《成交确认书》。《成交确认书》应包括拍卖人与竞得人的名称、地址、出让标的、成交时间、地点、价款，以及双方签订《国有土地使用权出让合同》的时间、地点等内容。《成交确认书》对拍卖人和竞得人具有法律效力。《成交确认书》签订后，出让人、拍卖人改变拍卖结果的，或者竞得人不按约定签订《国有土地使用权出让合同》、放弃竞得宗地的，应当依法承担责任。

（7）竞得人按照《成交确认书》约定的时间、地点，与出让人签订《国有土地使用权出让合同》。

值得注意的是，竞买人必须达到 3 家以上（含 3 家）方有效。出让人同意申请人竞得土地后成立新公司进行开发建设的，申请人应当按照双方约定，在竞得土地后 30 日内办理完新公司注册登记手续，并由新公司按照《成交确认书》的约定，与出让人签订《国有土地使用权出让合同》。联合竞买的，出让人与联合竞买协议约定的受让人签订《国有土地使用权出让合同》。竞得人支付的竞买保证金，在签订《成交确认书》后转作竞得地块的定金。其他竞买人支付的竞买保证金，应在拍卖活动结束后 5 个工作日内予以退还，不计利息。土地收购储备交易中心在拍卖活动结束后 10 个工作日内将拍卖出让结果进行公示。

4. 挂牌土地使用权的程序

（1）发布挂牌公告。公布挂牌出让宗地的基本情况和挂牌的时间、地点等。挂牌公告应于挂牌截止 20 日前发布。

（2）竞买人向土地收购储备交易中心申请购买挂牌文件；勘察了解土地使用权相关事宜。

（3）竞买人按挂牌公告的规定持有关资料向土地收购储备交易中心报名；缴纳竞买保证金，核发竞买资格确认书，领取竞买报价单。

（4）土地收购储备交易中心按照出让公告规定的时间、地点组织挂牌活动。

在挂牌公告规定的挂牌起始日，土地收购储备交易中心将挂牌宗地的位置、面积、用途、使用年期、规划要求、起始价、增价规则及增价幅度等，在挂牌公告规定的土地交易场所挂牌公布。挂牌时间不得少于 10 个工作日。

（5）竞买人报价。竞买人填写报价单报价呈送挂牌主持人，挂牌主持人确认该报价后，更新显示挂牌价格，继续接受新的报价。

竞买人报价有下列情形之一的，为无效报价：

①报价单未在挂牌期限内收到的。

②不按规定填写报价单的。

③报价单填写人与竞买申请文件不符的。

④竞买申请人报价低于挂牌起始价的。

⑤竞买申请人报价低于当前最高报价的。

⑥竞买申请人报价不符合增加幅度要求的。

⑦竞买申请人报价不符合挂牌文件规定的其他要求的。

有两个或两个以上竞买人报价相同的，先提交报价单者为该挂牌价格的出价人。

（6）挂牌截止，确定竞得人。

在公告规定的挂牌截止时间，挂牌竞买人应当出席挂牌现场，挂牌主持人宣布最高报价及其报价者，并询问现场竞买人是否愿意继续竞价。挂牌主持人连续三次报出最后挂牌价格，没有竞买人表示愿意继续竞价的，挂牌主持人宣布挂牌结束，并按下列规定确定挂牌结果：

①在挂牌期限内只有一个竞买人报价，且报价不低于底价的，挂牌成交，该报价者为竞得人。

②在挂牌期限内有两个或者两个以上竞买人报价的，且最高出价不低于底价的，挂牌成交，出价最高者为竞得人。

③在挂牌期限内无应价者或者竞买人的报价均低于底价或均不符合其他条件的，挂牌失败。

（7）现场竞价确定竞得人。

挂牌截止时间过后，有竞买人表示愿意继续竞价的，即属于挂牌截止时有两个或两个以上竞买人要求报价的情形，挂牌出让转入现场竞价，通过现场竞价确定竞得人。现场竞价与拍卖流程及要求一致。

在现场竞价中无人参加竞买或无人加价的，以挂牌截止时出价最高者为竞得人，但低于挂牌底价者除外。

（8）签订《成交确认书》，并应按照《成交确认书》约定的时间、地点与出让人签订《国有土地使用权出让合同》。挂牌活动结束后 10 个工作日内需将挂牌出让结果进行公布。

挂牌出让综合体现了招标、拍卖和协议方式的优点，并同样是具有公开、公平、公正特点的国有土地使用权出让的重要方式，比较适用于当前我国土地市场现状。它还具有招标、拍卖不具备的优势：一是挂牌时间长，且允许多次报价，有利于投资者理性决策和竞争；二是操作简便，便于开展；三是只要有一家报名并符合条件即可有效开展；四是有利于土地有形市场的形成和运作。

招标、拍卖、挂牌出让国有土地使用权，目的是为规范国有土地使用权出让行为，优化土地资源配置，建立公开、公平、公正的土地出让制度。

5. 招标拍卖挂牌出让国有土地使用权原则及责任

招标拍卖挂牌出让国有土地使用权原则是公开、公平、公正以及诚实信用原则。

应当以招标、拍卖、挂牌方式出让国有土地使用权而擅自采用协议方式出让的，对直接负责的主管人员和其他直接责任人员依法给予行政处分。

中标人、竞得人有下列行为之一的，中标、竞得结果无效：投标人、竞买人提供虚假文件隐瞒事实的；中标人、竞得人采取行贿、恶意串通等非法手段中标或者竞得的。造成损失的，中标人、竞得人应当依法承担赔偿责任。

土地行政主管部门工作人员在招标、拍卖、挂牌出让活动中玩忽职守、滥用职权、徇私舞弊的，依法给予行政处分；构成犯罪的，依法追究刑事责任。

第三节 项目可行性分析及土地价款测算

房地产开发项目可行性分析是开发建设工作的前提和基础。主要通过市场分析、对地区的影响、项目效益、融资能力、环境评价、经济评价等方面进行，综合考虑各方面的情况，做出项目可行性分析报告，分析各种有利和不利因素，为项目计划提供相应的依据，帮助及时形成并做出正确决策。

一、房地产开发项目可行性调研

1. 市场调研

调查分析当地区域房地产产品市场饱和度，潜在可开发市场量，未来一段时期内的市场供给量，客户群体的市场比重，是需求普通住宅、中档住宅、高档住宅，还是酒店或写字楼及商业设施，客户群的地区差异，房地产开发企业的格局及预期变化，当地政府态度及政策倾向，土地出让价格水平等。

土地为房地产企业发展壮大的一个软肋，如何拿到地，并且在明确开发产品定位基础上保证开发利润，只有经过详细的市场调研，才能有一个客观分析的基础。

2. 项目开发的 SWOT 评价

SWOT 分别代表：Strengths（优势）、Weaknesses（劣势）、Opportunities（机会）、Threats（威胁）。

SWOT 分析通过对优势、劣势、机会和威胁的综合评估与分析得出结论，然后再调整企业资源及企业策略，来达成企业的项目目标。

SWOT 分析已逐渐被许多企业运用到企业管理、人力资源、产品研发等各个方面。

实施一个项目前，要进行优势、劣势、机会、威胁四项分析。开发项目具备哪些房地产企业开发产品不具有的独特品质，同类项目产品具体哪些方面更具有优势，开发项目产品具有什么劣势，怎样避免或弥补，这些都是需要考虑的问题。经过平衡，收益必须超过风险或劣势所造成的后果，否则项目不能有效开展。项目的机会也很关键，何时进行，目前同企业的整体发展战略是否一致，是否对企业市场占有率有一定影响，项目是否存在现实良好机会。威胁分析意味着风险存在，项目开展前必须进行风险分析，制订风险应对措施进行化解。如果威胁依然存在且程度较高，不能很好地解除或分解，那么项目的实施可能性就要受到限制。这四个方面既要单一分析，又要统一考虑平衡，最终才能得出比较客观的结论。

3. 建筑方案的拟订

开发项目产品，规划设计方案关系到项目的造价、销售的理想程度、资金量、开发周期及收益率水平。项目除了要考虑区域的地方性居住条件，客户群的偏好，在产品方案设计、拟建规模、建设地点，项目的进度安排，本企业资源情况、建设条件、协作关系等方面都要进行尽可能详尽的初步分析。建筑方案需要房地产企业各个部门在充分的市场研究分析基础上，沟通达成共识后，综合形成建筑方案概要书。建筑方案通常要经过详细研究反复论证，拿出几套方案综合对比，做出最佳选择。

4. 项目经济分析

项目的开发造价、投资估算、建设条件及开支情况，都应有一个大致的分析，制订资金筹措预案，考虑融资难度及可行性：有哪些外部资源可以利用？

取何种融资方式可行性最大？哪种融资方式风险最小？是采取单一融资还是组合融资？如果是组合融资还有一个优化组合策略问题。进行项目产品的前期投资估算，盈亏平衡分析，核算销售收益和支出情况，做出资金现金流量表，考虑资金收入和支出的时间差，测算项目最终收益，测算偿还贷款能力，看自身应付能力是否能够达到要求，以分析项目的实施可能性。

5. 项目开发环境分析

这里指的不是自然环境，而主要是两个环境，一是国家大环境。要时刻分析了解掌握国家宏观政策。现在不少房地产企业均设立了国家政策研究员，专门搞这项研究，适时进行企业内部调整，以适应国家政策对其的影响。如2010年1月10日国务院发布实施的遏制房价过快增长、稳定房地产市场的"国十一条"新政，就需要房地产开发企业有相应的应对措施，调整自身合理架构，优化内部管理机制，不断增强企业竞争力。二是市场环境。市场环境分析主要是区域分析和相应外部房地产企业竞争情况分析，研究项目产品是否适合在当地开发，同行业在区域内的市场占有率及竞争力，合理制定相应计划，分析项目的影响力和资金情况。进行可行性分析，避免无谓的风险。

二、地价经济技术指标分析

地价的经济技术指标分析是指在市场调查分析的基础上，以地价为可变的未知目标变量参数，从经济学的角度就开发项目进行经济技术指标分析，测定可承受地价范围水平的过程。

1. 土地成本占房地产开发项目中的地位和比重

由全国工商联房地产商会、中城联盟、万通和华远等共同资助建立的"REICO工作室"2009年发布"我国房地产企业开发成本费用分析告"，在北京、上海、广州等9个城市房地产开发企业抽样调查的基础上，对房地产开发企业的总成本、总费用支出以及总销售收入的结构及分布进行了实证分析。统计结果显示，在房地产开发企业的总成本构成中，土地成本所占比例最高，为41.2%；土地成本占直接成本的比例为58.2%。从房地产开发企业的总支出角度分析，开发和销售环节税收占到了总支出的19.06%，土地成本占到了总支出的30.36%。

由此可见，土地成本的确定和控制是房地产开发项目确立及后期开发的决定性因素。土地经济技术分析是房地产开发项目可行性分析基础中的基础，并且是项目分析的根本。

2. 土地出让时必须明确的几个经济技术指标

建筑容积率是指项目规划建设用地范围内全部建筑面积与规划建设用地面积之比。附属建筑物也计算在内，但应注明不计算面积的附属建筑物除外。

对于开发商来说，容积率决定地价成本在房屋中占的比例，决定其楼面地价；而对于住户来说，容积率直接涉及居住的舒适度。其计算公式是：容积率＝总建筑面积÷总用地面积。

容积率分为实际容积率和规划容积率两种。通常所说的容积率是指规划容积率，即宗地内规划允许总建筑面积与宗地面积的比值。容积率的大小反映了土地利用强度及其利用效益的高低，也反映了地价水平的差异。因此，容积率是房地产开发中一项重要的经济指标，也是影响地价最重要的因素。

房屋的单方开发成本＝房屋单方造价＋楼面地价＋税＋费。

楼面地价＝宗地总价÷宗地内允许总建筑面积＝土地单价÷容积率。

因此，楼面地价比单位地价更能准确地反映地价的高低。容积率越高，则楼面地价就越低。两者成反比例关系。虽然，提高容积率可以提高土地的利用效益，降低楼面地价，从而减轻项目开发成本，但建筑容量的增大，会带来建筑环境的劣化，降低使用的舒适度。

建筑密度是指建筑物的覆盖率，具体指项目用地范围内所有建筑的基底总面积与规划建设用地面积之比（％），它可以反映出一定用地范围内的空地率和建筑密集程度。

建筑密度是反映建筑占用地面积比例的一个概念，建筑密度大，说明用地中房子盖得"满"，反之则说明房子盖得"稀"。建筑密度＝建筑基底面积之和÷规划用地面积。

比如一块地为 10000 平方米，其中建筑占地 3000 平方米，这块用地的建筑密度就是 3000÷10000＝30％。

建筑密度不可能超过 100％，一般不会超过 50％，因为用地中还需要留出相当多的面积作为道路、绿化、广场、停车场使用。

建筑密度对房地价的影响要视项目情况而定，如果是住宅小区，原则上影响不大。如果是综合用地项目，即有商业用房又有住宅，并且一、二层的单价远大于其他房屋的单价，则建筑密度越大，其可修建的高价值的一、二层房屋面积越多，其销售收入比重及总额有效增大，利润空间增大，利润率提高，因此可以间接地有效降低土地价格成本。

容积率（R）、建筑密度（C）与层数（H）之间有一定关系。当宗地内各房屋的层数相同，且对单个房屋来说各层建筑面积相等时，三者之间的关系可表示为：R＝C×H，此种情况下，建筑层数与容积率成正比例关系。

绿化率是指规划建设用地范围内的绿地面积与规划建设用地面积之比。绿化率与建筑密度有一定的反向关联，建筑密度越大，可用于绿化的面积就相应减少，反之亦然。当然，这两者也不是绝对的反比例关系。因为宗地范围内除了建筑占地和绿化占地之外，还有其余的如道路等其他占地。绿化率与地价没有直接关系，但与项目的成本有关，绿化率高，则投入在绿化上的成本越大。不过，这两者也有相辅关系。绿化率高，对于小区而言，品质就会提高，相应的房屋品质在整体上有所提升，房价也会相应地上涨，收益增加。

良好的居住小区，高层住宅容积率应不超过5，多层住宅应不超过3，绿化率应不低于30％。但由于受土地成本的限制，并不是所有项目都能做得到。

3. 房地产开发税费

房地产开发企业在房地产项目开发中应缴纳企业所得税、营业税、城市维护建设税、教育费附加、地方教育附加、城镇土地使用税、房产税、印花税和土地增值税等。

（1）所得税：按已确认的收入额为销售收入，根据企业所得税相关条例，超过标准的支出应作纳税调整，作为收入计算所得税。2007年度及以前年度按33％计算，2008年度及以后按25％计算。

（2）营业税：营业税的计税金额应大于或等于预收款科目的发生额。

如果所收的款项全部经过预收款科目再转为收入的，那么营业税的计税金额就等于预收款科目的当年发生额。如果售房收入有些是预收款，有些是直接确认为收入的，那么营业税计税额就为这两部分的总数，税率为5％。

（3）城建税、教育费附加：分别为营业税税款的7％和3％。

（4）城镇土地使用税按实际占用的土地面积缴纳（各地规定不一）。

（5）房产税按自有房产原值的70％×1.2％缴纳。

（6）印花税：按照"产权转移书据"项目，按合同金额的0.5‰征收。签订的合同需全部贴用印花税。

（7）土地增值税：普通住房和非普通住房分别核算。由于土地增值税是按照销售额分普通住房和非普通住房预征，预征率分别为1％和3％（以当地政策为准），因此普通住房和非普通住房应分别核算销售额。

房地产开发经营税费对房地产开发成本及销售价格的影响。据建设部房地产业司的资料估计，各种税费占商品房成本的比重大致如下（见表）。

如果加上各种不可预见的税费在内，各种税费占商品房成本的30％～40％。

附：商品房税费构成一览表

项　　目	税费占商品房成本的比重（%）
税　　收	10
管理费和手续费	3
行政性费用、项目性收费	16.5
证书工本费	0.5
合　　计	30

据"REICO"2009报告：税收占开发企业总成本的26.06%，占开发企业总支出的19.06%，占总销售收入的14.21%。

4. 房地产开发项目地价盈亏平衡分析

房地产开发项目的投资过程就是房地产商品的生产过程，因而必须作出客观准确的投资估算与成本费用估算。

房地产开发项目投资与成本费用估算的范围包括土地购置成本、土地开发成本、建安工程造价、管理费用、销售费用、财务费用及开发期间的税费等全部投资。

房地产建设项目各项费用的构成复杂，变化因素多、不确定性大，依建设项目的类型不同而有其自身的特点，因此不同类型的建设项目，其投资和费用构成有一定的差异。对于一般房地产开发项目而言，投资及成本费用，由开发成本和开发费用两大部分组成。具体说明详后一小节。

1. 开发成本

开发成本是指在开发过程中直接用于开发、建设（生产）的支出，该部分支出是必不可少的。共有8项：

（1）土地出让金。

即向政府支付的地价款（含办理相关土地手续的费用等）。

（2）土地征用及拆迁安置补偿费。

①土地征用费。国家建设征用农村土地发生的费用主要有土地补偿费、劳动力安置补助费、水利设施维修分摊、青苗补偿费、耕地占用税、耕地垦覆基金和征地管理费等。农村土地征用费的估算可参照国家和地方有关规定进行。

②拆迁安置补偿费。在城镇地区，国家和地方政府可以依据法定程序，将国有储备土地或已由企、事业单位或个人使用的土地出让给房地产开发项目或其他建设项目使用。因出让土地使原用地单位或个人造成经济损失，新用地单位应按规定给以补偿。它实际上包括两部分费用，即拆迁安置费和拆迁补

偿费。

土地征用费一般列入出让金内，不需另行单列再交。拆迁安置补偿费比较灵活，可以列入出让金之中，也常见于另行支付。具体需视情况而定。

（3）前期工程费。

前期工程费主要包括：

①项目的规划、设计、可行性研究所需费用。一般可以按项目总投资额的一定百分比估算。通常规划及设计费为建安工程费的3％左右，水文地质勘探费可根据所需工作量结合有关收费标准估算。

②"三通一平"等土地开发费用。主要包括地上原有建筑物、构筑物拆除费用、场地平整费和通水、通电、通路的费用等。这些费用可以根据实际工作量，参照有关计费标准估算。

（4）建安工程费。

它是指直接用于建安工程建设的总成本费用，主要包括建筑工程费（建筑、特殊装修工程费）、设备及安装工程费（给排水、电气照明、电梯、空调、燃气管道、消防、防雷和弱电等设备及安装）以及室内装修工程费等。在可行性研究阶段，建安工程费可采用单元估算法、单位指标估算法、工程量近似匡算法、概算指标估算法以及类似工程经验估算法等估算。

（5）基础设施费。

它又称红线内工程费，包括供水、供电、供气、道路、绿化、排污、排洪、电讯和环卫等工程费用，通常采用单位指标估算法来计算。

（6）公共配套设施费。

它主要包括不能有偿转让的开发小区内公共配套设施发生的支出。其估算可参照"建安工程费"的估算方法。

（7）不可预见费。

它包括基本预备费和涨价预备费。依据项目的复杂程度和前述各项费用估算的准确程度，以上述1～6项之和为基数，按3％～5％计算。

（8）开发期间税费。

开发项目投资估算应考虑项目在开发过程中所负担的各种税金和地方政府或有关部门征收的费用。在一些大中城市，这部分费用在开发建设项目投资构成中占较大比重。应根据当地有关法规标准估算。

2. 开发费用

开发费用是指与房地产开发项目有关的非直接生产成本部分支出，这些支出是可以调控和变化的，有时甚至没有。开发费用包括管理费用、销售费用和财务费用。

（1）管理费用。

可按项目开发成本构成中前 1~6 项之和为基数，按 3％左右计算。

（2）销售费用。

指开发建设项目在销售产品过程中发生的各项费用以及专设销售机构或委托销售代理的各项费用。主要包括以下三项：

①广告宣传费，约为销售收入的 2％~3％。

②销售代理费，约为销售收入的 1.5％~2％。

③其他销售费用，约为销售收入的 0.5％~1％。

以上各项合计，销售费用约占销售收入的 4％~6％。

（3）财务费用。

指为筹集资金而发生的各项费用，主要为借款利息和其他财务费用（如汇兑损失等）。

为了便于对房地产建设项目各项支出进行分析和比较，常把估算结果以汇总表的形式列出，以便分析决策。

3. 开发收入

收入分为理想状态收入和阶段销售收入。理想状态收入为视产品完全销售而实现的收入；阶段销售收入为设定在一定销售比率时的收入。有部分产品可能实现不了销售而变为自有资产。

总收入为所有不同产品乘以单价之和加其他额外收入。而总收入减去总成本即为毛利润。

房屋销售收入为所有的不同类型的房屋销售收入及未销售的折价值。这里需要进行分门别类的计算，根据不同的房屋用途及类型，不同的价格进行计值汇总。

商业用房的类别含：一层独立门面、二层及二层以上商业用房、写字楼、酒店等。

住宅用房的类别含：多层（不超过八层）的住宅、高层（又叫电梯房，即超过八层以上的住宅）。

房屋销售收入计算公式：

房屋销售收入＝一层独立门面面积×单价＋二层商业用房面积×单价＋三层商业用房面积×单价＋……＋多层住宅面积×均价＋高层住宅面积×均价＋其他（如地下室等的可销售的房屋收益）

4. 经济技术分析

盈亏平衡点：总收入等于总成本时对应的投资诸元素数值，就是盈亏平衡点。对于一个项目而言，总收入绝对不能小于总的投资成本，否则该项目不能盈利，只有放弃。

利润：收益－税金＝利润；或：收入－成本－税金＝利润

利润是项目可行性分析的重要指标。没有利润，即利润不大于零，则项目亏损。有利润是项目可开发的前提。但仅有利润，并且有时即使利润的绝对值不小，也不能成为项目可行的标准。它必须与另一个指标即利润率相结合。

利润率：利润与直接投入的成本的百分比值，就是利润率。在直接投入的成本一定的情况下，利润越大，利润率越高。利润率在一定程度上比较准确地反映项目的经济指标，但要想使之作为绝对性的指标，还必须考虑项目开发年限。

项目开发年限：一般单指项目从实际开工建设至房屋交付的以年为单位的时限。

年利润率：利润率/项目开发年限。房地产开发项目有一定的开发时限，有的项目开发时间长，而有的开发时间短。因此，从经济技术的角度进行考核评估，更准确科学的指标，就是在利润率的基础上加上开发年限的因素。以年利润率为投资分析的最终决定指标。

例如有两个项目，其中一个项目投资 2000 万元，利润为 1000 万元，开发期有 2 年；另一个项目投资总额为 9000 万元，利润有 4000 万元，开发期为 4 年。则这两个项目的利润、利润率及年利润分别为：

项目　　　分类	第一个项目	第二个项目
总投资	2000 万元	9000 万元
投资年限期	2 年	4 年
利润	1000 万元	4000 万元
利润率	50％	44.44％
年利润率	25％	11.11％

由此可见：从利润而言，第二个项目远大于第一个项目；从利润率来看，两个项目相差不大；但从年利润率来考查，第一个项目明显要好于第二个项目。哪一个项目更好呢？显然，第一项要远远优于第二项目。因为它的年利润率高于第二个项目。

房地产开发项目的土地，在一个什么样的价款上获取，如何进行项目的土地部分的可行性分析估算，这就需要从项目的相关经济技术指示进行分析，估算出企业可承受的土地成本和应获得的预期收益。以达到最低预期收益时，土地成本为该项目土地的最高可承受成本，此时的土地价款为可行性分析中的最高价款，低于此价款的可以拿地，超出的则选择放弃。这是可行性分析的原则。

范例

一宗公告竞拍土地，面积为 6666 平方米，（有临街面长 150 米，进深 44.44 米）规划要求容积率不大于 3.8；建筑密度不大于 40%，绿化率不小于 30%，其中土地的使用用途为综合用地。起拍价为 1000 万元。

市场调查结果显示：当地的临街面一层独立门面价格约为 18000 元/平方米，二层经营性用房价格约为 5000 元/平方米，第三层经营性用房价格约为 3500 元/平方米，电梯房均价约为 2000 元/平方米，多层住宅为 1600 元/平方米。

另外，房地产开发成本情况：框架结构及电梯房的建安成本约每平方米 1200 元；除土地外的其他成本和费用大约占建安成本的 35%；多层建筑（砖混类）建安成本约每平方米 900 元，除土地外的其他成本和费用大约占建安成本的 35%。

如何利用上述的资料数字进行项目的可行性分析，估算出合适的土地价格及不同价格水平时的各项投资收益？

解析

第一步：根据宗地的各项经济技术指标进行相应的开发规划。

即规划可建多少平方的建筑面积，并且区分出可建建筑的各类不同性质不同价格的房屋建筑面积：如一层独立门面、二层经营房、电梯住宅、多层住宅分别为多少平方米。

这些数字需要通过宗地要求的容积率和建筑密度，以及初步的规划进行测算，如计划修建的一层独立门面的进深是多少，沿街面要留出多少宽的通道等，还有要修多少电梯房，修多少多层住宅的问题。

第二步：计算出开发的总收入

计算公式为：总收入 = 各类［建筑面积 × 价格］之和

第三步：核算成本

包括：

（1）建安成本。

不同的房屋结构按不同的建筑面积和单价进行计算。

计算公式为：新建房屋建安成本＝各类［建筑面积×建筑单位造价］之和。

（2）除土地外的其他开发成本及费用。

为方便计算，可以直接按建安成本的相应系数进行估算。具体实际计算时则需进行单列分项累计，这样比较科学和准确。

为保险起见，应加上一定的不可预计费用。

（4）用盈亏平衡点法反向测计土地成本。

估算时为拿地的全部成本。需列出直接成本和间接成本。直接成本为土地价款，而间接成本包括：获取土地时还需支付的可能出现的工作经费、办理土地手续的相关费用、契税等。

在成本中，第 1 和第 2 两项可视为暂固定成本。第 3 为可变的应估算成本，或控制成本。通过确定相应的利润、利润率及年利润率，来核计土地的控制线，即在什么价位范围内可以承受。

可以承受的最高价为获得土地的顶价。在非特殊情况下，超出该价款，则放弃竞争，在范围内则可以承接。

在项目估算时特别需要注意的是：规划的科学合理及利益最大化问题。要求规划要经济效益最佳化与最大化相结合。可以考虑适当增加保险系数；同时可以综合市场未来的发展预期。

上述案例分析计算：

根据宗地规划要求可知"土地利用最大值"和"建筑面积最大值"。

建筑占地面积最大为：宗地面积乘建筑密度，即 $6666 \times 40\% = 2666.4$ 平方米。

建筑面积最大为：宗地面积乘以容积率，即 $6666 \times 3.8 = 25330.8$ 平方米。

由此，可初步选定几个较为理想的方案。

方案一：修一个面积 2666.4 的三层裙楼，然后在裙楼上修建电梯住宅。

方案二：修略小于 2666.4 平方米的地下室（一层），修 150 平方米，进深为 15 米（面积 2250 平方米，符合不大于 2666.4 平方米的要求）的一、二、三、四层临街裙楼（其中一层为独立门面），四层以上修酒店，其中酒店的 1/3 为单身公寓。

根据两个不同的方案进行项目可行性分析及土地价格控制测算如下：

方案一的可行性及可控性分析：

（1）可建面积。

通过土地面积及容积率计算出可开发新建的所有房屋面积：

$6666 \times 3.8 = 25330.8$ 平方米。

（2）根据建筑密度综合计算多层及高层所占比例。

一层建筑面积：$6666 \times 40\% = 2666.4$ 平方米。

二层建筑面积：2666.4 平方米。

三层建筑面积：2666.4 平方米。

电梯楼住宅面积：$25330.8 - (2666.4 \times 3) = 17331.6$ 平方米。

如果按每层 800 平方米/6 户计，则可修建层数为 21 层。（注意与规划要求的层高有没有冲突）

注：建筑密度为：不大于 40%。则只能在：$6666 \times 40\% = 2666.4$ 平方米的土地上修建房屋。如果在 2666.4 平方米上修，而且只修建一栋，则层数为：$25330 \div 2666.4 = 9.5$ 层。

（3）总收入。

一层门面收入：$2666.4 \times 1.8 = 4799.52$ 万元

二层经营房收入：$2666.4 \times 0.5 = 1333.2$ 万元

三层经营房收入：$2666.4 \times 0.35 = 933.24$ 万元

电梯房收入：$17330 \times 0.2 = 3466$ 万元

总计收入：10531.96 万元

（4）除土地外的其他成本和费用。

①建安成本（以框架结构每平方米：1200 元计）。

总建筑面积 $\times 1200$ 元 $= 25330.8 \times 1200$ 元 $= 3039.696$ 万元。

②其他开发成本及费用（按建安成本的 35% 进行估算）。

3039.696 万元 $\times 0.35 = 1063.8636$ 万元。

合计：$3039.696 + 1063.8936 = 4103.5896$ 万元。

（5）税金。

总收入的 13% 计算（含经营税及附加）。

10531.96 万元 $\times 0.13 = 1369.1548$ 万元。

（6）不可预计费用。

如果按土地外的其余成本的 5% 计提不可预计费用，则不可预计费用为：4103.58 万元 $\times 0.05 = 205.17948$ 万元。

（7）土地成本及费用与利润的线性关系确定，将土地成本设为 X。

在盈亏平衡点时的土地价款（含获取土地时的各种税费）为：

土地成本费用＋建安成本＋开发费用＋不可预计费用＋税金≤理论上的全部销售收入（所有成本不大于总收益）

X＋4103.5896 万元＋1063.8936 万元＋1368.1548 万元＋205.17948 万元≤10531.96 万元

则土地的成本和费用

X≤10531.96－6741.81748 万元；X≤3789.08252 万元。

即：土地成本及费用在 3789.08252 万元时，按此方案，理论上项目平衡，没有盈利，也没有亏损。

根据工程量预计该项目施工期为两年，则据此可以计算出相关土地成本费用、其他成本费用、税金、总收入、利润、利润率、年利润率等经济技术指标，如下列表：

土地成本及费用（设定万元）	建安成本、其他开发成本及费用、不可预计费用、税金（万元）	总收入（万元）	利润（万元）	利润率（％）（利润÷除税金外的成本和费用 5372.96＋土地成本及费用）	年利润率（％）（利润率÷2）
3789.68	6741.22	10530.9	0	0	0
3000	同上	同上	789.68	9.43	4.71
2500	同上	同上	1289.68	16.38	8.19
2000	同上	同上	1789.68	24.27	12.18
1500	同上	同上	2289.68	33.31	16.65
1000	同上	同上	2789.68	43.77	21.88

注：利润率等于利润÷（土地成本＋建安成本＋其他开发成本及费用＋不可预计费用）×100％

根据测算分析，可以得出一个比较满意的预期前提下的土地竞拍价格。按本方案开发，并用年投资回报率即年利润率 15％计算，该项目宗地的成本（即竞拍时的价格）控制在 1500 万元左右比较理想。

第四节　土地手续办理

一、国有土地出让合同

通过招标、拍卖、挂牌方式获得国有土地使用权后，需签订国有土地使用权出让合同，通过合同的形式，从法律上确认土地使用权的归属。

合同签订双方是：受让人为土地使用权竞得人（可以是自然人，也可以是企业法人），出让人为有权出让国有土地使用权的人民政府土地行政主管部门。《国有土地使用权出让合同》包括合同正文和附件《出让宗地界界址图》。合同包括：出让土地的交付和出让金的交纳；土地开发建设与利用，其中又含主体建筑物性质、附属建筑物性质、建筑容积率、建筑密度、建筑限高、绿地比例及其他土地利用要求；土地使用权转让、出租、抵押；期限届满约定；不可抗力；违约责任等。

国有土地出让合同是出让方收取出让金，受让方获得土地使用权，以及办理相关房地产开发手续的法律凭据。

二、土地预登记证及国有土地使用权证

《国有土地使用权出让合同》是出让方和受让方按一定的程序达成的合同关系。土地使用权要落实到受让方供其使用，还需完成行政登记程序，即由国有土地管理部门依法进行登记，办理相关的证书。这就是土地登记和土地使用权证问题。

我国对土地管理实行登记制度。依法取得的土地使用权要进行初始登记；变更土地使用权需要进行变更登记；土地使用权抵押要进行抵押登记。通过招标、拍卖、挂牌方式取得的土地使用权的登记为初始登记。之前，初始登记后则一并办理土地使用权证，现在初始登记增加了预登记程序，即在办理初始登记时，国土部门不直接办理土地使用权证，而是办理《土地使用权预登记证》，土地使用权人用《土地使用权预登记证》办理相关的建设申报审批手续，待该工程竣工后，再将预登记证更换为《国有土地使用权证》。

《土地使用权预登记证》在办理工程申报审批手续时与《国有土地使用权证》具有同等的作用和效力。《土地使用权预登记》与《国有土地使用权证》两者有显著的本质区别，前者不是法律意义上的使用权证，不能进行抵押，仅

供办理建设手续使用，最终需更换成土地使用权证。也就是说，土地使用权预登记证是过渡性的，是临时性的。理论上说，在没有办理成《国有土地使用权证》之前，是有可能通过行政的程序变更的。《国有土地使用权证》则是由城市各级人民政府颁发的国有土地使用权的法律凭证。具有法律上的固定性，仅靠行政程序是不能变更的，可据此依法直接进行抵押、转让。该证主要载明土地使用者名称，土地坐落、用途，土地使用权面积、使用年限和四至范围。

思考练习题

一、填空题

1. _____是房地产的一级市场。

2. 土地分类是根据土地的_____、_____和_____等方面存在的差异性，按照一定的规律，将土地归并成若干不同的类别。

3. 国家新颁布的《土地管理法》，科学地将我国土地分为三大类，即：_____、_____和_____。

4. 房地产开发过程中的土地税，主要有：_____、_____、和_____。

5. 招标、拍卖、挂牌出让国有土地使用权的原则是：（1）_____原则；（2）_____原则。

二、名词解释

1. 土地使用权

2. 土地使用权出让

3. 土地的他项权利

4. 土地使用税

5. 土地增值税

6. 拍卖出让国有土地

7. 挂牌出让国有土地

8. 土地使用权证

三、简答题

1. 什么是房地产二级市场？

2. 土地使用权出让与转让有何区别？

3. 土地他项权利有何特征？

4. 简述出让国有土地的特征及国有土地使用权出让最基本的缔约方式。

5. 我国开征土地增值税的目的和意义是什么？

6. 如何进行土地拍卖出让国有土地使用权？

7. 挂牌出让国有土地使用权的程序有哪些？

四、论述题

以本章经济技术层面分析范例题中方案二为依据，进行项目可行性分析，经综合计算，请给出你认为比较适合的土地竞拍（或挂牌）价，并说明理由。（所缺的相关数字可以自行设定）

第七章 房地产开发手续办理和建筑施工组织

第一节 房地产开发规划

一、规划方案设计

房地产开发必须严格执行城市规划，按照经济效益、社会效益、环境效益相统一的原则，实行全面规划、合理布局、综合开发和配套建设。确定房地产开发项目，应当符合土地利用总体规划、年度建设用地计划和城市规划的要求。原则上说，房地产规划包括用地规划和工程规划。简单地说，就是该项目宗地能不能进行房地产开发，能进行什么类型和规模的房地产开发的问题。

拿到房地产开发项目之后，需根据规划要求进行规划设计。在进行规划及建筑设计前，房地产开发公司需要向城市规划行政管理部门申报规划设计条件，以获得规划设计条件通知书，主要规定：规划建设用地面积、总建筑面积、容积率、建筑密度、绿化率、建筑后退红线距离、建筑控制高度及停车位个数等。房地产开发商再根据规划设计通知书，委托有规划设计资格的单位完成方案设计。设计的具体工作流程，因项目的规模有所不同。对于规模较大的房地产开发项目来说，一般要分成方案设计、初步设计和施工图设计3个具体步骤。

方案设计反映建筑平面布局、功能分区、立面造型、空间尺度、建筑结构和环境关系等方面的设计要求。

初步设计在方案设计的基础上，应提出设计标准、基础形式、结构方案及各专业的设计方案。初步设计文件应该包括设计总说明书、设计图纸、主要设备与材料表、工程概算书4个部分。

施工图设计是初步设计基础上的更详细的设计，具有工程设备各构成部分的尺寸、布置和主要施工方法；并要绘制完整详细的建筑及安装样图及作要的文字说明。

方案设计完成后，持方案设计报审表、方案设计及其说明书等有关资料，报经城市规划行政管理部门审查。审查参与人员除了规划行政管理部门相关人员外，还有专家组成员、消防、环保、人防、方案设计单位及房地产开发公司等方面的人员。方案一般都要经过审查、提出意见、进行修改及再行审查等过程，方能通过和完成。规划设计方案经审查同意后，城市建设主管部门要对方案效果图加盖"建筑设计方案审查专用章"，进行备案。方案审查备案之后，不得变更。如需变更，必须由开发商提出申请，经专家会审同意方才可以变更，否则，按违法建设处理。

方案确认符合规划要求后，即可申请用地规划许可，由规划部门核发《建设用地规划许可证》。

城市规划行政管理部门对建设工程的初步设计方案进行审查，确认其符合规划设计要点后，建设单位就可委托设计单位进行施工图设计。

城市规划行政管理部门在对工程施工图及有关材料进行审查合格后，房地产开发公司即可申请办理建设工程规划许可手续，《建设工程规划许可证》由建设行政主管部门核发。

二、建设用地规划

《建设用地规划许可证》是房地产开发建设中的"五证"之一，必不可少。它是经城市规划行政主管部门确认建设项目位置和范围符合城市规划的法定凭证，是建设单位用地的法律凭证。没有此证的用地属非法用地，房地产商的售房行为也属非法，不能领取房地产权属证件。

通俗地说，建设用地规划就是该土地上能不能开发建设，在什么情况下和范围内进行开发建设，要退多少道路红线，或只能用作什么类型的建设的规划要求。它是针对土地开发性质的控制。比如该地块规划是工业用地，则不能建住宅。如该地块要规划设计作道路，亦不能进行房地产开发建设。也就是说，开发建设必须与用地规划相一致，并获得规划部门的许可。

建设用地规划许可证核发的目的是：确保土地利用符合城市规划，维护建设单位按照城市规划使用土地的合法权益。

法律后果：按照有关规定，房地产商即使取得建设用地的批准文件，但如未取得《建设用地规划许可证》而占用土地的，其建设用地批准文件无效。

《建设用地规划许可证》除了编号：（年）号，如（2007）18 号外，还包含的内容有：

(1) 发证机关的印章和具体核发日期。

(2) 用地单位。

(3) 用地项目名称：XXX 大厦（小区）等。

(4) 用地位置。

(5) 用地面积。

建设单位取得《建设用地规划许可证》后两年内不得申请变更规划内容；两年后申请变更的，市规划主管部门或其派出机构对申请进行初审后，按法定程序审批。获得批准的，市规划主管部门或其派出机构向申请单位重新核发《建设用地规划许可证》，收回原《建设用地规划许可证》，并办理相应的用地手续。

三、建设工程规划

《建设工程规划许可证》与《建设用地规划许可证》一样，是房地产开发中的"五证"之一，必不可少。《建设工程规划许可证》是城市规划行政主管部门依法核发的有关建设工程的法律凭证。

《建设工程规划许可证》是实施城市规划法制管理的又一基本手段。其作用是：一、确认城市中有关建设活动的合法地位，确保有关建设单位和个人的合法权益；二、作为建设活动进行过程中接受监督检查时的法定依据；三、作为城市建设档案的重要内容。

通俗地说，建设工程规划就是：该宗地范围内只能修建什么样的建筑，规划核准建筑风格、结构类型、建设高度、配套要求和环境条件等。它是针对工程性质的控制。

建筑工程的规划报建属于规划管理的一部分，是城市规划行政主管部门根据依法制定的城市规划以及城市规划有关法律规范和技术规范，对各类建设工程进行组织、控制、引导和协调，使其纳入城市规划的轨道。城市规划行政主管部门对建筑工程进行规划报建审批的目的和任务：一是有效地指导各类建设活动，保证各类建设工程按照城市规划的要求有序进行；二是维护城市公共安全、公共卫生、城市交通等公共利益和有关单位、个人的合法利益；三是改善城市市容景观，提高城市环境质量；四是综合协调对相关部门建设工程的管理要求，促进建设工程的建设。

建设单位和个人虽然已经取得土地的合法使用权，但并不意味着可以不进行规划报建，就随心所欲地建设。因为城市是一个复杂的综合体，集合了众多的人口和各种社会经济组织，如果没有统一的规划管理，不进行规划报建，各个建设单位和个人根据自己的利益需要，各自为政，随意确定建筑层数、建筑密度、建筑物间距等技术指标，那么就无法保证建设工程能满足合理的通风采光、消防安全要求，无法给社会提供一个舒适安全、有利于工作和生活的空间环境；如果不进行规划报建而随意建设，就不能保证规划城市道路、广场、公共绿化带及各种公共服务设施的设置，无法保证城市有序合理地可持续发展。事实上，世界上没有任何一个国家，允许土地所有者和使用者不受限制地在自己拥有的土地上进行开发和建设。

建设工程的规划报建对城市的建设和发展起着举足轻重的作用，因此，《城市规划法》第三十二条对规划报建以法律形式明确规定："在城市规划区内新建、扩建和改建建筑物、构筑物、道路、管线和其他工程设施，必须持有关批准文件向城市规划行政主管部门提出申请，由城市规划行政主管部门根据城市规划提出的规划设计要求，核发建设工程规划许可证，建设单位或者个人在取得建设工程规划许可证和其他有关批准文件后，方可申请办理开工手续。"

《建设工程规划许可证》包括下列内容：

（1）许可证编号。

（2）发证机关名称和发证日期。

（3）建设单位（用地单位）。

（4）用地项目名称、位置、宗地号以及子项目名称、建筑性质、栋数、层数、结构类型、工程投资及土地证号等。

（5）计容积率面积及各分类面积。

（6）附图及附件，包括总平面图、各层建筑平面图、各向立面图和剖面图和施工图一套。另有验放线单。

建设单位或个人在取得《建设工程规划许可证》和其他相关批准文件后，方可申请办理开工手续。建设工程经城市规划行政主管部门验放线后方可开工。

《建设工程规划许可证》在办理手续及施工时，拿到的只是附件而非正件。该附件作为申请开工的凭证，不作为办理产权的依据，待竣工后换发正本。

建设工程竣工后经城市规划行政主管部门验收符合规划要求，方可核发《中华人民共和国建设工程规划许可证》，建设单位或个人凭该证到房产管理部门办理产权手续。

有下列情形之一的不予核发《建设工程规划许可证》：

（1）不符合城市规划要求或未按政府主管部门对各阶段审查意见作出设计

修改的。

（2）设计单位资质与资格不符合有关行业管理规定的。

（3）设计文件不符合国家、省、市有关专业技术规范和规程的。

当工程因以下情况确需修改的，应重新办理《建设工程规划许可证》：

（1）涉及建筑物位置、立面、层数、平面、使用功能和建筑结构的。

（2）市政工程中涉及规模、等级、走向、工艺设计、立面、平面、结构、功能及设备的容量、造型有较大变化的。

对已建成的建筑需改变使用性质，须经城市规划主管部门批准，签订土地使用权出让合同书补充协议、付清地价款后，持设计文件等，向市规划主管部门申请核发《建设工程规划许可证》或建筑工程装饰、装修许可文件。涉及有关专业管理部门审批的，还应取得有关部门的审核意见。

未取得建设用地规划许可证或建筑工程规划许可证进行建设的，规划主管部门可以采取查封、扣押等行政强制措施。

四、建筑工程施工许可证

房地产开发项目办理了《土地预登记证》《建设用地规划许可证》《建筑工程规划许可证》这所谓的房地产开发的"五证"中之三证后，房地产开发还不能进行施工建设。建筑工程是否可以开工建设，国家实施许可证制度。

对建筑工程实行施工许可证制度，是许多国家对建筑活动实施监督管理所采用的做法，不少国家在其建筑立法中对此作了规定。这项制度是指由国家授权有关行政主管部门，在建筑工程施工开始以前，对该项工程是否符合法定的开工必备条件进行审查，对符合条件的建筑工程发给施工许可证，允许该工程开工建设。我国对有关建筑工程实行施工许可证制度，有利于保证开工建设的工程符合法定条件，在开工后能够顺利进行；同时也便于有关行政主管部门全面掌握和了解其管辖范围内有关建筑工程的数量、规模、施工队伍等基本情况，及时对各个建筑工程依法进行监督和指导，保证建筑活动依法进行。

《建设工程施工许可证》（建设工程开工证）是房地产开发的"五证"之一，是建筑施工单位符合各种施工条件、允许开工的批准文件，是建设单位进行工程施工的法律凭证，也是房屋权属登记的主要依据之一。没有开工证的建设项目均属违章建筑，不受法律保护。当各种施工条件完备时，建设单位应当按照计划批准的开工项目向工程所在地县级以上人民政府建设行政主管部门办理施工许可证手续，领取施工许可证。未取得施工许可证的不得擅自开工。

申请领取施工许可证，应当具备下列条件：

（1）已经办理《建设用地规划许可》。有的地方还需增办该建筑工程用地批准手续即《用地批准书》。

（2）在城市规划区的建筑工程，已经取得规划许可证，即办理《建设工程规划许可证》。

（3）需要拆迁的，其拆迁进度符合施工要求。

（4）已经确定建筑施工企业。

（5）有满足施工需要的施工图纸及技术资料；需进行图纸审查的要通过图纸审查。

（6）有保证工程质量和安全的具体措施。

（7）建设资金已经落实。

（8）法律、行政法规规定的其他条件。

建设行政主管部门应当自收到申请之日起十五日内，对符合条件的申请，颁发施工许可证。

申领施工许可证，建设单位应提供下列材料：

（1）《建筑工程施工许可申请表》两份。

（2）《建设工程用地规划许可证》。

（3）《建设工程规划许可证》。

（4）施工现场具备开工条件的证明材料。

（5）《施工图设计审查批准书》。

（6）中标通知书及施工合同。

（7）委托监理合同。

（8）施工组织设计。

（9）建设工程质量监督通知书。

（10）资金保证函或证明。

建设行政主管部门在收到申请材料后，对材料齐全且符合要求的自收到申请材料后一定时期内颁发施工许可证；对材料不全或不符合要求的，应要求建设单位限期补正。

第二节 建筑施工组织

房地产开发项目完成前期规划后，项目进入建筑施工的商品生产阶段。如何进行生产，由谁负责生产，生产过程中的质量如何监督保证，生产过程中有何具体要求，这些就是房地产开发项目的建筑施工组织问题。

一、工程招投标

招标投标，是在市场经济条件下进行大宗货物的买卖、工程建设项目有发包与承包，以及服务项目的采购与提供时，所采用的一种交易方式。工程招投标就是由项目工程的发包方作为招标方，通过发布招标公告或者向一定数量的特定承包商发出招标邀请等方式发出招标信息，提出项目的性质及其规模、质量、技术要求和竣工期等招标条件，表明将选择最能够满足要求的承包商与之签订合同的意向，由各有意提供工程报价及其他响应招标要求条件的承包商，参加投标竞争。经招标方对各投标者的报价及其他的条件进行审查比较后，从中择优选定中标者，并与其签订施工承建合同。

房地产开发招投标就是解决按程序和规范选定谁进行房屋的生产（建造）这一"由谁承担商品房生产"的问题。与其他商品委托生产不同，房地产开发中的建筑工程招投标有相应的限制，不是房地产开发公司想将工程如何发包、随意让谁承建都行的。非国有资金（民营、私营、有限公司、外商投资、合资企业等）投入的建设工程也要进行招标程序。其根本目的一是非国有资金投资的建设工程要招标是法律的规定；二是有些非国有资金投资的建设项目直接涉及社会公共利益和公共安全，因此必须要招标，不涉及公众安全和公共利益的工程可不招标，但必须办理直接发包手续；三是对非国资项目进行招标或办理直接发包手续，主要是帮助业主把好施工企业的资质关，通过进场交易杜绝不具备资质和无资质的施工队伍承揽工程现象，确保工程质量。

二、工程内容和建筑工程施工合同

房地产工程项目施工是一个系统工程，其内容包括建筑主体工程、室内外装饰装修、给排水工程、供配电工程、暖通工程、消防工程、电梯工程、通讯光纤电缆及闭路电视等等。它由不同的专业公司配合施工完成。一般来说，不同的工程项目，由不同的专业公司承接建设。双方要签订相应的施工、安装合同或承包合同。比如电梯合同则为电梯销售合同和电梯安装合同两个部分。

对于房地产开发建设来说，建筑工程施工合同是最为主要的，也是标的价款比重最大的部分。建筑工程质量在一定程度上决定着房屋的质量好坏程度。

建设工程施工合同，又称建筑安装工程承包合同，是承包人进行工程建设施工，发包人支付价款的合同。施工合同的当事人是建设单位（发包人或称发包方）和施工单位（承包人或称承包方）。双方是平等的民事主体。建设工程施工合同是建设工程合同的主要合同，它具有建设工程合同的基本特征，且具有以下特点：

（1）合同标的的特殊性。

施工合同的标的是建筑产品，而建筑产品和其他产品相比具有固定性、形体庞大、生产的流动性，单件性、生产周期长等特点。这些特点决定了施工合同标的的特殊性。

（2）合同的内容繁杂。

由于施工合同标的的特殊性，合同涉及的方面多，涉及多种主体以及他们之间的法律、经济关系，这些方面和关系都要求施工合同内容尽量详细，导致了施工合同内容的繁杂。例如，施工合同除了应当具备合同的一般内容外，还应对安全施工、专利技术使用、发现地下障碍和文物、工程分包、不可抗力、工程变更以及材料设备的供应、运输、验收等内容作出规定。

（3）合同履行期限长。

由于工程建设的工期一般较长，再加上必要的施工准备时间和办理竣工结算及保修期的时间，决定了施工合同的履行期限具有长期性。

（4）合同监督严格。

由于施工合同的履行对国家的经济发展、人民的工作和生活都有重大的影响，国家对施工合同实施非常严格的监督。在施工合同的订立、履行、变更、终止全过程中，除了要求合同当事人对合同进行严格的管理外，合同的主管机关（工商行政管理机构）、建设行政主管机关、金融机构等都要对施工合同进行严格地监督。

三、工程质量与工程监理

1. 工程质量管理

由于建设工程的固定性、一次性和不确定性等特点所致，加上建设工程的使用者或管理者具有不特定性，从而使建设工程的质量关系到不特定人的生命安全和财产安全，关系到社会资源的合理利用，关系到整个社会效率。因此，作为经过委托承建（或自建）用于销售（或自用）的产品的建设工程质量，法律有特别的规定。《建设工程质量管理条例》对工程质量、管理、责任等进行了明确和细化。

工程质量是多因一果的问题，影响因素非常多，涉及方方面面。因此，必须有一个健全的、有效的质量控制管理体制。这个体制主要为三个层次：一是政府监管，二是建设单位（房地产开发公司）负责，三是建筑产品的直接生产者负责。

政府对工程质量监督管理包含宏观和微观两个层次：宏观层次就是政府通过立法、建制，构造一个市场的运行规则，并保证这个规则的正常实施；微观层次就是政府对具体的工程项目的质量监督，通过质量监督站，质量检测机构进行实际的质量监督。

建设单位对工程质量监督管理：从项目的可行性研究，到设计、施工单位的选择，都是建设单位承担的，都要对工程质量负责。

建筑施工企业对工程质量监督管理：严格按图施工，严格操作规程，对建筑材料的采购和检验，采用成熟的工艺技术等。建筑施行企业应有一整套的建筑工程质量检查制度。

（1）原材料、半成品和各种加工预制品的检验保管制度。

材料产品质量的优劣是保证工程质量的基础。在订货时应依据质量标准签订合同，必要时应先鉴定样品，经鉴定合格的样品应予封存，作为以后材料验收的依据。必须保证材料符合质量标准和设计要求方可使用。

（2）班组自检和交接制度。

按照生产者负责质量的原则，所有生产班组必须对本班组的操作质量负责。完成施工任务时，应及时进行自检，如有不合格的应及时进行返工处理，使其达到合格的标准。再后，经施工总负责组织质量检查员和下道工序的生产班组进行交接检查，确认质量合格后，方可进行下道工序施工。按实填写相应的分项工程质量评定表，进行评（核）定等级并签名。

（3）隐蔽工程验收制度。

隐蔽工程验收是防止质量隐患，保证工程项目质量的重要措施。隐蔽工程的验收必须甲方（或监理）参加，并签署书面记录。重要的隐蔽工程项目，如基础工程等，应由工程项目的技术负责人主持，邀请建设单位、监理单位、设计单位和质量监督部门进行验收。

隐蔽工程验收的主要项目有地基基槽、基础、防潮层、结构配筋、现场结构焊接和防水工程等。隐蔽工程验收后，要办理隐蔽工程验收手续，列入工程档案。对于隐蔽工程验收中提出的不符合质量标准的问题，要认真处理，处理后要经复核合格并写明处理情况。未经隐蔽工程验收或验收不合格的，不得进行下道工序施工。

（4）预检制度。

预检是保证工程质量，防止可能发生差错造成重大事故的重要措施。一般承检项目由施工总负责主持，由质量检查员、有关班组长参加（如果质量监督站指定的核验项目，应由质量监督员参加核验）。重要的预检项目应由项目经理或技术负责人主持，邀请设计单位、监理单位、建设单位、质量监督站的代表参加。

2. 工程质量责任

（1）由发包人对工程质量承担相应责任的主要情形：

①发包方提供有缺陷的设计文件、勘察数据、施工图纸以及说明书等资料。

②发包方提供或者指定购买的建筑材料、建筑配件、设备不符合国家强制性标准。

③肢解发包建设工程。

④直接指定分包人或指定专业分包。

（2）由承包人对工程质量承担相应责任的主要情形：

①未按照工程设计图纸和施工技术规范施工。

②未按相关约定，对建筑材料、设备等进行检验。

③未按相关约定，使用不合格或不符合合同约定的建筑材料、设备等。

（3）发包人和承包人共同对工程质量承担责任的情形：

如果在发包人已经违约的情况下，承包人履行其法定义务是可以避免建设工程质量缺陷的发生，但承包人却没有履行其法定义务，从而造成了建设工程质量缺陷的发生，这种情况就是法律上的"混合过错"。为此，发包人与承包人共同承担工程质量缺陷的法律责任。

承包人承担工程质量责任的期间可分为两个阶段：第一阶段是从开工开始到竣工验收合格之前，这一阶段通常称为返修责任，即承包人对在施工中出现的质量缺陷，应当负责返修；第二阶段是从竣工验收合格之后到保修期结束，这一阶段通常称为保修责任，即承包人对在保修期中出现的质量缺陷，应当负责保修。

3. 工程监理

建设工程监理是指具有相关资质的监理单位受建设单位（项目法人）的委托，依据国家批准的工程项目建设文件、有关工程建设的法律、法规和工程建设监理合同及其他工程建设合同，代替建设单位对承建单位的工程建设实施监控的一种专业化服务活动。

作为建设工程的发包人，为了取得好的投资效益，保证工程质量，合理控制工期，需要对承包人的工程建设活动实施必要的监督。但多数发包人并不擅长工程建设的组织管理和技术监督，而由具有工程建设方面的专业知识和实践经验的人员组成的专业化的工程监理单位，接受发包人的委托，代表发包人对工程的质量、工期和投资使用情况进行监督。这对于维护发包人的利益，协调发包人与承包人之间的关系，保证工程质量，规范建设市场秩序，都具有很大的优越性。建设工程的监理制度在国际上已有较长的发展历史，西方发达国家已经形成了一套完整的工程监理制度。可以说，建设工程监理已成为建设领域的一项国际惯例。随着改革以来，我国在工程建设中也推行监理制度。

建设工程监理是建设项目的发包人为了保证工程质量、控制工程造价和工期，以维护自身利益而采取的措施，因此对建设工程是否实行监理，原则上应由发包人自行决定。但是对于使用国家财政资金或者其他公共资金建设的工程项目，为了加强对项目建设的监督，保证投资效益，维护国家利益，国家规定了实行强制监理的建设工程范围。属于实行强制监理的工程，发包人必须依法委托工程监理单位实施监理，对于其他建设工程，则由发包人自行决定是否实行工程监理。对需要实行工程监理的，发包人应当委托具有相应资质条件的工程监理人进行监理。发包人与其委托的工程监理人应当订立书面委托监理合同，这是委托监理合同中工程监理人对工程建设实施监督的依据。发包人与工程监理人之间的关系在性质上是平等主体之间的委托合同关系，因此发包人与监理人的权利和义务关系以及法律责任，应当依照合同法委托合同以及其他法律、行政法规的有关规定。

工程监理的职责：

监理单位是建筑市场的主体之一。通常情况下，工程监理的职责主要有8个方面组成，具体内容为：

（1）严格按监理委托合同、施工合同约定的内容开展监理工作。

（2）负责对工程项目实施工程质量、投资、进度三大目标控制。

（3）负责审查承建单位的各项施工准备工作和施工组织设计。

（4）负责审查进场材料、购件、制作及操作工艺是否符合要求，督促施工单位按规范及设计要求施工。

（5）检查分部分项目工程质量，签署各项隐蔽工程。

（6）审查设计变更，已完成工程量，定期进行验工计价。

（7）督促检查安全生产、文明施工，并参加工程竣工验收。

（8）即时向业主报送有关工程资料及施工情况。

实施工程监理的，在进行工程监理前，发包人应当将委托的监理人的名称、资质等级、监理人员、监理内容及监理权限，书面通知被监理的建设工程的承包人。建设工程监理人应当依照法律、行政法规及有关的技术标准、设计文件和建设工程合同，对承包人在工程建设质量、建设工期和建设资金使用等方面，代表发包人对工程建设进行监督。工程监理人员发现工程设计不符合建设工程质量标准或者合同约定的质量要求的，应当报告发包人要求设计人改正；工程监理人员认为工程施工不符合工程设计要求、施工技术标准和合同约定的，有权要求施工人改正。工程监理人在监理过程中，应当遵守客观、公正的职业准则，不得与承包人串通，为承包人谋取非法利益。

工程监理人不按照委托监理合同的约定履行监理义务，对应当监督检查的项目不检查或者不按照法律、行政法规和有关技术标准、设计文件和建设工程合同规定的要求和检查方法规定进行检查，给发包人造成损失的，应当承担相应的赔偿责任。工程建设质量不合格，通常既与承包人不按照要求施工有关，也与监理人不按照合同约定履行监理义务有关，在这种情况下造成发包人损失的，承包人与监理人都应当承担各自的赔偿责任，至于如何确定监理人相应的赔偿责任，应当由人民法院或者仲裁机构予以确定。工程监理人与承包人串通，为承包人谋取非法利益，给发包人造成损失的，应当与承包人承担连带赔偿责任。

第三节　建筑工程验收

工程项目的竣工验收是施工全过程的最后一道程序，又是建设工程项目管理的重要内容和终结阶段的重要工作。它是建设投资成果转入生产或使用的标志，也是全面考核投资效益、检验设计和施工质量的重要环节。施工项目竣工验收的交工主体是施工承包人，验收主体是发包人。

竣工验收也是我国建设工程的一项基本法律制度。实行竣工验收制度，是全面考核建设工程，检查工程是否符合设计文件要求和工程质量是否符合验收标准，能否交付使用、投产，发挥投资效益的重要环节。国家的有关法律、法规明确规定，所有建设工程按照批准的设计文件、图纸和建设工程合同约定的工程内容施工完毕，具备规定的竣工验收条件，都要组织竣工验收。

施工项目的竣工验收是一项复杂而细致的工作，承发包双方和工程监理机构应加强配合协调，按竣工验收管理程序依次进行。从竣工验收准备开始，到办理交工手续终结，是一个渐进、有序的过程。竣工验收阶段的管理工作，每一步都非常重要，承包人应做好竣工验收管理程序中各项基础工作，为交付竣工验收创造条件；监理机构应组织对竣工资料及各专业工程质量的全面检查，进行工程竣工预验收，对可否组织正式竣工验收提出明确的意见；发包人应根据施工合同的约定，组织工程竣工验收和竣工结算。

建设工程竣工验收应当具备下列条件：

（1）完成建设工程全部设计和合同约定的各项内容，达到使用要求。

（2）有完整的技术档案和施工管理资料。

（3）有工程使用的主要建筑材料、建筑构配件和设备的进场试验报告。

（4）有勘察、设计、施工、工程监理单位分别签署的质量合格文件。

（5）有施工单位签署的工程保修书。

不符合上述条件的工程，建设单位不得组织工程的竣工验收。

验收分为：资料验收、现场验收、会议组织等形式。

按建设部建（2000）142 号文《房屋建筑工程和市政基础设施工程竣工验收暂行规定》，竣工验收工作由建设单位负责组织实施，质量监督机构对工程竣工验收实施监督。建设单位负责组织竣工验收小组，验收组组长由建设单位法人代表或其委托的负责人担任。验收组成员由建设单位的上级主管部门、建设单位项目负责人、建设单位项目现场管理人员及勘察、设计、施工、监理单位与项目无直接关系的技术负责人或质量负责人组成。验收组分为三部分分别进行检查验收：检查工程实体质量；检查工程建设参与各方提供的竣工资料；对建筑工程的使用功能进行抽查、试验，如厕所、阳台泼水试验，浴缸、水池盛水试验，通水、通电试验，排污主管通球试验及绝缘电阻、接地电阻、漏电跳闸测试等；对竣工验收情况进行汇总讨论，并听取质量监督机构对该工程质量监督情况，之后形成竣工验收意见，填写《建设工程竣工验收备案表》和《建设工程竣工验收报告》，验收小组人员分别签字、建设单位盖章。建设工程竣工验收完毕以后，由建设单位负责，在 15 天范围内向备案部门办理竣工验收备案。

建设工程竣工验收应当按如下程序进行：

（1）施工单位完成设计图纸和合同约定的全部内容后，自行组织验收，并按国家有关技术标准自评质量等级、编制竣工报告，由单位法定代表人和技术负责人签字并加盖单位公章后，提交给监理单位（未委托监理的工程，直接提交建设单位）。竣工报告应当包括以下主要内容：已完工程情况、技术档案和施工管理资料情况、建筑设备安装调试情况、工程质量评定情况等。

（2）监理单位核查竣工报告，对工程质量等级作出评价。竣工报告监理工程师、监理单位法定代表人签字并加盖监理单位公章后，由施工单位向建设单位申请竣工验收。

（3）建设单位提请规划、消防、环保、质量技术监督、城建档案、燃气和民防等有关部门进行专项验收（专项验收程序由各有关部门自定），并按专项验收部门提出的意见整改完毕，取得合格证明文件或准许使用文件。

（4）建设单位审查竣工报告，并组织设计、施工和监理等单位进行竣工验收。

（5）建设单位编制建筑工程竣工验收报告或市政工程竣工验收报告。

建筑工程竣工验收报告或市政工程竣工验收报告应当包括下列内容：工程概况、施工许可证号、施工图设计文件审查意见、工程质量情况以及建设、设计、施工和监理等单位签署的质量合格意见。建筑工程竣工验收报告或市政工程竣工验收报告一式四份，主管部门、城建档案部门、建设单位和施工单位各一份。

第四节　建筑工程竣工验收备案制度

为了加强房屋建筑工程管理，《建设工程质量管理条例》规定：在中华人民共和国境内新建、扩建、改建各类房屋建筑工程实行竣工验收备案。

国务院建设行政主管部门负责全国房屋建筑工程和市政基础设施工程的竣工验收备案管理工作。县级以上地方人民政府建设行政主管部门负责本行政区域内工程的竣工验收备案管理工作。各县（区）建设行政主管部门可委托经省级建设行政主管部门考核认证的工程质量监督机构负责本行政区域内的工程竣工验收备案工作。

《建设工程质量管理条例》将参与工程建设的建设、勘察、设计、施工和监理单位规定为质量负责主体，同时规定实行新的政府工程质量监督管理制度。把原来只注重对工程实体质量监督的政府监督管理模式，转变为以保证建筑工程使用安全和环境质量为目的；以法律、法规和工程建设强制性标准为依据；以政府认可的第三方即质量监督机构的强制监督为方式；以地基基础、主体结构、环境质量和与此相关的工程建设各方主体的质量行为为主要内容；以施工许可证制度和竣工验收备案制度为主要手段的新的政府监督管理模式。竣工验收备案制度就是在这样一种背景下诞生的。

实行竣工验收备案制度最显著的变化是：

（1）建设单位被规定为工程质量第一责任人。

（2）国家取消了由监督机构组织竣工验收和核定工程质量等级的规定。

（3）改由建设单位组织勘察、设计、施工和工程监理等相关责任主体单位共同进行验收，验收合格后在规定时间内向备案机关申请备案。

（4）监督机构则转变成对建设单位组织的竣工验收实施监督，向备案机关提交监督报告的监督管理方式。

建设单位办理工程竣工验收备案应当提交下列文件：

（1）工程竣工验收备案表。

（2）工程竣工验收报告。竣工验收报告应当包括工程报建日期，施工许可证号，施工图设计文件审查意见，勘察、设计、施工及工程监理等单位分别签署的质量合格文件及验收人员签署竣工验收原始文件，市政基础设施的有关质量检测和功能性试验资料以及备案机关认为需要提供的有关资料；

（3）法律、行政法规规定应当由规划、公安消防、环保等部门出具的认可文件或者准许使用文件；

（4）施工单位签署的工程质量保修书；

（5）法规、规章规定必须提供的其他文件。商品住宅还应当提交《住宅质量保证书》和《住宅使用说明书》。

工程质量监督机构应当在工程竣工验收之日起 5 日内，向备案机关提交工程质量监督报告。

建设单位必须在工程竣工验收合格之日起 15 天内，将《建筑工程竣工验收备案表》、建设工程验收报告和规划、公安消防、环保等部门出具的认可文件或者准许使用文件报建设行政主管部门或者其他有关部门备案。建设行政主管部门或者其他有关部门发现建设单位在竣工验收过程中有违反国家有关建设工程质量管理规定行为的，责令停止使用。未按国家规定将竣工验收报告、有关认可文件或者准许使用文件报送备案的，责令改正，并将处 20 万元以上 50 万元以下的罚款。

备案机关收到建设单位报送的竣工验收备案文件，验证文件齐全后，应当在工程竣工验收备案表上签署"文件收讫，同意备案"的意见。工程竣工验收备案表一式两份，一份由建设单位保存，一份留备案机关存档。

第五节　工程结算和决算

一、工程结算

工程竣工结算是指：施工企业按照合同规定的内容全部完成所承包的工程，经验收质量合格，并符合合同要求之后，向发包单位进行的最终工程款结算。施工方通过结算，收取施工费用，而房地产开发公司则通过结算，计核工程项目的建安成本。经审查的工程竣工结算是核定建设工程造价的依据，也是建设项目竣工验收后编制竣工决算和核定新增固定资产价值的依据。

工程竣工验收报告完成后，承包人应立即在规定的时间内向发包人递交工程竣工结算报告及完整的结算资料。工程竣工验收合格，并签署了工程竣工验收报告，承发包双方应按国家有关规定进行工程价款的最终结算。建设部和国家工商行政管理局制定的《建设工程施工合同（示范文本）》通用条款中对竣工结算做了详细规定：

（1）工程竣工验收报告经发包人认可后的 28 天内，承包人向发包人递交竣工结算报告及完整的结算资料，双方按照协议书约定的合同价款及专用条款约定的合同价款调整内容，进行工程竣工结算。

（2）发包人收到承包人递交的竣工结算报告及结算资料后 28 天内进行核实，给予确认或者提出修改意见。发包人确认竣工结算报告后向承包人支付工程竣工结算价款。承包人收到竣工结算价款后 14 天内将竣工工程交付发包人。

（3）发包人收到竣工结算报告及结算资料后 28 天内无正当理由不支付工程竣工结算价款，从 29 天起按同期银行贷款利率支付拖欠工程价款的利息，并承担违约责任。

（4）发包人收到竣工结算报告及结算资料后 28 天内不支付工程竣工结算价款，承包人可以催告发包人支付结算价款。发包人在收到竣工结算报告及结算资料后 56 天内仍不支付的，承包人可以与发包人协议将该工程折价，也可以由承包人申请人民法院将该工程依法拍卖，承包人就该工程折价或者拍卖的价款优先受偿。

（5）工程竣工验收报告经发包人认可后 28 天内，承包人未能向发包人递交竣工结算报告及完整的结算资料，造成工程竣工结算不能正常进行或工程竣工结算价款不能及时支付，发包人要求交付工程的，承包人应当交付；发包人不要求交付工程的，承包人承担保管责任。

（6）发包人承包人对工程竣工结算价款发生争议时，按关于争议的约定处理。

在办理工程竣工结算的实际工作中，当年开工，当年竣工的项目，一般实行全部工程竣工后一次结算。跨年施工项目，应按合同约定，根据工程形象进度实行分段结算。工程实行总承包的，总包人将工程部分或专业分包给其他分包人，其工程价款的结算由总包人统一向发包按规定办理。

在办理结算时，经常会出现经济纠纷，应注意：

（1）严格规范招投标、承发包程序。要真正做到公开、公平、公正"三公"市场行为，选择优质优价的施工队伍，并严格工程分包，严禁工程转包。

（2）加强合同管理，提高合同意识。在起草工程合同时，要由专业技术人员、合同管理人员共同参与，逐字逐句地推敲合同各项条款，不留缺口，做到业主与承包商责、权、利分明。

（3）认真做好工程前期准备工作，使施工现场具备"五通一平"的条件，即使业主委托给施工单位来完成，也要履行必要的手续即签订相关的合同或协议，给承包商创造一个良好的施工环境。

（4）在工程建设中要充分发挥监理的作用，严把工程质量关，做到原材料不合格，决不允许用在工程建设中；上道工序不经验收合格，决不允许下道工序施工。

二、工程决算

竣工决算，是建设项目完工并经验收后，建设单位编制的从筹建到竣工验收、交付使用全过程实际支付的建设费用的经济文件。体现和反映着房地产工程项目最终实际造价以及成本控制是否理想，工程项目利润的多少以及年投资回报是否达到预期要求。

工程项目竣工决算书是由建设单位编制的反映工程项目实际造价和投资效果的文件。工程项目竣工决算应包括从筹划到竣工投产全过程的全部实际费用，即建筑工程费用、安装工程费用、设备工、器具购置费用和工程建设其他费用以及预备费和投资方向调节税支出费用等。

竣工决算一般由竣工财务决算说明书、竣工财务决算报表、工程竣工图和工程造价对比分析四个部分组成，前两个部分又称之为工程项目竣工财务决算，这是竣工决算的核心内容。

竣工财务决算说明书主要包括：

（1）工程项目概况。

（2）会计财务的处理、财产物资情况及债权债务的清偿情况。

（3）资金结余及结余资金的分配处理情况。

（4）主要技术经济指标的分析、计算情况。

（5）工程项目管理及决算中存在的问题、建议。

（6）需要说明的其他事项。

工程项目竣工财务决算报表按大、中型工程项目和小型项目分别制定。大、中型项目需填报：工程项目竣工财务决算审批表；大、中型项目概况表；大、中型项目竣工财务决算表；大、中型项目交付使用资产总表；工程项目交付使用资产明细表。小型项目需填报：工程项目竣工财务决算审批表（同大、中型项目）；小型项目竣工财务决算总表；工程项目交付使用资产明细表。

工程项目竣工图是真实地刻录各种地上地下建筑物、构筑物等情况的技术文件，是工程进行交工验收、维护改建和扩建的依据，是重要技术档案。国家规定各项新建、扩建、改建的基本建设工程，特别是基础、地下建筑、管线、结构、井巷、峒室、桥梁、隧道、港口、水坝以及设备安装等隐蔽部位，都要编制竣工图。

思考练习题

一、填空题

1. 工程质量控制管理体制主要为三个层次：一是_____，二是_____，三是_____。

2. 工程竣工验收分为：_____、_____、_____等形式。

3. 工程质量监督机构应当在工程竣工验收之日起_____日内，向备案机关提交工程质量监督报告。

4. 办理《建筑工程竣工验收备案表》，要求建设单位必须在_____之日起_____天内，将建设工程验收报告和规划、公安消防、环保等部门出具的认可文件或者准许使用文件报建设行政主管部门或者其他有关部门备案。

5. 未按国家规定将竣工验收报告、有关认可文件或者准许使用文件报送备案的，有关部门责令改正，并将处_____万元以上_____万元以下的罚款。

二、简述题

1. 什么是《建设用地规划许可证》?

2. 什么是《建设工程规划许可证》?

3. 在什么情况下不予核发《建设工程规划许可证》?

4. 简述建筑工程施工许可证制度。

5. 什么是工程招投标?

6.《建筑工程施工合同》有什么特点?

7. 什么是工程建筑监理?

8. 简述工程建筑监理的职责。

9. 建设工程竣工验收应当具备什么条件?

10. 办理工程竣工验收备案应当提交的文件有哪些?

11. 什么是工程结算?

第八章　房地产销售

　　房地产开发运作的最终目的是为了收回投资，实现利润。如何将产品变现，成为收入？这就离不开销售。房地产的销售因为其产品的不可移动性以及昂贵性等特点，其销售与其他产品的销售有所不同。

第一节　房地产产品特点

　　房地产的产品是房产和地产。除了房屋外，同时包含有相对应的土地。

　　严格意义上是说，房地产的产品是一个单元或几个单元的房产和地产的集合体。只是在销售和使用时，进行人为的分割，使之成套、成间等。如一套住宅，一间铺面，一层写字楼，一个车库。其实，除了独立的别墅外，作为完全独立的单套、单间房屋是难以存在的，因为很多时候，各套各间之间是联系在一起的，是无法独立的，如上一层房屋的楼层地面是下一层房屋的屋顶，还有门面之间通常出现共用墙体等。

　　由于土地是固定的，它决定房地产产品的区位和环境，决定人们日常所说的风水（环境），从某种意义上说，商品房所在的土地的位置（区域地段），首先决定房地产产品的价值和购买和使用取向。它是房地产产品的第一价值要素。在此基础上，才考虑房屋的结构、造型、风格、质量和配套设施等其他因素。

一、房地产产品及分类

　　房地产按其产品性能、配置、使用等有多种分类。综合分类，通常的有别墅、联体别墅、高档住宅小区、中档住宅小区、一般住宅小区、写字楼（含宾馆酒店）、商住综合楼和商业用房（商场）等。根据用途分类可分为民用、商用、综合。根据楼房的商度不同又分为低层、多层、小高层、高层和超高层。

通常把1~3层称低层；4~7层为多层；8~12层为小高层；12层以上为高层。

超高层建筑是指建筑高度超过100m的建筑。（高度从建筑物室外地面到其檐口或女儿墙计算）

住宅又有以下分类：

（1）按照住宅的层数划分，有：

低层住宅（庭园式住宅）、多层住宅、高层住宅（超高层住宅）。

（2）按照住宅的承重结构所选用的主要材料划分，有：

混合结构住宅（砖木、砌块、砖混、钢混）、大模板结构住宅（内外墙现浇、内墙现浇外墙挂板、内墙现浇外墙砖砌）、框架轻板住宅、简单结构住宅（干打垒、生木结构、拱券结构、竹木结构、泥石结构和轻钢骨结构）。

（3）按照住宅的平面布局划分，有：

点式（墩式、塔式）住宅、条式（板式）住宅。

（4）按照住宅的设计特点划分，有：

内廊式住宅、外廊式住宅（筒子楼）、退台式住宅（台阶式住宅）、跃层式住宅（复式住宅）和错层式住宅（梯间式住宅）。

（5）按照住宅的用途和功能划分，有：

普通住宅、高档住宅、单身公寓、学生公寓、老年公寓和别墅式住宅（庭园式住宅）。

商用房包括商场、独立门面、酒店用房、其他商业用房（饮食、娱乐服务等）以及办公写字间等。

二、建筑物（房地产产品）的组成部件

（1）基础——建筑物最下部位与土层直接接触的构件，起承上传下的作用。要求：坚固、稳定、耐久。

（2）墙（柱）——墙（柱）在建筑物是竖向方向构件，起承重、围护、分隔作用；柱起承重作用。要求：坚固、稳定、耐久、保温隔热、隔音。

（3）楼板——在建筑物中是水平方向的构件，起承重、分隔、支撑作用。要求：具有足够的强度、刚度及隔音性能。

（4）楼梯——在建筑物中垂直交通的构件，起交通、承重的作用。要求：安全畅通、强度、刚度足够，并有一定的自然采光通风。

（5）屋顶——在建筑物中是最上部的水平构件，起围护、承重作用。要求：不渗漏、保温隔热、坚固耐久。

（6）门窗——与建筑物的墙（柱）紧密相连，起交通（出入）通风、采

光、围护等作用。要求：使用方便，构造合理，保温隔热、隔音。

三、住宅房屋套型设计要求

一套住宅中各功能空间的设计，一套住宅应满足住户居住的需求，从而应提供不同功能的使用空间，如睡眠、起居的空间——卧室、起居室；用餐、炊事的空间——餐厅、厨房；洗浴便溺的空间——卫生间；各房间之间起联系交通的空间——走道，楼梯等。一套住宅一般由居住、厨卫、交通三个部分组成。

卧室有双人、单人之分。双人卧室不小于 10 平方米；兼起居的卧室不应小于 12 平方米；单人卧室不小于 6 平方米。卧室可为长方形或正方形。长方形的比例 1：1.5 为宜，如 3 米：4.5 米。普通住宅层高度为 2.8 米。卧室、起居室的净高不应低于 2.4 米。

第二节　商品房销售形式

商品房作为商品，必然面临销售和资金回笼问题。不动产作为具有独特的使用及保值增值功能的商品，受到广大消费者及投资者的关注和偏爱。商品房从项目实施起就着手销售的定位和销售形式的确定，明确商品房的功能特点、服务对象、销售半径，确定目标客户等。

房地产商品房销售有两种方式：一种是自行销售，另一种是委托房地产代理公司销售。

商品房销售最先是由房地产开发公司组织成立售楼团队，自行销售。这种方式的好处在于，便于自我控制，随时可以进行调整，销售成本比较低，有时可以根据自身的需要，特别是资金上需要进行一定的操作。但缺点也很明显，首先是人员的素质有局限；其次是销售不规范，缺少挖掘销售潜力的手段和办法，不易达到销售的业绩最大化，让一部分销售收益流失；再次就是在销售后期面临人员的分流问题；还有一个重要的问题，由于销售人员的素质不够高，特别是处理合同条款事宜时，有可能留下纠纷隐患，造成不必要的损失和被动局面；另外一个不可回避的问题是，这种销售会给公司的高层领导带来麻烦，很多部门领导或熟人，会找公司领导要求价格优惠、付款拖延等，工作上造成被动，公司还会在利益上作出牺牲，增加公共关系的成本。

委托代理就是将项目销售委托给专业代理公司，代理公司按照房地产开发公司的意愿要求，在市场调研的基础上，提出最优化的销售方案，并采用一系列的手段方法，保证销售量及销售收益的最大化。在完成销售任务的同时，代理公司根据双方约定的方式和比例，提取相应的代理费用（佣金）。

委托代理销售有全部打包承包代理方式，部分代理方式。

全部打包承包方式为：代理公司向房地产开发公司支付一定额度的代理保证金，双方签订项目销售代理合同。代理公司就项目销售进行策划，提出方案和实施办法，包括人员的组织培训等，房地产开发公司审查同意后，由代理公司实施。实施过程中的费用，包括销售处的设置装饰装修、人员组织培训费、销售费用及人员工资等，可以由代理公司承担，也可以由房地产开发公司承担。由代理公司承担的，一般由房地产开发公司垫付，后从代理费用扣除。由代理公司承担广告、宣传、策划及活动费用的，一般约定的代理费用（或佣金）比例相对较高。在销售价格上，由双方约定销售底价，代理公司不能低于此价格销售，而超出此底价销售的，按超出的幅度，对应一定的比例分成。代理公司的代理收益与销售进度完成情况、售价直接挂钩。在销售代理中，销售行为全部由代理公司负责，房地产开发公司进行监督检查。一般来说，打包承包代理于代理公司的压力较大，风险较高，但同时获取的代理费也较高。房地产开发公司的工作压力轻，付出的成本高，收益也较高。

部分代理有两种情况，一种是销售标的物的部分代理，如只代理商业用房或只代理住宅，或部分楼号代理（包括尾盘代理）；一种是销售过程中的部分环节代理，如仅负责策划、人员组织培训，或仅负责与客户的沟通、合同约定、销售款回笼等。

不同的代理方式，在代理费用的约定上有所区别，支付的比例也有高低。总之，销售代理是房地产开发公司与销售代理公司强势资源在销售上的互补整合。目的是追求销售的及时和收益的最大化，为房地产开发的资金回收及利益实现而服务。

委托代理可以有效地解决自行销售出现的公共关系问题，和专业性不足、效果不理想等问题，减少收益流失。所以，现在越来越多的公司都乐于采用委托代理销售制——特别是规模较小的，没有后续项目和中长期发展规划的房地产公司。

第三节　房地产营销组织

一、销售处的设置

房地产产品是固定的不可移动的，其实物不能进行移动展示，所以销售处一般不是设在某个固定的统一的市场内，而是就近在工程项目附近，或者在人流量比较大，便于宣传和接送看房人员的较为居中区域。

销售部一般需提供顾客可以带走的宣传资料（楼书），还要制作配置项目沙盘模型、效果图、户型模型等，大型的楼盘还有样板房，即装修好的可以入住使用的房屋，供人现场体验了解。样板房，可以在销售部装修成形，也可以在工地在建的楼房中选择装修成样，有的还有三维动画演示、虚拟现实技术运用等。总之，其目的在于让消费者更直观、更便捷、更全面地了解楼盘情况，以便形成购买意愿和行为。

二、楼书

"楼书"又叫楼盘购房指南，即是对项目工程、房型产品的针对性书面纸质介绍。楼书特别强调项目自身的优势及特殊价值、建筑风格、地理位置等元素。什么地段绝版、房型精典、配套齐全、交通便利、毗邻医院、学校、商场、或者地处核心商圈等等，这些就是典型的楼书语言。现在的楼书可谓精致绝伦，讲求大气、独特、引人入胜。但需避免天花乱坠，王婆卖瓜和文字作秀。

楼书在达到自身的宣传、介绍的目的前提下，要切忌让人生厌生疑，同时还要不留祸根。楼书上的内容本身是一种要约邀请，但是有时可以作为要约。要约邀请，又称为引诱要约，根据《合同法》第十五条之规定：要约邀请是指希望他人向自己发出要约的意思表示。要约邀请可以向不特定的任何人发出，也不需要在要约邀请中详细表示，无论对于发出邀请人还是接受邀请人，都没有约束力。而要约是一方当事人向另一方当事人提出订立合同的条件。希望对方能完全接受此条件的意思表示。发出要约的一方称为要约人，受领要约的一方称为受要约人。需要特别注意的是：要约属于合同的内容范畴，即使没有定在合同之中。所以，这就要求作为广告宣传的楼书要实事求是，不要太过夸大其词甚至无中生有，没有的东西就不要写上去，否则就可能吃官司。比如说有停车场、有花园等，但房屋修好后却没有这些配套设施，购房者就可以据楼书要求房地产开发公司赔偿损失，甚至退房。

并不是所有写在楼书上的东西都能成为要约，成为合同的内容之一。楼书上的宣传内容要从要约邀请成为要约，要满足三个条件：一是对房价有重大影响；二是具体明确；三是对合同的订立有重大影响。

在制作楼书时，要以上面的条件审定内容。对于可能留有后患的万万不能写得太死，并且需要注明楼书的解释权归房地产开发公司所有。这样，一旦出现纠纷，房地产开发公司才有规避风险的余地。

三、沙盘、模型

沙盘、模型是传统的房地产开发营销常用装备，它可以让人在不需要其他辅助工具的情况下，比较直观地了解房地产开发项目的概况，现在这一方法仍然沿用。它的主要特点是直观，成本较低，另外不需要借助其他工具。所以一直受房地产开发公司的青睐，并且已形成了一种习惯。

四、三维动画

所谓三维动画，就是利用计算机进行动画的设计、创作与制作，产生真实的立体场景与动画。房地产广告中有大量的三维动画。近年来效果图及三维动画在房地产营销中已得到普遍应用。然而，效果图只能提供静态局部的视觉体验，三维动画却有较强的动态三维表现力。观察者可以按事先规定好的路线和角度浏览，另外它需要电视等辅助设备才能展现。

五、虚拟现实技术

虚拟现实，也称虚拟实境或灵境，是一种可以创建和体验虚拟世界的计算机系统，它利用计算机技术生成一个逼真的，具有视、听、触等多种感知的虚拟环境，客户通过使用各种交互设备，同虚拟环境中的实体相互作用，使之产生身临其境感觉的交互式视景仿真和信息交流，是一种先进的数字化人机接口技术。

在房地产销售当中应用虚拟现实技术，客户可以在虚拟现实系统中自由行走、任意观看，突破了传统三维动画被动观察无法互动的瓶颈，给客户带来难以比拟的真实感与现场感，使他们获得身临其境的真实感受，更快更准地做出订购决定，大大加快商品销售的速度。

六、销售过程中的其他准备

1. 安全准备，看房所需的物具，比如安全帽等。

2. 资料的准备（客户登记及回访）。

3. 其他如配套、交房日期、前期物业管理、面积计算和公摊系数等。这些需向顾客进行客观详尽的解释说明。

4. 手续准备。除了房地产开发公司的营业执照及资质证书外，还需准备工程项目合法性的所有资料，如项目批文、土地证（或土地预登记证）建设用地规划许可证、建筑工程规划许可证、建设工程开工许可证和预售许可证。后五项许可证俗称为房地产开发的"五证"，只有具备这五证的房地产开发项目，才满足可以销售的合法性。

5. 人员的准备及接待物品的准备，包括水、水杯、桌椅板凳，以及小礼品、雨具等。

第四节　商品房项目策划与推介

商品房不论是房地产公司自行销售或委托代理销售，相应的广告宣传策划不可少，需制作楼书及楼盘模型，开展一系列为销售服务的宣传活动，从而让越多的客户知晓项目及产品，最大限度地对产品产生购买投资兴趣，将思维认知、心理冲动转变成实实在在的购买行为，实现销售的目的。

商品房项目策划与推介是销售必不可少的重要程序和工作，它能很好地了解市场和消费者的意愿及相关要求，为销售的形成打下了坚实的基础。

一、概述

1. 优势
（1）地理位置，交通；（2）区域市场，知名度；（3）整体规划，品质；（4）开发商实力，目标。

2. 机会
（1）区域交通体系；（2）周边商业配套；（3）区域内多数项目情况。

二、市场定位

在已经认识和把握楼盘产品特点的基础上，全面确立在市场中的定位。定位的目的，就是要充分明确和其他产品的差异，鲜明地区别于竞争对手，让消费者能够清楚地识别和接受的产品，给购买行为一个完美而充分的理由。

产品种类及品质定位，在此基础上确定目标客户。包括：（1）财务状况；（2）购买动机：首次置业或二次置业投资；（3）心理特征：包括价值观念、生活节奏、生活品位、感性消费心理一、理性消费行为等；（4）地域分布，辐射半径。

原则：首先发现什么人需要这样的产品；其次就是竭尽全力让目标客户知道并认可该项目的产品能最大化、最理想化地满足他们的需要；再次，在客户了解公司、认同项目、认可产品的情况下，转消费意愿为实实在在的购买行为。

三、包装策划

在房地产市场，项目形象包装显得尤为重要。以前主要以概念炒作为主，由于对产品质量的重视，正逐步由"炒作时代"向"产品时代"过渡。项目形象包装是除质量之后的又一主要影响销售的因素，将产品的优异性与差异性通过形象包装推广，能真正有效地把握住客户与市场。

1. 案名设计

案名设计反映一个项目或产品的文化精髓，是高度提炼之后告知市场的产物。一般能反映产品的差异性，能反映项目未来的生活品质，并且通俗易懂，朗朗上口。

2. 销售场所包装策划

售楼处是销售活动的中心，未来销售的谈判、签约等一系列活动都集中在此处完成。人性化的现场布置设计影响着消费者对开发商的信心，合理的人性化设计会有效地促进客户愉快顺利地完成交易活动。同时，它又能体现开发商的实力及理念。

四、销售方案

进入实质销售阶段，需明确销售目标，制订销售计划，组建销售团队，培训销售人员。在计划的销售周期中，对销售实施有效地管理，随时监控销售的过程，及时发现问题并重新调整销售计划。

价格永远是任何销售中的最关键的因素。最终能够实现什么样的销售价位，不仅和项目自身品质有关，也和直接的市场竞争、宣传推广投入比例有密切关系。

任何一个项目的开盘价一旦确定就将很难下调，激烈的价格大战是任何一个开发商都不愿意看到的结果。一般来说，房地产开发项目整体价格走势为：低开高走，低价入市，试探市场后，伺机逐步上扬，形成良性渐涨热销格局。

根据项目建筑形式，可设计差价价格体系。随着具体楼座位置层差和景观差别，以及销售当中遇到的具体问题，上下浮动单价。

高层的通风、采光以及景观状况，是随楼层的升高而更加优越。此种楼层分段方法，可以充分利用高层板楼的这种优势合理提升整体价格。楼层价差方面，可以采用分段楼层价差的方式进行分别定价，根据不同楼座的区别暂定阶段楼层价格。比如：4 至 10 层为一层段，每层增加 80 元；11 层至 16 层为一层段，每层增加 100 元；16 层以上为一层段，每层增加 150 元。也可以按一定的层差，顺推加价，如层差 100 元，即，每增高一层，单价增加 100 元。注意，因为一般首层有平台，顶层有屋顶，故首层和顶层一般均做单独处理。

五、推广

1. 宣传推广策略

建立 CI 系统：楼盘上市销售，项目 CI 系统的设计和应用是首要环节。CI系统，即企业形象识别系统（Corporate Identity System）的简称。它包括三大部分，即：理念识别系统（MIS）、行为识别系统（BIS）和视觉识别系统（VIS）。标准的 CI 系统涉及内容极为广泛，房地产的楼盘项目，可以把握其精髓，择其所需而应用。其中视觉识别系统（VIS）是设计重点，配合理念识别系统（MIS）的基础部分。

视觉识别系统（VIS）主要包括：

基本要素部分：

（1）标志（LOGO）。

（2）标准字、标准色与标准组合。

（3）象征图形、辅助图形与吉祥物。

（4）标本要素组合规范

应用要素部分：

（1）办公用品系列。

（2）包装设计系统。

（3）服饰识别系统。

（4）环境识别规范。

（5）广告应用设计。

全面应用 CI 系统，不仅有利于宣传推广，还有利于表现项目的高品质形象和品牌形象，广泛得到目标客户群的认同，为成功销售奠定良好的基础。

2. 公关活动的深入展开

房地产项目的成功运作，离不开"炒作"。宣传炒作的目的就是要引起广泛关注，吸引目标客户对开发项目发生兴趣，进而了解本项目的种种优点并最终促成购买行为。宣传炒作的主要手段就是开展各类公关活动，制造新闻热点，提高在媒体上的曝光频率，引起社会广泛关注。宣传推广策略的重点之一，就是大量策划、组织并实施各种公关活动，进行市场炒作，以此达到全面促进销售的目的。

3. 广告表现与创意主题

房地产项目的成功运作，离不开广告，而广告的关键就是设计广告。优秀的广告设计，会使项目的媒体费用投入获得超值回报。广告设计的要求水准高，要把策划的核心思想、项目卖点、销售主题与广告创意的灵感巧妙融合，使项目广告形象与广告效果保持较高水准，促进销售，保持高品质楼盘形象。

4. 广告全方位整合

进入销售期后，广告宣传将在全方位、多层次上展开。有效地整合利用媒体资源。针对项目目标客户信息来源的特点，确定媒体资料及投放方向。

5. 推介会

推介会的形式有多种，可以根据项目楼盘的实际情况具体问题处置对待。推介形式有楼盘发布会、楼盘见面会、客户见面会、文艺演出、联谊会、招待酒会、新闻发布会和资讯式推介活动等。在确定推介会的形式之后，还要根据楼盘的定位及客户资源状况确定规模、场地以及活动的具体形式；确定推介目标和活动程序，并邀请相关的讲解人员及新闻媒体；对会场包装安排，准备必须和必要的宣传资料和礼品的准备。

总之，项目策划推介是销售的重要环节和手段，方法方式多样，目的明确，要根据不同的项目实际进行谋划和取舍，最终在销售成本最小化和时间最短化的基础上实现销售额的最大化和利润的最大化。

第五节　预售及预售许可证

一、房地产预售

1. 房地产（商品房）预售

房地产预售是指房地产开发经营企业将正在建设中的房屋预先出售给购买人，由购买人支付定金或者房价款的行为。预售的对象是预期实现的房屋，又称为期房，即准备修建或在建而没有成形可供交付使用的房屋。预售是对预期的产品实现的期待权及固有权。当时不实现钱与物的交换，没有实现产权的转移。预售是将销售提前进行，并且是在延后再交付房屋的前提下，提前收取销售款项。

商品房预售许可制度与我国房地产市场的发展进程紧密联系。原因之一是扶持成长中的房地产开发企业。开发建设资金除获得贷款外，主要来源于购房者预付的购房款。

1995 年 1 月 1 日正式施行的《中华人民共和国城市房地产管理法》，在总结各地经验的基础上，建立了商品房预售许可制度，并对预售条件、监管作出了原则性规定。商品房预售许可制度的出台，有效地缓解了房地产开发企业的资金压力，增加了商品房的供给。目前各主要城市商品房预售比例普遍在 80％以上，部分城市甚至达到 90％以上。

2. 预售的条件要求

商品房是否可以预售，需要达到一定的条件：

（1）已交付全部土地使用权出让金，取得土地使用权证书（或预登记证）。

（2）持有用地规划许可证、建设工程规划许可证、建筑工程开工许可证。

（3）按提供预售的商品房计算，投入开发建设的资金达到工程建设总投资的 25％以上，并已经确定施工进度和竣工交付日期。

（4）向县级以上人民政府房产管理部门办理预售登记，取得商品房预售许可证明。

商品房预售人应当按照国家有关规定将预售合同报县级以上人民政府房产管理部门和土地管理部门登记备案。商品房预售所得款项，必须用于有关的工程建设。

二、商品房预售许可证

1. 商品房预售许可证

商品房预售实行许可制度，即要由有关部门审核，办理预售许可证，方可进行商品房预售。商品房预售许可证就是由市、县房地产行政主管部门核发的，同意开发商进行商品房预售的唯一合法凭证。其主要内容有预售许可证号、销售单位名称、项目名称、预售建筑面积、房屋坐落位置（含幢号）、房屋使用性质、发证机关及发证日期等。

办理商品房预售证，需提供如下开发项目资料：

（1）商品房预售许可申请表。

（2）开发企业的《营业执照》和资质证书（复印件）。

（3）土地使用权证、建设工程规划许可证、施工许可证。

（4）投入开发建设的资金占工程建设总投资的比例符合规定条件的证明（有的要求主体封顶）。

（5）工程施工合同及关于施工进度的说明。

（6）商品房预售方案。预售方案应当说明预售商品房的位置、面积、竣工交付日期等内容，并应当附预售商品房分层平面图。

（7）前期物业管理合同及水、电、暖抄表到户的相关证明。

（8）经济适用住房提交住房公积金证明。

依据《城市商品房预售管理办法》（建设部令第 131 号）第七条、第八条规定，办理预售许可证暂不收费，但需由申请单位交纳公告费用。

2. 预售许可制度对房地产的影响和作用

就像一枚硬币有正反两面，商品房预售制度也不例外。商品房预售许可制度的确立，与我国房地产市场发展的进程紧密联系。长期以来，我国城镇住房总量不足，商品房供不应求，加快建设、增加住房供应是客观需要。商品房预售制度加速了整个建设资金周转，提高了资金使用效率，降低了资金使用成本。根据测算，以预售方式进行销售的项目比以现售方式进行销售的项目，开发动态回收周期约缩短 10 个月。

此外，我国资本市场发展滞后，目前除银行贷款外基本没有其他可供选择的融资方式。因此，商品房预售成为房地产开发融资的重要手段。据统计，商品房开发资金中，约 40％来源于预售获得的资金。

由于历史欠账多，新建住宅量大，我国房地产市场一直以增量市场为主，房地产开发项目大多是成片、滚动开发，在资本市场不发达的情况下，完全靠开发企业自有资金,是无法实施项目滚动开发的。

一般情况下,商品房预售价格较现售价格约低 10％～15％。预售商品房相对于现售商品房有价格优势,这也是预售制度为消费者所接受的重要原因。

尽管商品房预售制度在促进房地产产业发展过程中发挥了积极作用,但随着时间的推移,它所存在的弊端也浮出水面。预售商品房的销售行为与房屋实际交付行为之间存在一定的时间差,给部分开发商虚假宣传、改变规划、延期交房等不规范行为留下了空子,使消费者的合法权益得不到应有的保障。此外,商品房预售制度对政府和银行的监管能力提出更高要求,预售制度中隐含的风险因素,客观上要求政府对开发商的开发行为、银行对资金和预售款使用行为具有较强的监管能力,管理成本也相对较高。

因此,商品房预售制度是否还有存在的必要,成为社会热议的话题。支持取消的人表示,取消商品房预售制度,禁止期房销售,对于促进优胜劣汰,提高房地产行业集中度,规范市场行为,维护购房者权益等,会起到积极作用。反对取消的人认为,一旦取消商品房预售制度,市场供应规模将较大程度地萎缩,从而影响房价的稳定和市场的平稳发展。如果预售被禁止从而引发房价上涨,对购房者是极其不利的。还有人担心,一旦取消预售制,留出的开发资金缺口将进一步刺激外资加速进入市场,从而加大市场的不确定性,加大宏观调控的难度,有可能引发新的市场风险和金融风险。

第六节　付款方式

商品房付款方式分为一次性付款、分期付款、银行按揭付款以及公积金贷款付款。

一、一次性付款

即一次性将房款全部付清。与其他商品交易中一手交钱一手交货不同的是,在一次性付清全款之后,其商品房可能要在一定期限之后才能交付,并且要完成法定的交付及产权转移,必须有一定的时间并需办理相关的程序。

二、分期付款

顾名思义,即经过多次分期付款才完成房款给付的付款方式。每期付款均采用现金支付,其期数没有限制,可以分为很多期,有的多达几十期。一般商品房的分期付款为：第一期交纳定金，第二期待商品房修到该层房屋后再支付部分，主体工程完工，屋面断水后再支付房款至一定比例，商品房交付时最后一次付清余款。分期付款区别于一次性付款，同时又不将房屋进行抵押贷款以区别于按揭贷款。

三、按揭贷款付款

是指购房者预先支付一定比例数额的房款，又称为首付，所余房款通过将购买的房屋进行抵押的方式，由银行贷款转付房款，又叫银行按揭。

"按揭"一词是英文"Mortgage"的粤语音译，最初起源于西方国家。本是属于英美平衡法体系中的一种法律关系，后从香港引入内地房地产市场，先由深圳建设银行在当地试行，之后逐渐在内地流行起来。因为在房地产领域频频出现并正式运用于文本，其含义逐渐演化成了"抵押贷款"，目前在国内已经被正式称为"个人购置商品房抵押贷款"。

按揭贷款的好处在于，一是极大地减轻了购房人的房款支付压力，轻松购房，花银行的钱（自己未来的钱）完成置业或投资；二是通过按揭贷款方式，房地产开发公司完成了销售，收回了销售收入；三是银行通过按揭贷款，促进了自身的贷款业务发展，实现了利润。从宏观上说，按揭贷款的出现，极大地拉动了内需，使房地产业得到了突飞猛进的发展。可以肯定地说，如果没有按揭贷款，就不可能有今天蓬勃发展的房地产业现状。

按揭贷款由银行提供，抵押物为所购的房屋，银行在控制风险时，采取如下措施保证：一是房屋的抵押；二是贷款有一定的比例；三是要求房地产开发公司提供担保；四是对抵押物要求贷款人办理保险。

按揭贷款的条件：

（1）购房者年满十八周岁，有稳定的收入来源。

（2）所购商品房此前没有进行过合同备案登记、抵押等。

（3）已经按规定支付了首付款。

（4）房地产公司与银行间有项目销售按揭贷款协议。

（5）房地产开公司与购房者都能提供相应的文件资料，如公司营业执照、资质证书，购买人身份证、婚姻情况证明等。

（6）在按揭银行开立有活期存款账户（可以在按揭贷款时办理）。

四、个人住房公积金贷款

个人住房公积金贷款是缴存有公积金的人员在购房时拥有的另一种可选的

购房贷款方式。个人住房公积金贷款是缴存公积金的职工或行政事业单位人员才享有的一种贷款权利。只要是公积金缴存的职工或行政事业单位人员，按公积金贷款的有关规定，在购房时，交纳首付后，可申请公积金贷款，其利率较低。

贷款范围：

（1）购买房地产企业开发的楼盘，需要购房贷款的。

（2）购买按规定可出售的公有住房，需要购房贷款的。

（3）购买房地产交易市场具有产权的二手住房，需要购房贷款的。

（4）因在本市城镇建造、翻建、大修自住住房，需要建房贷款的。

（5）为配合政府深化住房制度改革，经银行认可的其他购房贷款项目。

贷款额度与期限：包括首付款的要求等在内，公积金贷款额度及期限，各地有不同的政策变化和调整。

还款方式：住房公积金个人购房贷款的还款方式有每月等额本息还款法和每月等额本金还款法两种。每月等额本息还款法是指借款人每月偿还的贷款本金和利息总额不变，但每月还款额中贷款本金逐月增加，贷款利息逐月减少的还款方式。每月等额本金还款法是指借款人每月偿还的本金固定不变，贷款利息逐月递减的还款方式。

公积金贷款与按揭贷款虽然都是贷款购房，也都属于抵押贷款（房产作抵押），两者在手续费上也相差无几，但区别却十分明显。住房公积金贷款的优越性主要体现为提供低成本的资金融通。相对于银行商业性住房贷款，住房公积金贷款的利率比较低。

当然，获得住房公积金贷款也要符合规定的条件。只有缴存公积金的单位人员，才可根据公积金贷款的有关规定申请公积金贷款。公积金贷款是国家设立的通过互助形式使广大职工有能力改善现有住房状况的一种贷款形式，贷款利息极低，甚至低于定期存款利息。贷款额度根据个人交缴额度计算，为充分利用优惠的公积金贷款，购房者还能利用交缴公积金的配偶或直系亲属的额度。

五、一次性付款、分期付款及按揭贷款的利弊

购房者在购房时可选择房款的支付方式有一次性付款、分期付款、按揭贷款三种（严格意义上说，按揭贷款属于分二期付款，第一次是交首付，第二次是按揭贷款付款）。

一次性付款购房的好处是，购房者一般能从房地产开发公司得到一定比例

的房价优惠。但对购房者来说，动用资金数量较大，除实力雄厚或有大量空闲资金的购房者外，资金有限的消费者采用这一种付款方式困难较大。对于购置期房来说，由于房款已全部交到开发商手中，购房者无法控制期房的工期及质量，风险较大。

分期付款购房最大的好处是既可在一定程度上缓解付款的压力——购房者在未来一定时期内筹集、分配、调度资金使用；又能最大限度地控制因房地产开发公司、工程进度等方面的原因可能造成的损失和风险——商品房工程进度达不到要求，购房者可不支付分期应付房款。购房者一定要对自己的未来收入和资金情况成竹在胸，否则会因不能按时履约而承担经济损失和赔偿责任。另外，分期付款相对于一次性付款，房价上通常没有了优惠折扣。对于纯炒房客来说，资金允许的情况下采用分期付款是最佳的选择，一是可以有效控制风险；二是可以暂不签订合同且不进行备案，交付首付后就可以炒房。在未收房前如找到下家，可规避二次交易税费，直接由下家与房地产开发公司签订合同，减少交易炒房成本，赚取最大差价。

按揭贷款，为一般购房者首选。

其好处是，对于购房者来说，不需很多的自有资金就能轻松实现购房置业，可以提前消费，改善生活质量，还可以在国家政策不进行专项调控下，借按揭贷款进行投资理财，炒房增值；对于房地产开发公司来说，可以极大地促进销售，快速收回投资，实现利润；对于当地政府来说，可以大量增加财税收入，改善就业环境，拉动地方经济；对于房地产业来说，可以促进产业快速发展。

不足之处，一是按揭需办理相关的手续并交纳一定数额的费用，如公告、保险等；二是购房者将面临较为长期的较大的还贷压力，如果未来预期收入发生非积极性改变，将会出现还贷风险；三是如果房价出现大幅下行，其买受人资产将会缩水，出现财产损失，在还了不房款或不愿再支付按揭本息的情况下，将失去房屋所有权。严重的话，银行将出现大量的呆坏账，引发金融动荡和危机，如2007年年初美国发生的次贷危机，以及随后引发的世界范围的金融风暴。

六、按揭贷款首期付款额的选择

依据中央银行1998年颁布的《个人住房贷款管理办法》中"借款人应以不低于所购住房全部价款的20％作为购房的首期付款"的规定。即购房款是10万元，个人首付2万元。但现实操作上，按80％贷款对个人限制及程序相对复杂和严格，实际上大都通常按 70% 的标准执行。

购房者大多能申请到 70% 的抵押贷款。但并非贷款愈多愈好，首付愈少愈好，这一切都应控制在购房者的负债能力之内。因为每个人的财富积累不一样，对未来经济收入增长的预期不一样，消费偏好和投资偏好不一样，因而每个人会选择自认为合理的首期付款额。首期付款额低，就意味着合同期内每一期的付款额高，特别是利息负担多一些，但购房者会有多余资金用于改善生活品质和其他投资。如果其他投资的收益高于贷款利率，选择较低的首期付款额为好。

更为重要的是，由于目前的房价较高，人们的收入相对较低，就是储蓄够首期付款额也比较困难，因而选择最低的首期付款额是明智的。在优惠的贷款利率条件下，能够申请多少贷款就尽全力的申请，对一般工薪阶层来说，需要根据自己的实际情况而定。当然，有的人财富积累雄厚，经济收入可观，也没有其他的投资偏好，愿意申请比较少的抵押贷款，而愿意支付比较多的首期付款也是可以的。

总之，在负债能力范围内，在利率较低、通胀预期强烈的情况下，选择最高的抵押率，最小的首期付款额，是明智之举。

由于按揭贷款的功效明显，国家亦会将按揭贷款作为工具使用对房地产进行必要的调控。如提高首付比例，减少贷款比例和额度，提高按揭贷款利率，限制性按揭（如二套、三套房、大房型房），提高炒房成本等来调控房价过快增长。

思考练习题

一、名词解释

1. 商品房预售

2. 期房

3. 楼书

4. 按揭贷款

二、简述题

1. 简述房地产产品及分类。

2. 简述房屋建筑各组成部分的功能作用及要求。

3. 如何判断楼书上的宣传内容是否属于要约？

4. 预售商品房的条件有哪些？

5. 商品房买卖的付款方式有哪几种？

6. 按揭贷款的条件有哪些?

三、论述题

1. 试论述商品房预售制度的优劣。

2. 某楼盘的楼书上宣传有"大型自备地下停车",在与购房者签订商品房买卖合同时,并没有明确有无停车场事宜,在交房时,购房者发现开发商已将地下停车场改建为地下商场出售给他人。楼书上宣传的"大型自备地下停车场"是否属于合同的内容,即是否属于"要约"? 为什么? 请说明理由。

第九章　商品房买卖合同

第一节　商品房买卖合同及注释

商品房是指由房地产开发企业开发建设并出售的房屋。商品房买卖合同是商品房买卖双方当事人签订的，用以明确各自权利和义务的具有法律效力的文件。

一、合同文本

目前实践中最常用的商品房买卖合同文本是国家工商行政管理局和建设部于 2000 年联合制定的《商品房买卖合同》示范文本（GF－2000－0171）。该示范文本是两部门在原《商品房购销合同》示范文本（GF－95－0171）的基础上，总结经验改进而成的。政府部门制定示范文本的原意是将其作为商品房买卖双方签订合同的参考，起到示范、引导作用，并非强制使用。但在实践中，示范文本已经成为各房地产公司签订合同的首选甚至是唯一文本。有的消费者或律师，从不同的角度出发，设计制作了一些所谓的商品房买卖合同，例如比较有名的如律师秦兵所研究制作的《204 条商品房买卖补充合同》，但很少有房地产开发公司采用。

依据《合同法》《商品房销售管理办法》等法律法规规定，认真研究、充分理解商品房买卖合同示范文本的确切含义，公平合理地签订好商品房买卖合同，是房地产开发公司和购房者都需解决的问题。

二、《商品房买卖合同》释义、常见问题和注意事宜

商品房买卖合同说明（内容略）：

【释义】该部分是对文本的简要介绍，包括文本的性质、商品房定义、填写说明及解释权归属等内容。充分利用好文本中授权，双方当事人自行约定相

关内容，能够弥补该文本的不足，最大限度地维护当事人双方的合法权益。

【常见问题】有些开发商工作人员由于工作马虎，字迹潦草，没能严格按照"说明"第 5 条的方式在相应部位画勾或画叉，导致文本混乱、极其不规范和不严肃。有的开发商以合同所限为由，对消费者的其他要求予以回绝。

合同双方当事人（内容略）：

【释义】该部分详细列明买卖双方（包括其代理人）的基本情况。

【关键概念】委托代理人、委托代理机构

委托代理人：依据委托人的授权，在代理权限内以被代理人的名义实施民事法律行为的人。

委托代理机构：依据委托人的授权，在代理权限内以被代理人的名义实施民事法律行为的机构。

【主要法律问题】本条涉及合同主体的问题，也就是签订合同的双方当事人的主体资格是否符合法律的规定。合同主体不合格的法律后果就是合同无效，合同无约束力、不受法律保护。

【常见问题】有些售楼处工作人员往往忽视对买方基本情况的填写，出现地址不详甚至错误，给以后发送入住通知等带来不必要的麻烦甚至导致公司损失。购房者对房地产开发公司的委托代理机构缺乏核查，容易出现法律纠纷。

【主要审查内容】出卖人和买受人的主体资格是否符合法律规定。

（1）出卖人也就是开发商的主体资格：应当有工商部门颁发的法人营业执照和建设部门颁发的房地产企业资质证书，两者缺一不可。

（2）对委托代理机构作为出卖人的代理人，应当审查出卖人是否有授权委托书，并向开发商查询委托代理的真实性。

【对策】卖方的基本情况应以营业执照上载明的相关内容为准。买方的地址应填写户籍所在地，户籍所在地与经常居住地不一致的填写经常居住地。

第一条 项目建设依据

出卖人以_____方式取得位于_____、编号为_____的地块的土地使用权。【土地使用权出让合同号】【土地使用权划拨批准文件号】【划拨土地使用权转让批准文件号】为_____

_____。

该地块土地面积为_____，规划用途为_____，土地使用年限自_____年_____月_____日至_____年_____月_____日。

出卖人经批准，在上述地块上建设商品房，【现定名】【暂定名】_____

_____。建设工程规划许可证号为_____，施

工许可证号为 _____。

【释义】该条是关于标的房产建设过程的合法性的介绍和承诺。用以说明建设项目在用地、规划管理、施工管理及开发主体等方面都符合国家有关规定，取得了有关主管部门的许可。

【关键概念】出让土地、转让土地和划拨土地。

土地使用权划拨是指政府为了公共利益或者其他合法需要，将国有土地使用权无偿出让给土地使用者的行为；土地使用权出让是指政府土地管理部门以土地所有者的身份，以招标、拍卖、挂牌等方式将国有土地有偿、有期限出让给土地使用者的行为；土地使用权转让是指两个或两个以上的土地使用者经协商一致，并经政府土地主管部门批准，将国有土地使用权由一方转让给另一方的行为。

【注意事项】土地使用年限和实际使用年限。

土地使用年限越长，所建房产的使用价值期限肯定越长，价值相应也就越高。

有的土地自从进入市场后几经转手，或者开发年限拖得很长，其使用年限与规定的最高年限相差很大，这一点应引起注意。

【主要法律问题】

（1）土地来源不合法，会导致工程建设项目不合法。用地必须是国有土地性质，出让合同的出让方必须是市、县土地管理部门，否则会导致土地出让合同无效；转让合同的转让方应当已取得土地使用权证。

（2）开发方未办理建设报建手续，属于违法建设，难以办理验收备案，难以取得商品房的产权证。

【主要审查内容】

（1）开发商是否取得了土地使用证（或预登记证），土地证的权利人是不是出卖人。一般来说，开发商如已取得土地使用证，则表明土地来源合法。

（2）审查土地实际使用年限。计算公式是：出让合同规定的使用年限－已经使用的年限＝剩余年限。

（3）建设项目的合法性审查。主要审查规划许可证和施工许可证的真实性。

【常见问题】实践中，有些项目的建设用地是以划拨方式取得的，根据国务院《城镇国有土地使用权出让和转让暂行条例》的规定，此类房产要出售的，应当取得土地主管部门的批准，并且签订土地使用权出让合同，向当地市、县人民政府补交土地使用权出让金或者以转让所获收益抵交土地使用权出让金。还有些开发商只是和土地主管部门签订了《土地使用权预约合同》或者虽然签订了《土地使用权出让合同》但尚未缴清土地使用权出让金。上述情况，严格来讲都不属于具备了《城市房地产管理法》第四十四条规定的商品房预售应当符合的条件——已交付土地使用权出让金，取得土地使用权证书的情形。

【对策】虽然在目前的司法实践中，法院一般不简单地因为上述土地使用权瑕疵而认定商品房买卖合同无效。但由于购买上述土地上建设的房产，较之于已经取得土地使用权证书的土地上的房产，买方面临着较多的不确定因素和较大的风险。卖方应当本着诚实信用的原则将建设用地的实际情况向买方作出全面、客观的说明，以避免引发客户不必要的误解和纠纷。

第二条　商品房销售依据

买受人购买的商品房为【现房】【预售商品房】。预售商品房批准机关为_____，商品房预售许可证号为_____。

【释义】该条是关于预售许可证的约定。预售许可证是卖方出售标的房产行为合法性的最重要的依据。《城市房地产管理法》第四十四条规定：商品房预售，应当符合下列条件：（一）已交付全部土地使用权出让金，取得土地使用权证书；（二）持有建设工程规划许可证；（三）按提供预售的商品房计算，投入开发建设的资金达到工程建设总投资的25％以上，并已经确定施工进度和竣工交付日期；（四）向县级以上人民政府房产管理部门办理预售登记，取得商品房预售许可证明。没有取得预售许可证，不能销售，即使签订了商品房买卖合同，也不能到房产部门备案。

【关键概念】购买现房比购买预售风险小一些，但无论是购买现房还是购买预售房，都一样存在着风险。拥有预售许可证，表明工程项目的建设手续齐备，达到可售条件，风险相对较小。

【主要法律问题】

（1）出卖人没有预售许可证而预售商品房，所订立的商品房买卖合同为无效合同；买受人起诉前，出卖人取得预售许可证的，买卖合同是有效合同。

（2）无预售许可证预售商品房的，出卖人承担行政惩罚后果；买受人购买未获得销售许可证的商品房，会面临较大的风险。

【主要审查内容】

（1）对商品房销售许可证的真实性进行审查。除了看原件，必要时可到房管部门查询。

（2）商品房现房销售的，最好到房产管理部门咨询该商品房是否具备办证条件，或者能否办证。

【常见问题】未取得预售许可证便签订商品房买卖合同或者预定协议（又称认购书、认购协议、订购协议），如果产生纠纷，一方以不符合预售条件为由主张合同无效，法院一般认为只要在一审诉讼阶段卖方补办了预售许可证，应当认定合同有效。但行政主管部门有权对开发商的上述行为给予责令停止销售活动、没收违法所得、罚款等行政处罚。

第三条　买受人所购商品房的基本情况

买受人购买的商品房（以下简称该商品房，其房屋平面图见本合同附件一，房号以附件一上标示为准）为本合同第一条规定的项目中的：

第_____【幢】_____【座】_____【单元】_____【层】_____号房。

该商品房的用途为_____，属_____结构，层高为_____，建筑层数地上_____层，地下_____层。

该商品房阳台是【封闭式】【非封闭式】。

该商品房【合同约定】【产权登记】建筑面积共_____平方米。其中，套内建筑面积_____平方米，公共部位与公用房屋分摊建筑面积_____平方米（有关公共部位与公用房屋分摊建筑面积构成说明见附件二）。

【释义】本条是对标的房产的坐落、用途、结构和建筑面积等概况的约定。

【关键概念】

房屋平面图：房屋截面水平设计图。该图已将门窗位置、户型布局、尺寸等标明。

房屋用途分为住宅、商铺、写字楼等。

阳台约定旨在规范面积。封闭阳台计全部面积；非封闭阳台计一半面积。

建筑面积包括套内面积和公摊面积。产权面积以建筑面积为准，由具有资质的测绘机构在房屋竣工后实测而得。

【主要法律问题】

（1）交付的商品房与房屋平面图不一致。此种情形属于出卖人违约，购房者可以请求赔偿损失或者退房。

（2）层高误差大，交房时实测高度与合同约定高度缩水大。高度达不到约定高度的为违约，购房者可追究开发商的违约责任。

【注意事项】

（1）注意层高，一般来说，净高小于2.2米的显得压抑。

（2）阳台如果不约定是封闭还是非封闭，以后因计算面积可能引起争议。

（3）公摊面积大，在建筑面积不变的情况下，使用面积就小。我国没有限制最大公摊比例，选房应当选择公摊比例低的商品房。

【常见问题】面积差异。造成这种的结果的原因是多方面的。既有不法开发商的故意欺诈，也有现行法规不甚完备的原因。建设部 1995 年颁布的《商品房销售面积及公用建筑面积分摊规则（试行）》是计算商品房建筑面积和公用面积的主要法律依据。2000 年 8 月正式实施的我国第一个国家标准《房产测量规范》（GB/T 17986－2000）是房产面积测量领域最权威的标准。

第四条　计价方式与价款

出卖人与买受人约定按下述第＿＿＿＿＿种方式计算该商品房价款：

1. 按建筑面积计算，该商品房单价为（＿＿＿＿＿＿＿币）每平方米＿＿＿＿＿元，总金额（＿＿＿＿＿＿币）＿＿＿千＿＿＿百＿＿＿拾＿＿＿万＿＿＿千＿＿＿百＿＿＿拾＿＿＿元整。

2. 按套内建筑面积计算，该商品房单价为（＿＿＿＿＿＿＿币）每平方米＿＿＿＿＿元，总金额（＿＿＿＿＿＿币）＿＿＿千＿＿＿百＿＿＿拾＿＿＿万＿＿＿千＿＿＿百＿＿＿拾＿＿＿元整。

3. 按套（单元）计算，该商品房总价款为（＿＿＿＿＿＿＿币）＿＿＿千＿＿＿百＿＿＿拾＿＿＿万＿＿＿千＿＿＿百＿＿＿拾＿＿＿元整。

4. ＿＿＿＿＿＿＿＿＿＿＿＿＿＿＿＿＿＿＿＿＿＿＿＿＿＿＿＿＿＿。

【释义】该条对商品房面积的计量单位选择进行约定，有按建筑面积、套内建筑面积、按套（单元）等多种计价方式。

【关键概念】按建筑面积计价，包含公摊面积也计算在价格内。按套内建筑面积计价，价格内不包含公摊面积。

【主要法律问题】对于商品房的计价方式，当事人应当在合同中加以约定。

【常见问题】虽然文本给出了多种计价方式，但由于习惯原因和营销策略的需要，大部分开发商拒绝使用按套内建筑面积计算和按套（单元）计算等方式。之前国家法律法规对此没有强制性规定，后来由于因面积问题引起的纠纷较多，不少省市区已明文要求以"套内面积"为唯一选项，以便核计。如贵州省要求从 2009 年 5 月 1 日起，统一以"套内面积"计量和计价。2009 年 1 月 7 日贵州省第十一届人民代表大会常务委员人第六次会议通过《贵州省城镇房地产开发经营管理条例》，第四章第三十四条规定："商品房应当按照套内建筑面积或者按套（单元）计价结算销售。"

第五条 面积确认及面积差异处理

根据当事人选择的计价方式,本条规定以【建筑面积】【套内建筑面积】(本条款中均简称面积)为依据进行面积确认及面积差异处理。

当事人选择按套计价的,不适用本条约定。

合同约定面积与产权登记面积有差异的,以产权登记面积为准。

商品房交付后,产权登记面积与合同约定面积发生差异,双方同意按第_____种方式进行处理:

1. 双方自行约定:

2. 双方同意按以下原则处理:

(1) 面积误差比绝对值在3%以内(含3%)的,据实结算房价款。

(2) 面积误差比绝对值超出3%时,买受人有权退房。买受人退房的,出卖人在买受人提出退房之日起30天内将买受人已付款退还给买受人,并按_____利率付给利息。

买受人不退房的,产权登记面积大于合同约定面积时,面积误差比在3%以内(含3%)部分的房价款由买受人补足;超出3%部分的房价款由出卖人承担,产权归买受人。产权登记面积小于合同登记面积时,面积误差比绝对值在3%以内(含3%)部分的房价款由出卖人返还买受人;绝对值超出3%部分的房价款由出卖人双倍返还买受人。

$$面积误差比 = \frac{产权登记面积-合同约定面积}{合同约定面积} \times 100\%$$

3. 因设计变更造成面积差异,双方不解除合同的,应当签署补充协议。

【释义】合同约定的面积通常称"暂测面积",有可能与申请产权登记时测绘部门实际测量的面积不一致,本条就是为解决该问题设计的。因产权登记的面积是建筑面积,而约定的面积不一定是建筑面积,所以本条中面积误差比中的产权面积应为"实际测绘面积"更为准确。

本条设计了两种处理方式:一是双方约定,二是按建设部《商品房销售管理办法》处理。

(1) 实际测绘面积比合同约定面积小,误差比绝对值小于3%,据实结算房价款。

(2) 实际测绘面积比合同约定面积小,误差比绝对值大于3%,买受人可以退房,不退房的,3%之内的据实结算房价款,超出3%之外的,出卖人双倍返还该部分面积的房款。

(3) 实际测绘面积比合同约定面积大,误差比在3%以内的,据实结算房价款。

（4）实际测绘面积比合同约定面积大，误差比大于3％，买受人可以退房，不退房的，3％以内的据实补计房价，超出3％之外的面积产权归买受人，不用补钱。

【主要法律问题】第2种选项属于提示性条款，现实中很多开发商按第1条处理，在第一条空白处填写"按实计价"。如此约定的，在面积误差发生争议时，按约定处理，对房地产开发公司较为有利。

约定按第2条方式处理的，出现争议时，对买受人较为有利。购房者应坚持按第2种方式约定。一般而言，房地产开发公司对房屋的面积是最知晓的，面积有多少也是有把握的。房地产开发公司不选择第2种方式，主要是为自己留有余地。

第六条　付款方式及期限

买受人按下列第＿＿＿种第＿＿＿项方式按期付款：

1. 一次性付款

乙方在＿＿＿年＿＿月＿＿日前付清全部房价款的＿＿＿％，甲方给予乙方总付款金额＿＿＿％的优惠，即实际付款额为（＿＿＿＿＿＿＿币）＿＿＿＿＿仟＿＿＿＿＿佰＿＿＿＿＿拾＿＿＿＿＿万＿＿＿＿＿仟＿＿＿＿＿佰＿＿＿＿＿拾＿＿＿＿＿元整。

2. 分期付款

乙方应当按以下时间如期将房价款当面交付甲方或汇入甲方指定的银行（账户名称：＿＿＿＿＿＿＿＿＿，账号：＿＿＿＿＿＿＿＿＿＿＿）。

（1）＿＿＿＿年＿＿＿月＿＿＿日前支付全部房价款的＿＿＿＿％，计（＿＿＿＿＿币）＿＿＿＿仟＿＿＿＿佰＿＿＿＿拾＿＿＿＿万＿＿＿＿仟＿＿＿＿佰＿＿＿＿拾＿＿＿＿元。

（2）＿＿＿＿年＿＿＿月＿＿＿日前支付全部房价款的＿＿＿＿％，计（＿＿＿＿＿币）＿＿＿＿仟＿＿＿＿佰＿＿＿＿拾＿＿＿＿万＿＿＿＿仟＿＿＿＿佰＿＿＿＿拾＿＿＿＿元。

3. 贷款方式付款

（1）买受人应于＿＿＿＿年＿＿＿月＿＿＿日前支付全部房价款的＿＿＿＿％，计＿＿＿＿元。

（2）买受人应于＿＿＿＿年＿＿＿月＿＿＿日前支付全部房价款的＿＿＿＿％，计＿＿＿＿元。

（3）买受人应于＿＿＿年＿＿＿月＿＿＿日前首付款付清后，持有关材料于_____年_____月_____日前到银行办妥贷款手续，否则视为买受人违约。

4. 其他方式

【释义】本条规定了一次性付款、分期付款、贷款方式付款、其他四种买方付款方式。

【关键概念】

一次性付款是指买受人按合同规定的时间，一次付清所购房屋的总价款。

分期付款是指买受人按合同约定的不同时间，分几次付清所购商品房的房款。

其他付款方式主要是按揭支付方式。按揭支付是指买受人以所购商品房作抵押，向银行贷款支付首付之外的购房款。

【主要法律风险和注意事项】

一次性支付房款风险较大，建议购房者少采用。这是因为，一旦开发商资金链断裂，购房者将可能血本无归。

分期付款方式风险较一次性付款风险小一些。购房者应当在签订商品房买卖合同后，要求开发商尽快办理商品房买卖合同的备案，以减少风险。

按揭支付的风险应当是几种付款方式中风险最小的，这是因为，采用这种方式付款时，开发商为了取得大部分房价款，必须办理商品房买卖合同登记备案，并达到一定条件后，银行才贷款。

【常见问题】贷款方式付款（又称按揭付款）是个人购房常用的付款方式。但该条的相关规定显然过于简单，比如只规定了买方未能按期办妥贷款视为违约，但没有约定违约责任。而且实践中，由于买方对按揭贷款的条件知之甚少，卖方售楼人员也没有给予必要的介绍，致使签订购房合同后无法办妥按揭贷款，给双方造成麻烦甚至纠纷。

【对策】房地产开发公司应当将提供按揭贷款的银行的按揭贷款相关规定详细地向客户说明，必要时可建议客户先向银行咨询。如果签订购房合同后由于买方的原因导致不能按期办妥贷款，可约定一定比例的逾期付款违约金，超过一定期限还不能办妥的，卖方有权解除合同，并要求买方支付一定比例或数额的违约金。

第七条　买受人逾期付款的违约责任

买受人如未按本合同规定的时间付款，按下列第_____种方式处理：

1. 按逾期时间，分别处理（不作累加）

（1）逾期在_____日之内，自本合同规定的应付款限期之第二天起至实际全额支付应付款之日止，买受人按日向出卖人支付逾期应付款万分之_____的违约金，合同继续履行。

（2）逾期超过_____天后，出卖人有权解除合同。出卖人解除合同的，买受人按累计应付款的_____％向出卖人支付违约金。买受人愿意继续履行合同，经出卖人同意，合同继续履行，自本合同规定的应付款限期之第二天起至实际全额支付应付款之日止，买受人按日向出卖人支付逾期应付款_____％（该比率应不小于第（1）项中的比率）的违约金。

本条中的逾期应付款指依照本合同第六条规定的到期应付款与该期实际已付款的差额；采取分期付款的，按相应的分期应付款与该期的实际已付款的差额确定。

2._____。

【释义】按时支付购房价款是买方最主要的合同义务，本条规定了买方逾期付款应承担的违约责任。按本条1项的规定，买方的违约责任分为两种，一是按逾期天数支付违约金，合同继续履行；二是超过一定的期限，合同解除，买方同时支付一定比例的违约金。卖方选择解除合同必须满足一定的条件，即买方的逾期达到约定天数。

【主要法律问题】本条涉及逾期付款如何处理、如何计算逾期时间和如何计算违约责任。

买受人逾期付款的，依据本条约定承担违约责任。逾期达到一定程度，即一定的天数，开发商可以选择解除合同。

违约责任里的违约金比例如果定得太高，在发生争议时，买受人可以向人民法院请求减少。

【常见问题】如何约定卖方有权选择解除合同的逾期时间，以及违约金的比例。

解除合同时按累计应付款计算的违约金，一般控制在10％左右为宜。

第八条　交付期限

出卖人应当在_____年_____月_____日前，依照国家和地方人民政府的有关规定，将具备下列第_____种条件，并符合本合同约定的商品房交付买受人使用：

1. 该商品房经验收合格。

2. 该商品房经综合验收合格。

3. 该商品房经分期综合验收合格。

4. 该商品房取得商品住宅交付使用批准文件。

但如遇下列特殊原因，除双方协商同意解除合同或变更合同外，出卖人可据实予以延期：

1. 遭遇不可抗力，且出卖人在发生之日起 _____ 日内告知买受人的。

2. _____。

【释义】本条规定的是卖方交付标的房产的最后期限、交付条件以及延期交付的免责事由。

【常见问题】买卖双方签订该条时最常见的争议是选择"该商品房经验收合格"还是"该商品房经综合验收合格"作为交付条件。

验收合格与综合验收合格的区别在于：

国务院《城市房地产开发经营管理条例》第十七条规定："房地产开发项目竣工，经验收合格后，方可交付使用；未经验收或者验收不合格的，不得交付使用。房地产开发项目竣工后，房地产开发企业应当向项目所在地的县级以上地方人民政府房地产开发主管部门提出竣工验收申请。房地产开发主管部门应当自收到竣工验收申请之日起 30 天内，对涉及公共安全的内容，组织工程质量监督、规划、消防、人防等有关部门或者单位进行验收。"第十八条规定："住宅小区等群体房地产开发项目竣工，应当依照本条例第十七条的规定和下列要求进行综合验收：（一）城市规划设计条件的落实情况；（二）城市规划要求配套的基础设施和公共设施的建设情况；（三）单项工程的工程质量验收情况；（四）拆迁安置方案的落实情况；（五）物业管理的落实情况。住宅小区等群体房地产开发项目实行分期开发的，可以分期验收。"

由此可见，验收合格的内容包括：（1）工程竣工验收合格。即由建设单位（房地产开发公司）组织，地质勘测、设计单位、施工企业和监理公司五家主体单位共同就建筑工程验收。该验收需表明各单位的意见并形成竣工验收报告。（2）工程质量监督报告；（3）规划认证；（4）消防验收合格并有准予使用文件；（5）人防验收合格或免建手续；（6）供水、供电、供气工程验收合格并有准予使用文件；（7）高层建筑有电梯的，还需有电梯验收合格证。

综合竣工验收合格则除了上述内容之外，还需有城市规划配套、公共设施的验收。

因此，验收合格与综合验收合格的区别在于有无"城市规划配套、公共设施的验收"。因为一般的工程项目面临的所谓"城市规划设计条件的落实"和"单项工程的工程质量验收""拆迁安置方案的落实"和"物业管理的落实"均不是问题。

在实际操作过程中，两者没有太大的本质的区别。因为"城市规划配套、公共设施的验收"一般没有太明确的规定，没有强制的专门的验收规范，较少作为交房标准。

需要注意的是，有的房地产开发公司以工程经"竣工验收合格"，即由房地产开发公司、地质勘测、设计单位、施工企业和监理公司进行工程验收出具合格的报告后就认为达到了合同约定的第1条该商品房经验收合格的条件，进而不顾消防、人防、水电和电梯等是否验收合格或获得准予使用文件，强行交房，这是极其错误的。因为"商品房验收合格"和"工程竣工验收合格"是两个截然不同的概念。工程竣工验收合格是指工程建设范围内的如主体、分部分项、基础、结构和预构件等按图施工完毕，达到合同约定的要求，符合有关规范或强制性条文规定。工程量和工程质量经验收合格，并不包括除此之外的，但又属于商品房必备的构件、配套、设施及功能验收，如消防、电梯等。所以"工程竣工验收合格"仅仅是"商品房经竣工验收合格的"一部分内容而不是全部。房地产开发公司仅仅取得"工程竣工验收合格"，是达不到交房条件的。

【对策】在综合验收制度尚未完善或者开发商没有确切把握的情况下，建议开发商与客户选择"商品房经验收合格"作为交付条件，但要注意向客户解释清楚原因。

买受人在收房时，如果房地产开发公司不能提供相关的可以交房的证明文件，包括仅能提供工程竣工验收报告（即五家工程责任主体单位自行验收工程合格的意见），买受人可以拒绝收房，出现的逾期交房违约责任，由房地产开发公司按合同规定承担。

第九条　出卖人逾期交房的违约责任

除本合同第八条规定的特殊情况外，出卖人如未按本合同规定的期限将该商品房交付买受人使用，按下列第＿＿＿＿＿种方式处理：

1. 按逾期时间，分别处理（不作累加）。

（1）逾期不超过＿＿＿＿＿日，自本合同第八条规定的最后交付期限的第二天起至实际交付之日止，出卖人按日向买受人支付已交付房价款万分之＿＿＿＿＿的违约金，合同继续履行。

（2）逾期超过＿＿＿＿＿＿日后，买受人有权解除合同。买受人解除合同的，出卖人应当自买受人解除合同通知到达之日起＿＿＿＿＿＿＿天内退还全部已付款，并按买受人累计已付款的＿＿＿＿＿＿＿％向买受人支付违约金。买受人要求继续履行合同的，合同继续履行，自本合同第八条规定的最后交付期限的第二天起至实际交付之日止，出卖人按日向买受人支付已交付房价款万分之＿＿＿＿＿＿＿（该比率应不小于第（1）项中的比率）的违约金。

2. ＿＿＿＿＿＿＿＿＿＿＿＿＿＿＿＿＿＿＿＿＿＿＿＿＿＿＿＿＿＿＿＿＿＿。

【释义】本条提供的第 1 种卖方逾期交房的违约责任采取分段处理的方式，即违约时间在某天数内，卖方按买方已支付房款的一定比例支付违约金，合同继续履行；违约时间超过上述天数，则买方有权选择解除合同。

逾期时间超过确定的天数时，如果买方选择解除合同，卖方应当支付买方已付房款一定比例的违约金；如果买方选择合同继续履行，则卖方应按违约天数支付违约金。违约天数应从约定交付时间起算至实际交付止，按合同约定的比例分段计算。

【常见问题】逾期交房是非常普遍的现象。造成逾期交房的原因是多方面的，既有开发商本身怠于履行的因素，也有行政主管机关强制变更规划、采用新型配套设施等开发商不能控制的原因。随着消费者权利意识的增强，因逾期交房引发的纠纷甚至诉讼也越来越多。

【主要法律问题】在实践中，主要法律问题有：交房通知、交房形式、交房标准。需要注意，房地产开发公司的交房通知有三种：一种是电话通知，一种是书面通知，另一种是在报章上发布通知。一般来说，开发公司会几种方式共用，而其中必不可少的是在报章上发布通知，因为它具有广泛性和证据性，即使购房者没有得到电话或书面通知，也没有实际看到报章上的通知，但只要房地产开发公司在报章上登载了所谓的收交房通知，则视为通知送达和成立。

在交房形式中，购房者需注意，如果房屋质量或标准达不到合同约定的要求，不能接受房屋钥匙，如果接受了钥匙，则视为购房者同意房屋达到标准要求，或默认房屋有缺陷瑕疵并放弃自收钥匙后的索赔的权利。

在交房标准上，双方应对除了就房屋本身质量问题的达标检验外，还要对配套设备设施进行检验。如电梯房最基本的电梯安装是否达到标准要求，取得验收合格准予使用的证明文件等。

【对策】不管什么原因，只要不构成不可抗力，卖方就应当承担责任。而且本条的责任应当与第七条"买方逾期付款的违约责任"相对等，开发商本着公平对等的原则签订本条。如果出现逾期交房，应及时通知客户，确属己方责任的要积极主动承担责任；不应承担责任的，说明理由争取客户谅解。实践证明，只要处理得当，绝大多数的客户对短时间的逾期交付是不会斤斤计较的。

第十条 规划、设计变更的约定

经规划部门批准的规划变更、设计单位同意的设计变更导致下列影响到买受人所购商品房质量或使用功能的，出卖人应当在有关部门批准同意之日起 10 日内，书面通知买受人：

1. 该商品房结构形式、户形、空间尺寸和朝向。

2.　_____。

【释义】本条是关于标的房产发生设计变更时如何处理的约定。

【常见问题】根据该条规定只有当规划变更、设计变更达到"影响到买受人所购买商品房质量或使用功能"的程度，出卖人才有义务通知买受人。这种规定过于原则，产生纠纷后难以判定。

【对策】只要是所购房屋尺寸发生较大变化，都应作为此种情形处理。另外可以自由约定影响商品房质量或使用功能的情形，如停车场、电梯间大小、绿化率、容积率和配套设施等也应列为此项范围，以免引起不必要的纠纷。

本条规定的通知形式是书面，并且约定了 10 日的时间，一旦发生约定的事项，在通知上一要及时，二需书面送达，不能仅电话或报纸通告。

第十一条　交接

商品房达到交付使用条件后，出卖人应当书面通知买受人办理交付手续。双方进行验收交接时，出卖人应当出示本合同第八条规定的证明文件，并签署房屋交接单。所购商品房为住宅的，出卖人还需提供《住宅质量保证书》和《住宅使用说明书》。出卖人不出示证明文件或出示证明文件不齐全，买受人有权拒绝交接，由此产生的延期交房责任由出卖人承担。

由于买受人原因，未能按期交付的，双方同意按以下方式处理：

1.　_____。

【释义】本条是关于标的房产的交接程序以及相关法律后果的约定。范本还规定了出卖人在交付房产时应提供《住宅质量保证书》和《住宅使用说明书》。住宅质量保证书和使用说明书制度是建设部 1998 年颁布的《商品住宅实行住宅质量保证书和住宅使用说明书制度的规定》确立的。目的是为了保障住宅消费者的权益，加强商品房住宅售后服务管理，促进住宅销售。

【常见问题及对策】（1）通知形式单一：范本中出卖人告知方式是书面形式，书面形式则意味着必须书面送达，这样对房地产开发公司要求较为苛刻和单一，双方可以在此基础上协商，增加其他的告知形式，如报纸通告、手机短信等。

（2）房地产开发公司提供的可以交房的证明文件不全。在交房时，房地产开发公司须提供应有的可以交付的证明文件，否则买受人可以拒绝收房。

（3）业主收房时随意，过后因质量问题与开发商扯皮。业主收房时需逐一验收，出现质量问题的，需文字注明并明确处理办法及整改完成时间，维护权益。

另外，针对实践中有些买方由于自身原因未能按时交接标的房产的情况，建议在本条自由约定时约定：由于买受人原因，未能按期交付的，视为交付，标的房产损毁的风险由买受人承担，基于该房产产生的物业管理等费用由买受人自负。另可以增加成品保护费条款。

第十二条　出卖人保证销售的商品房没有产权纠纷和债权纠纷

因出卖人原因，造成该商品房不能办理产权登记或发生债权债务纠纷的，由出卖人承担全部责任。

【释义】本条是关于出卖人权利瑕疵担保责任的约定。所谓权利瑕疵担保责任，是指出卖人就标的物所有权不能完全转移于买受人而应当承担的责任。

【常见问题】实践中，出卖人将标的房产向银行抵押借款或者在建设过程中违规规划建设等，从而出现不能办理产权情形。

【对策】本条只规定出卖人违反权利瑕疵担保义务，应当承担全部责任，过于笼统。学理上讲，出卖人违反权利瑕疵担保责任时，买受人可以主张的权利有违约金、实际履行、解除合同和损害赔偿。建议买受人要求详细签订瑕疵担保责任，列出具体赔偿标准比例。

第十三条　出卖人关于装饰、设备标准承诺的违约责任

出卖人交付使用的商品房的装饰、设备标准应符合双方约定达到（附件三）的标准。达不到约定标准的，买受人有权要求出卖人按照下述第_____种方式处理：

1. 出卖人赔偿双倍的装饰、设备差价。

2. _____。

【释义】出卖人交付的房产不符合附件中关于装修标准的约定时，应承担的责任。范本提供的处理方式为出卖人赔偿双倍的装修、设备差价，这是参照《消费者权益保护法》第四十九条的规定做出的。

【常见问题】本条虽然提出以附件的方式明确约定装修标准，但实践中附加的约定过于笼统。如约定"名牌电梯、高级防盗门"等等，容易导致纠纷。另外在发生纠纷时，举证比较困难。如铝合金窗改为塑钢窗，本身不同的窗材质不一，功能有差异，很难简单说哪一种的成本高，哪一种的功效好。

【对策】装修、设备附件的内容应当尽量明确、具体，比如写清材料的等级、标准，设备的品牌、型号等。

范本给出"双倍赔偿"的处理方式对房地产开发公司来说带有惩罚性质，有些过于苛刻，目的是约束开发商要讲诚信。此种约定对开发商来说是不利的，因此不少房地产开发公司会作调整，约定为："经双方选定的鉴定部门确认后，由出卖人在合理的期限内恢复到约定标准，或赔偿差价。"

第十四条　出卖人关于基础设施、公共配套建筑正常运行的承诺出卖人承诺与该商品房正常使用直接关联的下列基础设施、公共配套建筑，按以下日期达到使用条件：

1. _____。
2. _____。

如果在规定日期内未达到使用条件，双方同意按以下方式处理：

1. _____。
2. _____。

【释义】本条是出卖人关于基础设施、公共配套建筑正常运行时间的承诺，以及违反承诺的责任。基础设施包括供水、供电、管道煤气、供暖、电话线路和有线电视等。公共配套建筑指标的房产所在的建筑、建筑群、居民小区内为全体业主服务的建筑，一般指安保、幼儿园、学校、商店和会所等，具体项目以开发商的承诺为准。

【常见问题】有些项目买受人入住后配套设施长时间不能正常运转，甚至连水电也成问题。买受人根本无法正常生活，引发矛盾甚至冲突。

【对策】基础设施中有很多项目是政府或者处于垄断地位的企业经营的。他们的服务意识、工作效率还远不能令人满意。对此，开发商要有清醒的认识。要想使基础设施能够按承诺的期限交付，出了自身合理的规划工期、严守进度以外，还要注意与有关部门的协调、沟通。

有的房地产开发公司在合同中开列了水、电、供气和电梯等内容，承诺在交房时保证正常使用。表面上看很合情合理，但如果房地产开发公司出现逾期交房的情形，因为有此约定，故必须谨慎面对和处理交房事宜。比如水电不通、电梯没有安装验收等，本来达不到交房条件，因为有逾期交房违约赔偿的损失压力，房地产开发公司草率强行交房并且业主也愿意收房的话，虽然解除了继续逾期交房违约赔偿的压力，但同时却因交房时没有达到关于基础设施、公共配套建筑正常运行的承诺而面临另一种处罚。故在此条的约定上，房地产开发公司最好不要再行约定，而将最密切相关的供水、供电、电梯等归列为"第八条交付期限"中关于交房标准之中。因为水、电、电梯等验收合格可以使用已属于交房的必备条件之一，再行约定只会是自找麻烦，加重风险。如果必须要约定，对房地产开发公司来说，最好约定的违约处罚比例或额度则不能过高。另外，如果出现前及既逾期交房，水、电、电梯等又达不到正常运行要求的情形（其实这两者是相辅相成联系在一起的），房地产开发公司须根据合同约定情况，权衡提前交房或达到条件后交房何种有利，取其轻而为之。不可顾头不顾尾，否则将"偷鸡不成蚀把米"，自讨苦吃。

第十五条　关于产权登记的约定

出卖人应当在商品房交付使用后＿＿＿＿＿＿日内，将办理权属登记需由出卖人提供的资料报产权登记机关备案。如因出卖人的责任，买受人不能在规定期限内取得房地产权属证书的，双方同意按下列第＿＿＿＿＿＿项处理：

1. 买受人退房，出卖人在买受人提出退房要求之日起＿＿＿＿＿＿日内将买受人已付房价款退还给买受人，并按已付房价款的＿＿＿＿＿＿％赔偿买受人损失。

2. 买受人不退房，出卖人按已付房价款的＿＿＿＿＿＿％向买受人支付违约金。

3. ＿＿＿＿＿＿＿＿＿＿＿＿＿＿＿＿＿＿＿＿＿＿＿＿＿＿＿＿＿＿。

【释义】本条约定出卖人提交办理产权证所需材料的时限和违约责任。

向房产主管机关申办产权过户登记是买卖双方共同的义务，需要双方各自提供相应材料，协调配合。只要在规定时限内房地产开发公司提供了需由房地产开发公司提供的办理房产证所需的资料，买受人能够办理房产证，则房地产开发公司的责任即履行完毕。

出卖人应提供的证件除了公司资料外，还应包括的工程资料有：（1）规划认证书；（2）计委立项批文；（3）《工程竣工验收备案表资质证明》（原件）；（4）土地使用权证及土地出让金已缴纳的凭证；（5）建筑工程用地规划许可证（原件）；（6）建设工程规划许可证（原件）；（7）建设工程开工许可证（原件）；（8）商品房预售许可证；（9）消防验收合格证及准予使用文件；（10）红线图、竣工平面图。（该资料并不是每办一户送交一份，房地产开发公司仅交一份备案核查即可）

买受人需提供的证件有：（1）购房发票；（2）商品房买卖合同；（3）身份证复印件；（4）结婚证（或未婚证明）；（5）交纳维修基金、契税的原始凭证。

【常见问题】需要注意的是本条约定的时限并非买受人最终拿到产权证的时间，而仅仅是"出卖人提交办理产权证所需完备材料的时限"。很多买受人对此有错误认识。

【对策】建设部《商品房销售管理办法》（中华人民共和国建设部令第 88号）规定：房地产开发企业应当在商品房交付使用之日起 60 日内，将需要由其提供的办理房屋权属登记的资料报送房屋所在地房地产行政主管部门。建设部《城市商品房预售管理办法》（中华人民共和国建设部令第 131 号）则规定：由于开发企业的原因，承购人未能在房屋交付使用之日起 90 日内取得房屋权属证书的，除开发企业和承购人有特殊约定外，开发企业应当承担违约责任。建议买卖双方按该条款约定。当然，对于房地产开发公司来说，约定的时限越长越好，但不少地方对此有强制性要求，即要求合同必须按 90 日填写，否则合同不予备案。房地产开发公司可以在补充协议中另行约定，如果买受人也同意的话。另行，房地产开发公司向房产部门提交有关证照资料后需保留好"收件单据"，以便向购房者出示解释，这也是房地产开发公司是否属已履行办证义务的直接证据。

特别需要注意的是：如果房屋逾期未能达到交房条件，房地产开发公司提前交房的话，必须清楚考虑提前交房面临的办证时限和违约处罚问题，保证不了在交房后 90 日内达到办证条件，千万不要贸然提前交房。因为这样，一是不一定交得了房，二是交了房后，却不一定能在规定时限内办得了证，还要承担逾期办证的违约风险。

第十六条　保修责任

买受人购买的商品房为商品住宅的，《住宅质量保证书》作为本合同的附件。出卖人自商品住宅交付使用之日起，按照《住宅质量保证书》承诺的内容承担相应的保修责任。

买受人购买的商品房为非商品住宅的，双方应当以合同附件的形式详细约定保修范围、保修期限和保修责任等内容。

在商品房保修范围和保修期限内发生质量问题，出卖人应当履行保修义务。因不可抗力或者非出卖人原因造成的损坏，出卖人不承担责任，但可协助维修，维修费用由购买人承担。

【释义】本条是关于标的房产各部位保修期限的约定。具体的保修责任以《住宅质量保证书》的内容为准。《住宅质量保证书》规定正常使用情况下各部位、部件保修内容与保修期为：屋面防水 3 年；墙面、厨房和卫生间地面、地下室、管道渗漏 1 年；墙面、顶棚抹灰层脱落 1 年；地面空鼓开裂、大面积起砂 1 年；门窗翘裂、五金件损坏 1 年；管道堵塞 2 个月；供热、供冷系统和设备 1 个采暖期或供冷期；卫生洁具 1 年；灯具、电器开关 6 个月；其他部位、部件的保修期限，由房地产开发企业与用户自行约定。

【常见问题】商品房质量问题是商品房投诉和纠纷的热点。部分开发商售后服务意识淡薄。

【对策】开发商应本着对客户负责的态度，重视商品房交付后的保修、维护工作，应有负责"售后服务"的部门。特别是在发包工程时对质量要求和责任要明确，预留质量保证金，出现质量问题，好找施工方或产品供给方负责和解决。

第十七条　双方可以就下列事项约定

1. 该商品房所在楼宇的屋面使用权。

2. 该商品房所在楼宇的外墙面使用权。

3. 该商品房所在楼宇的命名权。

4. 该商品房所在小区的命名权。

5. _____。

6. _____。

【释义】此条是关于标的房产的屋面、外墙面使用权以及所在楼宇、小区的命名权归属的问题。商品房除了满足买方居住使用的主要功能外，还有其他若干附加功能。最常见的如在屋面或外墙发布广告或商业招牌等。小区或楼宇的名称由于往往和开发商的名称密切相连，因而在一定程度上成了企业的无形资产。

【常见问题】绝大多数购房者尤其是个人，不太了解和理会本条的确切含义，开发商一般都毫不含糊地将本条的几项权利归为出卖人所有，这种做法并不合理。

【对策】该条款中"楼宇、小区的命名权"由于涉及开发商的整体规划，由开发商保留该权利比较合理。但是，外墙面本身就是房屋的一部分，其所有权自然应当归于所有权人（买方或全体业主），因此归出卖人显然有违公平原则。而"楼宇屋面"就是俗称的房顶，是全体业主共有而不属于某一特定人，有的房地产开发公司在销售时承诺屋顶归最顶层业主使用和所有是没有依据的，也是不合法的。该条在约定时，应约定为全体业主共同所有，如果双方有争议，可以填写为"按有关法规处理"，这样比较合理，也更能维护购房者的权益。

第十八条　买受人的房屋仅作_____使用，买受人使用期间不得擅自改变该商品房的建筑主体结构、承重结构和用途。除本合同及其附件另有规定者外，买受人在使用期间有权与其他权利人共同享用与该商品房有关联的公共部位和设施，并按占地和公共部位与公用房屋分摊面积承担义务。

出卖人不得擅自改变与该商品房有关联的公共部位和设施的使用性质。

【释义】本条规定包含两方面的内容，一方面是标的房产的用途及买方使用标的房产时的权利限制。用途一般可分为住宅、办公、商住等，应当与主管部门批准的用途一致。买受人不得擅自进行可能危及标的房屋和所在建筑安全的作业。

另一方面是有关买受人对建筑物公用部分所享有的权利和承担的义务的规定。权利主要体现为合理使用和排除他人妨碍，义务主要体现为分担物业管理等方面的费用。

【常见问题】本条是由买受人与出卖人就房屋用途的约定，在实际使用过程中，由于使用用途的改变很少或根本就不影响出卖人的利益，而是影响相邻物业所有人或使用人的利益，所以买受人与出卖人之间的矛盾，转变成相邻的物业使用人之间的矛盾。如约定为住宅使用，但买受人或因个人的利益和目的用于办公或经营，从而影响相邻物业所有人及使用人的利益。在此种情况下，作为出卖人的房地产开发公司因为没有利益关系，所以不会去为其他相邻物业所有人或使用人的利益主张权利，而利益受损的相邻物业所有人或使用人又因为没有条件主张权而处于被动和无奈的境地。这种情况在城市中心住宅小区（大厦）十分普遍。另外，此条中一般没有明确的可操作处罚约定，不管是法律的渠道或是行政措施，解决起来都非常困难；物业管理服务也无从下手，无计可施。

【对策】为了保护广大购买人的权益，以及物业按规划正常使用，建议将此条中属于出卖人的权利让予其他相邻物业所有人。其他权利相关的物业所有人可以代出卖人行使权力。明确违反使用用途的处罚规定，如规定其他相邻物业所有人可要求改变使用用途的买受人限期整改，并赔偿所有经济损失等。

第十九条　争议解决方式

因履行本合同发生的一切争议，由当事人双方协商或调解解决，协商调解不成，从以下两种方式中选择一种（在所选项下打√，如选择仲裁方式，请注明具体仲裁委员会）：

1. 提交＿＿＿＿＿＿＿仲裁委员会仲裁。（　　）

2. 依法向人民法院起诉。（　　）

【释义】争议解决途径。法院起诉，就是将诉请直接提交法院，由法院受理、审理和判决。仲裁和起诉有本质的区别，仲裁指争议双方在争议发生前或争议发生后达成协议，自愿将争议交给第三者作出裁决，双方有义务执行的一种解决争议的方法。

仲裁机构和法院不同。法院行使国家所赋予的审判权，向法院起诉不需要双方当事人在诉讼前达成协议，只要一方当事人向有审判管辖权的法院起诉，经法院受理后，另一方必须应诉。仲裁机构通常是民间团体的性质，其受理案件的管辖权来自双方协议，没有协议就无权受理。仲裁之于诉讼，有以下几个特点：（1）当事人有权选择处理争议的仲裁机构和仲裁员；（2）仲裁实行一裁终局制；（3）仲裁一般不公开进行；（4）方便、快捷；（5）仲裁机构本身没有强制执行机构，当事人不自动履行裁决的，由法院强制执行。

【常见问题】当事人选择仲裁时，经常出现不规范的约定。并且，不是每个地方都有仲裁机构，实行操作困难。常见的纠纷解决方式，仲裁不会作为选项。

【对策】（1）如果选择仲裁处理，必须明确、规范写明所选仲裁机构的名称。（2）由于仲裁的程序要求及结果的非强制性障碍，实践中绝少采用。故此条可以避开，直接选择为法院起诉。

第二十条 本合同未尽事项，可由双方约定后签订补充协议。

第二十一条 合同附件及补充协议与本合同具有同等法律效力。空格部分填写的文字与印刷文字具有同等效力。

第二十二条 本合同连同附件共_____页，双方各执_____份。送_____份，具有同等法律效力。

【释义】第二十条至第二十三条是关于合同附件和补充合同的约定。附加包括房屋平面图、公用部位与公用房屋分摊面积构成说明、装饰、设备标准三项。补充合同的内容，双方可根据标的房产的具体情况做出约定。

【常见问题】补充合同内容与范本约定不一致，附件制作不规范。合同份数视付款方式而定，如果是一次性付款或没有按揭贷款的分期付款，合同应为三份，买卖双方各持一份，房产部门备案留存一份；如果有按揭贷款，则合同应该不少于四份，其中，房地产开发公司一份，买受人一份，房产部门备案留存一份，办理抵押贷款时，贷款银行一份。有的房地产开发公司不给购房者合同原件，这是不正确的。购房者在签订合同而合同还没有经过房产部门备案时，就应该索取合同（复印件亦可），特别是在规定时间内合同经过备案后，必须及时索取经备案后的原件合同。如果是复印件，则要求房地产开发公司在复印件上加盖公章并作出与原件一致的文字说明。

【对策】补充合同的内容与范本不一致的，如果补充合同违反了法律、行政法规强制性规定，该补充条款无效；如果补充合同有效，也应注明补充合同与原合同条款有冲突的，以补充合同为准。

附件可以采取直接在范本的相应位置书写的方式，也可以采用粘贴相应内容的方式（平面图一般采取粘贴方式），无论采取何种方式都应注意在附件上由双方当事人签字或盖章。

第二十三条 本合同自双方签字盖章之日起生效

第二十四条 商品房预售的，自本合同生效之日起30天内，由出卖人向_____申请登记备案。

【释义】合同的生效及备案。商品房买卖合同理论上属于诺成性合同，只要双方协商一致，签字确认即为生效。向主管部门备案不是合同生效的要件，只是行政管理的一种措施。因此，有人认为商品房买卖合同必须经过备案才生效是错误的。但是，需特别注意的是，合同签订后必须及时到房产管理部门备案，这样才能发现和有效规避一房多卖的情况出现，这也是保护购房者和维护房地产市场正常秩序的措施。

【常见问题】经常有买受人在签订合同后、房产证办妥甚至入住之前，将购买的房屋转让给他人，并要求开发商"改合同"，即把原合同销毁，改由新的买受人与开发商直接签订合同，房产证直接办到新买受人的名下。

【对策】一般来说，"改合同"是炒房的一种手段。虽然《城市房地产管理法》第四十五条规定：商品房预售的，商品房预购人将购买的未竣工的预售商品房再行转让的问题，由国务院规定。但国务院至今未对该问题做出规定。实践中，房产管理部门不允许所谓的"改合同"。因为这种做法将事实上的两次交易（开发商卖给原买受人、原买受人卖给新买受人）转变成一次交易（开发商卖给新买受人），规避了税费，是违法行为。因此，建议开发商拒绝客户"改合同"的要求，或者在收取相当的手续费后协助办理。而作为炒房的买受人而言，在补充合同中约定可以"转合同"，则是高明之举。

　　附：

商 品 房 买 卖 合 同（示范文本）

合同编号：＿＿＿＿＿＿＿＿＿＿＿＿＿＿＿＿＿＿＿＿＿＿＿＿＿＿＿＿＿

合同双方当事人：＿＿＿＿＿＿＿＿＿＿＿＿＿＿＿＿＿＿＿＿＿＿＿＿＿

出卖人：＿＿＿＿＿＿＿＿＿＿＿＿＿＿＿＿＿＿＿＿＿＿＿＿＿＿＿＿＿＿

注册地址：＿＿＿＿＿＿＿＿＿＿＿＿＿＿＿＿＿＿＿＿＿＿＿＿＿＿＿＿＿

营业执照注册号：＿＿＿＿＿＿＿＿＿＿＿＿＿＿＿＿＿＿＿＿＿＿＿＿＿

企业资质证书号：＿＿＿＿＿＿＿＿＿＿＿＿＿＿＿＿＿＿＿＿＿＿＿＿＿

法定代表人：＿＿＿＿＿＿＿＿＿＿＿　联系电话：＿＿＿＿＿＿＿＿＿＿

邮政编码：＿＿＿＿＿＿＿＿＿＿＿＿＿＿＿＿＿＿＿＿＿＿＿＿＿＿＿＿＿

委托代理人：＿＿＿＿＿＿＿＿＿　地址：＿＿＿＿＿＿＿＿＿＿＿＿＿＿

邮政编码：＿＿＿＿＿＿＿＿＿＿　联系电话：＿＿＿＿＿＿＿＿＿＿＿＿

委托代理机构：＿＿＿＿＿＿＿＿＿＿＿＿＿＿＿＿＿＿＿＿＿＿＿＿＿＿

注册地址：＿＿＿＿＿＿＿＿＿＿＿＿＿＿＿＿＿＿＿＿＿＿＿＿＿＿＿＿＿

营业执照注册号：＿＿＿＿＿＿＿＿＿＿＿＿＿＿＿＿＿＿＿＿＿

法定代表人：＿＿＿＿＿＿＿＿联系电话：＿＿＿＿＿＿＿＿＿＿＿

邮政编码：＿＿＿＿＿＿＿＿＿＿＿＿＿＿＿＿＿＿＿＿＿＿＿＿＿

买受人：＿＿＿＿＿＿＿＿＿＿＿＿＿＿＿＿＿＿＿＿＿＿＿＿＿＿

【本人】【法定代表人】姓名：＿＿＿＿＿＿＿＿国籍＿＿＿＿＿＿＿

【身份证】【护照】【营业执照注册号】【　　　　　】＿＿＿＿＿＿＿

地址：＿＿＿＿＿＿＿＿＿＿＿＿＿＿＿＿＿＿＿＿＿＿＿＿＿＿＿＿

邮政编码：＿＿＿＿＿＿＿＿联系电话：＿＿＿＿＿＿＿＿＿＿＿＿

【委托代理人】【　　　　　】姓名：＿＿＿＿＿＿＿＿国籍：＿＿＿＿

地址：＿＿＿＿＿＿＿＿＿＿＿＿＿＿＿＿＿＿＿＿＿＿＿＿＿＿＿＿

邮政编码：＿＿＿＿＿＿＿＿电话：＿＿＿＿＿＿＿＿＿＿＿＿＿＿＿

　　根据《中华人民共和国合同法》、《中华人民共和国城市房地产管理法》及其他有关法律、法规之规定，买受人和出卖人在平等、自愿、协商一致的基础上就买卖商品房达成如下协议：

　　第一条　项目建设依据

　　出卖人以＿＿＿＿＿＿＿＿＿方式取得位于＿＿＿＿＿＿＿＿＿＿、编号为＿＿＿＿＿＿＿＿的地块的土地使用权。【土地使用权出让合同号】【土地使用权划拨批准文件号】【划拨土地使用权转让批准文件号】为＿＿＿＿＿＿＿＿＿＿＿＿＿＿＿＿＿＿。

　　该地块土地面积为＿＿＿＿＿＿＿，规划用途为＿＿＿＿＿＿＿，土地使用年限自＿＿＿＿＿年＿＿＿＿月＿＿＿＿日至＿＿＿＿＿年＿＿＿＿月＿＿＿＿日。

　　出卖人经批准，在上述地块上建设商品房，【现定名】【暂定名】＿＿＿＿＿＿＿。建设工程规划许可证号为＿＿＿＿＿＿＿＿＿，施工许可证号为＿＿＿＿＿＿＿＿。

　　第二条　商品房销售依据

　　买受人购买的商品房为【现房】【预售商品房】。预售商品房批准机关为＿＿＿＿＿＿＿＿＿，商品房预售许可证号为＿＿＿＿＿＿＿＿。

　　第三条　买受人所购商品房的基本情况

　　买受人购买的商品房（以下简称该商品房，其房屋平面图见本合同附件一，房号以附件一上表示为准）为本合同第一条规定的项目中的：第＿＿＿＿＿＿【幢】【座】＿＿＿＿＿＿【单元】【层】＿＿＿＿＿＿号房。

　　该商品房的用途为＿＿＿＿＿＿＿，属＿＿＿＿＿＿结构，层高为＿＿＿＿＿，建筑层数地上_____层，地下_____层。

该商品房阳台是【封闭式】【非封闭式】。

该商品房【合同约定】【产权登记】建筑面积共_____平方米，其中套内建筑面积_____平方米，公共部位与公用房屋分摊建筑面积_____平方米（有关公共部位与公用房屋分摊建筑面积构成说明见附件二）。

第四条　计价方式与价款

出卖人与买受人约定按下述第_____种方式计算该商品房价款：

1. 按建筑面积计算，该商品房单价为（_____币）每平方米_____元，总金额（_____币）_____千_____百拾_____万_____千_____百_____拾_____元整。

2. 按套内建筑面积计算，该商品房单价为（_____币）每平方米_____元，总金额（_____币）_____千_____百_____拾_____万_____千_____百_____拾_____元整。

3. 按套（单元）计算，该商品房总价款为（_____币）_____千_____百_____拾_____万_____千_____百拾_____元整。

4. _____

_____。

根据当事人选择的计价方式，本条规定以【建筑面积】【套内建筑面积】（本条款中均简称面积）为依据进行面积确认及面积差异处理。

当事人选择按套计价的，不适用本条约定。

合同约定面积与产权登记面积有差异的，以产权登记面积为准。

第五条　商品房交付后，产权登记面积与合同约定面积发生差异，双方同意按第_____种方式进行处理

1. 双方自行约定：

(1) _____。

(2) _____。

(3) _____。

(4) _____。

2. 双方同意按以下原则处理：

(1) 面积误差比绝对值在3％以内（含3％）的，据实结算房价款。

(2) 面积误差比绝对值超出3％时，买受人有权退房。

买受人退房的，出卖人在买受人提出退房之日起30天内将买受人已付款

退还给买受人，并按_____利率付给利息。

买受人不退房的，产权登记面积大于合同约定面积时，面积误差比在3％以内（含3％）部分的房价款由买受人补足；超出3％部分的房价款由出卖人承担，产权归买受人。产权登记面积小于合同登记面积时，面积误差比绝对值在3％以内（含3％）部分的房价款由出卖人返还买受人；绝对值超出3％部分的房价款由出卖人双倍返还买受人。

面积误差比＝（产权登记面积－合同约定面积）÷（合同约定面积）×100％

因设计变更造成面积差异，双方不解除合同的，应当签署补充协议。

第六条　付款方式及期限

买受人按下列第_____种方式按期付款：

1. 一次性付款_____。

2. 分期付款

_____。

3. 其他方式

_____。

第七条　买受人逾期付款的违约责任

买受人如未按本合同规定的时间付款，按下列第_____种方式处理：

1. 按逾期时间，分别处理（不作累加）。

（1）逾期在_____日之内，自本合同规定的应付款期限之第2天起至实际全额支付应付款之日止，买受人按日向出卖人支付逾期应付款万分之_____的违约金，合同继续履行。

（2）逾期超过_____日后，出卖人有权解除合同。出卖人解除合同的，买受人按累计应付款的_____％向出卖人支付违约金。买受人愿意继续履行合同的，经出卖人同意，合同继续履行，自本合同规定的应付款期限之第2天起至实际全额支付应付款之日止，买受人按日向出卖人支付逾期应付款万分之_____［该比率应不小于第（1）项中的比率］的违约金。

本条中的逾期应付款指依照本合同第六条规定的到期应付款与该期实际已付款的差额；采取分期付款的，按相应的分期应付款与该期的实际已付款的差额确定。

2. _____。

第八条　交付期限

出卖人应当在_____年_____月_____日前，依照国家和地方人民政府的有关规定，将具备下列第_____种条件，并符合本合同约定的商品房交付买受人使用：

1. 该商品房经验收合格。

2. 该商品房经综合验收合格。

3. 该商品房经分期综合验收合格。

4. 该商品房取得商品住宅交付使用批准文件。

5. _____。

但如遇下列特殊原因，除双方协商同意解除合同或变更合同外，出卖人可据实予以延期：

1. 遭遇不可抗力，且出卖人在发生之日起_____日内告知买受人的。

2 _____。

3 _____。

第九条 出卖人逾期交房的违约责任

除本合同第八条规定的特殊情况外，出卖人如未按本合同规定的期限将该商品房交付买受人使用，按下列第_____种方式处理：

1. 按逾期时间，分别处理（不作累加）。

（1）逾期不超过_____日，自本合同第八条规定的最后交付期限的第 2 天起至实际交付之日止，出卖人按日向买受人支付已交付房价款万分之_____的违约金，合同继续履行。

（2）逾期超过_____日后，买受人有权解除合同。买受人解除合同的，出卖人应当自买受人解除合同通知到达之日起_____天内退还全部已付款，并按买受人累计已付款的_____％向买受人支付违约金。买受人要求继续履行合同的，合同继续履行，自本合同第八条规定的最后交付期限的第 2 天起至实际交付之日止，出卖人按日向买受人支付已交付房价款万分之_____（该比率应不小于第（1）项中的比率）的违约金。

2. _____。

第十条 规划、设计变更的约定

经规划部门批准的规划变更、设计单位同意的设计变更导致下列影响到买受人所购商品房质量或使用功能的，出卖人应当在有关部门批准同意之日起 10 日内，书面通知买受人：

（1）该商品房结构形式、户型、空间尺寸和朝向。

（2）_____。

（3）_____。

(4) _____。

(5) _____。

(6) _____。

(7) _____。

　　买受人有权在通知到达之日起 15 日内做出是否退房的书面答复。买受人在通知到达之日起 15 日内未作书面答复的，视同接受变更。出卖人未在规定时限内通知买受人的，买受人有权退房。

　　买受人退房的，出卖人须在买受人提出退房要求之日起_____天内将买受人已付款退还给买受人，并按_____利率付给利息。买受人不退房的，应当与出卖人另行签订补充协议。

　　第十一条　交接

　　商品房达到交付使用条件后，出卖人应当书面通知买受人办理交付手续。双方进行验收交接时，出卖人应当出示本合同第八条规定的证明文件，并签署房屋交接单。所购商品房为住宅的，出卖人还需提供《住宅质量保证书》和《住宅使用说明书》。出卖人不出示证明文件或出示证明文件不齐全，买受人有权拒绝交接，由此产生的延期交房责任由出卖人承担。

　　由于买受人原因，未能按期交付的，双方同意按以下方式处理：

_____。

　　第十二条　出卖人保证销售的商品房没有产权纠纷和债权债务纠纷。因出卖人原因，造成该商品房不能办理产权登记或发生债权债务纠纷的，由出卖人承担全部责任。

_____。

　　第十三条　出卖人关于装饰、设备标准承诺的违约责任

　　出卖人交付使用的商品房的装饰、设备标准应符合双方约定（附件三）的标准。达不到约定标准的，买受人有权要求出卖人按照下述第_____种方式处理：

　　1. 出卖人赔偿双倍的装饰、设备差价。

　　2. _____。

　　3. _____。

　　第十四条　出卖人关于基础设施、公共配套建筑正常运行的承诺

　　出卖人承诺与该商品房正常使用直接关联的下列基础设施、公共配套建筑按以下日期达到使用条件：

　　1. _____。

　　2. _____。

3. ＿＿＿＿＿＿＿＿＿＿＿＿＿＿＿＿＿＿＿＿＿＿＿＿＿。

4. ＿＿＿＿＿＿＿＿＿＿＿＿＿＿＿＿＿＿＿＿＿＿＿＿＿。

5. ＿＿＿＿＿＿＿＿＿＿＿＿＿＿＿＿＿＿＿＿＿＿＿＿＿。

如果在规定日期内未达到使用条件，双方同意按以下方式处理：

1. ＿＿＿＿＿＿＿＿＿＿＿＿＿＿＿＿＿＿＿＿＿＿＿＿＿。

2. ＿＿＿＿＿＿＿＿＿＿＿＿＿＿＿＿＿＿＿＿＿＿＿＿＿。

3. ＿＿＿＿＿＿＿＿＿＿＿＿＿＿＿＿＿＿＿＿＿＿＿＿＿。

第十五条 关于产权登记的约定

出卖人应当在商品房交付使用后＿＿＿＿＿＿＿日内，将办理权属登记需由出卖人提供的资料报产权登记机关备案。如因出卖人的责任，买受人不能在规定期限内取得房地产权属证书的，双方同意按下列第＿＿＿＿＿＿＿项处理：

1. 买受人退房，出卖人在买受人提出退房要求之日起＿＿＿＿＿＿＿日内将买受人已付房价款退还给买受人，并按已付房价款的＿＿＿＿＿＿＿％赔偿买受人损失。

2. 买受人不退房，出卖人按已付房价款的＿＿＿＿＿＿＿％向买受人支付违约金。

3. ＿＿＿＿＿＿＿＿＿＿＿＿＿＿＿＿＿＿＿＿＿＿＿＿＿。

第十六条 保修责任

买受人购买的商品房为商品住宅的，《住宅质量保证书》作为本合同的附件。出卖人自商品住宅交付使用之日起，按照《住宅质量保证书》承诺的内容承担相应的保修责任。

买受人购买的商品房为非商品住宅的，双方应当以合同附件的形式详细约定保修范围、保修期限和保修责任等内容。

在商品房保修范围和保修期限内发生质量问题，出卖人应当履行保修义务。因不可抗力或者非出卖人原因造成的损坏，出卖人不承担责任，但可协助维修，维修费用由购买人承担。

第十七条 双方可以就下列事项约定

1. 该商品房所在楼宇的屋面使用权＿＿＿＿＿＿＿＿＿＿＿＿＿＿＿＿＿。

2. 该商品房所在楼宇的外墙面使用权＿＿＿＿＿＿＿＿＿＿＿＿＿＿＿＿。

3. 该商品房所在楼宇的命名权＿＿＿＿＿＿＿＿＿＿＿＿＿＿＿＿＿＿＿。

4. 该商品房所在小区的命名权＿＿＿＿＿＿＿＿＿＿＿＿＿＿＿＿＿＿＿。

5. ＿＿＿＿＿＿＿＿＿＿＿＿＿＿＿＿＿＿＿＿＿＿＿＿＿＿＿＿＿＿。

6. ＿＿＿＿＿＿＿＿＿＿＿＿＿＿＿＿＿＿＿＿＿＿＿＿＿＿＿＿＿＿。

第十八条 买受人的房屋仅作＿＿＿＿＿＿＿＿＿＿＿＿＿＿＿使用，买受人使用期间不得擅自改变该商品房的建筑主体结构、承重结构和用途。除本合同及其附件另有规定者外，买受人在使用期间有权与其他权利人共同享用与该商品房有关联的公共部位和设施，并按占地和公共部位与公用房屋分摊面积承担义务。

出卖人不得擅自改变与该商品房有关联的公共部位和设施的使用性质。

第十九条 本合同在履行过程中发生的争议，由双方当事人协商解决；协商不成的，按下述第＿＿＿＿＿种方式解决

1. 提交＿＿＿＿＿＿＿＿＿＿仲裁委员会仲裁。

2. 依法向人民法院起诉。

第二十条 本合同未尽事项，可由双方约定后签订补充协议（附件四）

第二十一条 合同附件与本合同具有同等法律效力。本合同及其附件内，空格部分填写的文字与印刷文字具有同等效力。

第二十二条 本合同连同附件共＿＿＿＿＿页，一式＿＿＿＿＿份，具有同等法律效力，合同持有情况如下：出卖人＿＿＿＿＿份，买受人＿＿＿＿＿份，＿＿＿＿＿份，共＿＿＿＿＿份。

第二十三条 本合同自双方签订之日起生效

第二十四条 商品房预售的，自本合同生效之日起 30 天内，由出卖人向＿＿＿＿＿＿＿＿＿＿＿＿＿＿＿申请登记备案。

出卖人（签章）：　　　　　　　买受人（签章）：

【法定代表人】：　　　　　　　【法定代表人】：

【委托代理人】：　　　　　　　【委托代理人】：

（签章）　　　　　　　　　　　（签章）

＿＿＿＿年＿＿月＿＿日　　　　＿＿＿＿年＿＿月＿＿日

签于　　　　　　　　　　　　　签于

附件一：房屋平面图

附件二：公共部位与公用房屋分摊建筑面积构成说明

附件三：装饰、设备标准

1. 外墙：

2. 内墙：

3. 顶棚：

4. 地面：

5. 门窗：

6. 厨房：

7. 卫生间：

8. 阳台：

9. 电梯：

10. 其他：

附件四：合同补充协议

第二节 商品房预售合同登记备案

一、商品房预售合同登记备案

商品房预售合同登记备案是指开发商和预购人签订书面合同后，在一定期限内，将预售合同等相关文件送到当地房地产行政管理部门进行审查登记并备案的一种制度。

《城市房地产管理法》第四十四条第二款规定："商品房预售人应当按照国家有关规定将预售合同报县级以上人民政府房产管理部门和土地管理部门登记备案。"《城市商品房预售管理办法》第十条规定："商品房预售，开发企业应当与承购人签订商品房预售合同。预售人应当在签约之日起 30 日内持商品房预售合同向县级以上人民政府房地产管理部门和土地管理部门办理登记备案手续。"《城市房地产开发经营管理条例》第二十七条第二款规定："房地产开发企业应当自商品房预售合同签订之日起 30 日内，到商品房所在地的县级以上人民政府房地产开发主管部门和负责土地管理工作的部门备案。"上述条款是我国现行法律对商品房预售进行登记备案的规定，不难看出国家实行登记备案制度的立法目的主要是通过对商品房预售合同的管理，对房地产开发商预售商品房行为的合法性进行审查，以保护预购人的合法权益，进而防止预售期间"一房多卖"现象的发生。

二、商品房预售合同登记备案的性质及效力

目前，我国法律法规及相关规章均明确规定了商品房预售合同登记备案制度，但对于该登记备案制度的性质与效力并未具体规定。但一般认为，商品房

预售合同登记备案属于一种特殊的不动产登记，国外称预告登记或预登记，即为保全一项以将来发生不动产物权变动为目的的请求权而为的登记。而预告登记发生时物权尚不存在，物权变动是将来发生的行为，故所登记的权利仍是一种请求权（债权），登记的内容是将来请求发生物权变动。

商品房预售合同的登记备案只作为一种行政意义上的义务，并非合同的生效要件，其所登记的是商品房预售合同中约定的债权债务关系。2003年6月1日正式施行的《最高人民法院关于审理商品房买卖合同纠纷案件适用法律若干问题的解释》第六条第一款也作了"当事人以商品房预售合同未按照法律、行政法规规定办理登记备案手续为由，请求确认合同无效的，不予支持"的规定。在传统民法中，登记制度是针对不动产的物权归属和变动而设计的，而预售的商品房是在建设中的期房，在买卖时还未建好，也不可能和现房那样成立完整意义上的房屋所有权或其他物权，更谈不上因物权的变动问题而产生对期房产权的登记。同时按照我国现行的"房屋登记是房屋所有权的唯一公示方法"的原则，购房者在办理产权转移登记之前只能是债权人，不可能取得所购房屋的所有权，因此，商品房预售合同的登记备案也无法产生如同产权转移登记那样的对抗力的顺位保留的效力。故此，商品房预售合同的登记备案性质上应为国家对商品房预售所为的行政管理行为和措施，不是确认合同效力的必备条件，与商品房预售合同的民事法律效力是没有关系的。

办理商品房预售登记备案手续应提交下列材料：

（1）商品房预售登记备案表（一式三份）。

（2）预售人的委托书、受委托人的身份证明。

（3）商品房预售合同。

（4）预购人为个人的，提交身份证件的复印件、结婚证复印件或婚姻证明。

房管部门办理登记备案手续时，应当在商品房预售登记备案表上加盖商品房预售登记备案章，留存一份商品房预售登记备案表、预售人的委托书和受委托人的身份证件的复印件、预购人身份证件的复印件、单位的营业执照（注册证书）以及单位权力机构同意购房文件的复印件。商品房预售合同上加盖商品房预售登记备案章，并留存商品房预售合同一份，另两份商品房预售登记备案表及合同由预售人、预购人留存。

注：随着电子办公平台的功能增强和发挥，商品房买卖合同已实行网上签约，办理房产证时也省略了填写表格的环节。

第三节　商品房面积测绘

一、概述

商品房面积测绘是最后确定商品房面积和解决商品房销售面积差异的唯一行政及法定途径。商品房面积测绘由具有资质的测绘单位进行。以前的测绘单位一般是当地的房地产管理部门下设或单列的办理有工商执照的机构，具有垄断性质。国家 2001 年 5 月 1 日起颁布施行的《房产测绘管理办法》中，规定了测绘行为是受行政主管部门监督管理的企业行为。该办法要求房产测绘单位应当严格遵守国家有关法律、法规，执行国家房产测量规范和有关技术标准、规定，对其完成的房产测绘成果质量负责；接受房地产行政主管部门和测绘行政主管部门的技术指导和业务监督；保证测绘成果的完整、准确，不得违规测绘、弄虚作假，不得损害国家利益、社会公共利益和他人合法权益。现在的商品房面积测绘及核定市场，还没有进行有效的开放。

二、商品房面积概念

商品房一般的计量单位有平方米、套、间、层、栋和单元等。其中，平方米为基本计量单位。商品房的面积根据不同的面积规范有不同的约定和分类。一般可分为：建筑面积、套内建筑面积、使用面积、公摊面积和产权面积等。

1.　商品房建筑面积

包括套内建筑面积和辅助面积。其中辅助面积又叫做公摊面积。

2.　商品房套内面积

又称为房屋轴线面积。它是房屋使用面积与房屋结构面积（自用墙柱）之和。

以前的商品房买卖中，房屋面积一般以建筑面积计，即含有套内面积和公摊面积。由于此种计量方式中的公摊面积的计算，对其专业性和资料性要求都很高，一般人在资料及知识缺乏的情况下无从核计，该计量方式不透明，同时让不良房地产开发公司有可乘之机，出现许多投诉案件及纠纷。为了使面积计量更阳光、透明、科学，不少地方要求商品房计量单位改用套内建筑面积，该计量一般人都能按图纸或根据实物丈量计算，具有大众化、简明化、准确化的特点。

3. 房屋使用面积

可供使用的全部净空面积。按房屋的内墙线水平投影计算。

4. 商品房公摊面积

又称房屋共有建筑面积，系指由多个产权主共同占有或使用的建筑面积。

5. 商品房产权面积

房屋产权界定的面积。一般是套内建筑面积加上公摊面积。产权面积就是该房屋权属范围内实际享有的面积。商品房所有权证书上记载的面积就是产权面积。

6. 垃圾面积

所谓垃圾面积是被列为房屋销售面积（也含产权面积）之中，但没有实质性使用用途和使用意义的房屋面积。如果垃圾面积过多，买受人将为此多负担购房款和物业费。垃圾面积往往会出现在设计不当的走廊过道上，一味以加大进深来增加使用面积的房型中，进深过大的阳台上，以及设计不够合理的厨卫当中。

7. 得房率

得房率是指可供住户支配的面积与每户建筑面积（包括公用部分面积）之比。得房率是买房比较重要的一个指标。得房率太低，不实惠；太高，不方便。因为得房率越高，公共部分的面积就越少，住户也会感到压抑。一般来说，多层住宅的得房率要高于高层住宅的得房率。多层住宅的得房率在 85%左右，高层住宅的得房率在 70%左右比较合适，这样公共部分即宽敞气派，分摊的面积也不会太多。

三、商品房销售面积计算及公用建筑面积分摊规则

1. 计算建筑面积的房屋必须具备的原则条件

（1）应该有盖。

（2）应有围护物。

（3）结构牢固，属永久性建筑。

（4）层高在 2.2 米或 2.2 米以上。

（5）可作为人们生产或生活的场所。

2. 计算全部建筑面积的范围

（1）永久性结构的单层房屋，按一层计算建筑面积；多层房屋按各层建筑

面积的总和计算。这里的多层是指有两层或两层以上的房屋。单层房屋高于 2.2 米的 2 倍以上时，只能按一层来计算，而低于 2.2 米的，不计算建筑面积。

（2）房屋内的夹层、插层、技术层及其楼梯间、电梯间等其高度在 2.2 米以上（含 2.2 米）部位，按全面积计算。

（3）穿过房屋的楼道，房屋内的门厅、大厅，层高不低于 2.2 米的，均按一层计算建筑面积。这里所讲的穿过房屋的通道，是指房屋内部的通道。门厅、大厅有的因层高很高，一般在沿厅的周边设有楼层式的走廊，我们称之为回廊。但不论门厅或大厅有多高，均只能按一层建筑面积计算，而楼梯部分，由于没有独立的上盖，故不能计算面积，如果计算面积，其面积（水平投影面积）将占去一层平面面积，故门厅大厅的面积以该层房屋水平建筑面积计算为准。

（4）楼梯间、电梯（观光梯）井，提物井、垃圾道和管道井等，均按房屋自然层计算建筑面积。地下室、半地下室其层高不低于 2.2 米的，亦按房屋自然层计算建筑面积。

地下室指房间地面低于外地平面的高度超过房间净高的一半者；半地下室指房间地面低于外地平面的高度超过该房屋净高的三分之一者。

房屋天面上，属永久性建筑，层高在 2.2 米以上的楼梯间、水箱间、电梯机房及斜面结构屋顶高度在 2.2 米以上的部位，按其外围水平投影面积计算。

（5）挑楼、全封闭的阳台按其外围水平投影面积计算。

挑楼是楼房向外悬挑出底层的封闭楼层房屋，层高不低于 2.2 米，按单层处理。

（6）属永久性结构有上盖的室外楼梯，按各层水平投影面积计算。

3. 计算一半建筑面积的范围

（1）与房屋相连，有上盖无柱的走廊、檐廊，按其围护结构的外围水平投影面积的一半计算。

（2）未封闭的阳台、挑廊，按其围护结构外围水平投影面积的一半计算。

（3）独立柱，单排柱的门廊、车棚、货棚等属永久性建筑的，按其上盖水平投影面积的一半计算。

（4）无顶盖的室外楼梯按各层水平投影面积的一半计算。

4. 不计算建筑面积的范围

（1）层高小于 2.2 米以下的夹层、插层、技术层，层高小于 2.20 米的地下室和半地下室。

（2）突出房屋墙面的构件、配件、装饰柱、装饰性的玻璃幕墙、垛、勒脚、出阶以及无柱雨篷等。

（3）房屋之间无上盖的架空通廊。

（4）房屋的天面、挑台、天面上的花园和泳池。

（5）建筑物内的操作平台，上料平台及利用建筑物的空间安置箱、罐的平台。

（6）骑楼、过街楼的底层用作道路街巷通行的部分。

（7）利用引桥、高架桥、高架路和路面作为顶盖建造的房屋。

（8）活动房屋、临时房屋、简易房屋。

5. 共有建筑面积

共有建筑面积可分为可分摊共有建筑面积和不可分摊建筑面积二种。

可以分摊的共有建筑面积有：

（1）共有的电梯井、管道井、垃圾道及观光井（梯）提物井；

（2）共有的楼梯间、电梯间；

（3）为本幢楼房服务的变电室、水泵房、设备间和值班警卫室；

（4）为本幢楼房服务的公共用房、管理用房；

（5）共有的门厅、大厅、过道、门廊和门斗；

（6）共有的电梯机房、水箱间和避险间；

（7）共有的室外楼梯；

（8）共有的地下室、半地下室；

（9）公共建筑之间的分隔墙，以及外墙（包括山墙）水平投影面积的一半的建筑面积。

不应分摊的建筑面积：

（1）作为人防工程的建筑面积；

（2）独立使用的地下室、半地下室、车库和车棚；

（3）为多幢楼房服务的警卫室、设备用房和管理用房；

（4）作为公共休憩用的亭、走廊、塔和绿化等建筑物；

（5）用作公共事业的市政建设的建筑物。

6. 共有面积的处理原则

（1）产权各方有合法使用权属分割文件或协议的，按文件或协议规定执行。

（2）无产权分割文件或协议，按相关房屋的建筑面积比例进行分摊。

（3）受益分摊原则。即可以使用得上的共有面积列为分摊，使用不上的不列分摊。

共有面积公摊系数简称公摊系数，指单位套内建筑面积应分摊的共有建筑面积。公式为：公摊系数应分摊的共有建筑面积之和÷参与分摊该共有建筑面积的套内建筑面积之和×100％。

如某幢房屋某单元共有套内建筑面积 1500 平方米，共需要分摊的二分之一外墙、出屋面楼梯间、楼梯面积、垃圾井等全部应分摊面积为 200 平方米，则该单元房屋公摊系数为：200÷1500×100％＝13.33％。即一个平方米的套内建筑面积要分摊 0.1333 平方米的公共面积。

公摊系数由多个系数组成，它是多个系数之总和。如共用外墙公摊系数、共用电梯井公摊系数、楼梯间公摊系数等，这些系数之和，就是房屋的公摊系数。简单地说，公摊系数越大，说明房屋公共部分的面积越多，实际房屋的套内面积越少。在保证房屋使用要求及品质的前提下，公摊系数越小越好。一般情况下，多层房屋的公摊系数约为 6％～16％，而电梯房的公摊系数多为 20％以上。

7. 套内建筑面积的计算

《商品房销售面积计算及公用建筑面积分摊规则》（试行）适用于商品房的销售和产权登记。商品房销售以建筑面积为面积计算单位。建筑面积应按国家现行《建筑面积计算规则》进行计算。

商品房按"套"或"单元"出售，商品房的销售面积即为购房者所购买的套内或单元内建筑面积（以下简称套内建筑面积）与应分摊的公用建筑面积之和。

商品房建筑面积＝套内建筑面积＋分摊的公用建筑面积

套内建筑面积由以下三部分组成：

（1）套（单元）内的使用面积；

（2）套内墙体面积；

（3）阳台建筑面积。

套内建筑面积各部分的计算原则：

（1）套（单元）内的使用面积。

住宅按《住宅建筑设计规范》（GBJ96－86）规定的方法计算。其他建筑，按照专用建筑设计规范规定的方法或参照《住宅建筑设计规范》计算。

（2）套内墙体面积。

商品房各套（单元）内使用空间周围的维护或承重墙体，有共用墙及非共用墙两种。

商品房各套（单元）内之间的分隔墙、套（单元）与公用建筑空间之间的分隔墙以及外墙（包括山墙）均为共用墙，共用墙墙体水平投影面积的一半计入套内墙体面积。非共用墙墙体水平投影面积全部计入套内墙体面积。

（3）阳台建筑面积。

按国家现行《建筑面积计算规则》进行计算。

（4）套内建筑面积的计算公式为：

套内建筑面积＝套内使用面积＋套内墙体面积＋阳台建筑面积

最为简单明了的方法为，按其图纸的轴线计算，对阳台部分根据其封闭情况进行修正。

第四节　常见的商品房买卖合同纠纷

近几年来，随着我国房地产业的快速发展，商品房买卖已成为一种大众消费和投资现象。由于房地产业在我国发展时间较短，有关这方面的法律规定较为笼统，导致实践中存在许多模糊认识，商品房销售市场也较为混乱，出现的法律纠纷也越来越多。

一、常见的合同纠纷

1. 开发商虚假宣传

有的房地产开发公司为了销售，在宣传资料上动心思做文章，将虚无的说成有，将租用的说成是自己的。如有一个楼盘，其花园是租用的，在楼书中却宣传说小区的绿化如何好。住户入住后，发现花园不是小区固有的，房地产开发公司租用的期限满后，花园就不存在了。购房者找开发商，开发商却说，不管花园是谁的，只要小区住户能用就行，致使出现法律纠纷。

2. 随意变更规划设计

规划设计确定之后，一般不得变更，但有的开发商由于当初的设计有缺陷，或为了增加建筑面积、增加销售收入，随意变更规划设计，并不按约定告知购房者，因而出现纠纷。如某大厦本来设计有地下停车场，但后来却将停车场变成地下商场出售给他人，致使楼上的住宅其使用功能和品质受损，出现纠纷。

3. 质量问题引起的纠纷

房地产质量有严格的控制和要求，但在施工安装过程中，或因为以次充好，或因为不规范施工，或因为采用不成熟的新产品等出现质量纠纷。如某小区采用轻质煤渣砖，由于质量达不到要求，购房者入住一年后出现墙体开裂隙，引起质量争议；又如合同中约定的门窗质量，在施工中采用了其他型号和品牌，导致纠纷。

4．面积争议

商品房买卖合同中有关面积误差的约定和处理条款，房地产开发公司在该条款上都会采用对自己有利的约定，而购房者往往又不甚明了，所以当面积出现较大差异时，可能会要求购房者补交相当数量的房款，双方发生纠纷。如某临街商业房在合同中约定的面积差异的处理方式为按房价据实结算。交房后，面积出现了较大的增多，房地产开发公司要求购房者补交房款，而购房者却认为房地产开发公司变更设计，因此拒绝补款，而房地产开发公司在没有收足房款前拒绝交房，最后没办法诉诸法律，闹上法院。

5．付款纠纷

主要出现在按揭贷款的付款方式上。购房者支付首付款后，双方签订了合同，但是到银行办理按揭手续时，出现所需资料不全或购房者不能亲临签字办理手续的情况，使房地产开发公司不能按时收到购房款，即出现逾期付款的情形，从而出现法律纠纷。

6．逾期交房

这是最常见的房地产纠纷现象，因为房地产开发公司的原因，房屋迟迟不能交付，出现大量的购房者起诉房地产开发公司的情形。在这种纠纷中，一般来说房地产开发公司是被动的，面临相当大的风险。但也有问题复杂化的情况，有的房地产开发公司，以雨雪等天气情况为由，并且在报章上公开宣称延期交房，以达到免责。逾期交房还有一种情形是其他配套设施出现问题，如电梯没有安装到位等。如有个大厦，房屋按合同期限已验收，但电梯却不能到位，房交不了，房地产开发公司出现逾期交房违约赔偿后，又出现向电梯公司索赔的连锁法律纠纷事宜。

7．办证纠纷

房屋交付之后，房地产开发公司由于土地出让金没有交清，或者本身土地规划等方面出现问题，迟迟不能将有关资料备齐送交房产部门，使房产证不能办理。这种情况完全是房地产开发公司的责任，但购房者要维权的话，也很麻烦，成本也很高。

值得注意的是，在所有的商品房买卖合同纠纷中，提起诉讼的原因大多存在多项原因并存的情况，少见仅为一项的情形，这说明开发商存在的违约是多方面的。

二、案例及解析

1. 房屋质量问题

2000 年 6 月，蔡某看中了位于某花园正在建设中的房子，与开发公司签订了《商品房买卖合同》，并在签合同时将 31 万余元的房款付清。随后，蔡某又向开发公司缴纳了公共设施维护费等各种费用 2 万余元。2001 年，蔡花了 18 万余元对房子进行了装修。可是 2001 年 8 月份，新买的房子开始漏水，导致不能入住，蔡某于 2001 年 8 月将开发公司告上了法庭。

判决：解除蔡某与开发公司签订的《商品房买卖合同》，开发公司将购房款 31 万余元、装修损失 18 万余元以及其他各项费用 2 万余元返还给蔡某。蔡某将购买的房屋返还给开发公司。

案例说法：在房屋买卖合同中，如果房屋出现地基基础工程及主体结构工程质量问题，并难以通过修复办法解决的，买房人请求解除合同，法院应批准。对于不属于房屋主体工程的质量问题，但经过多次维修不能修复或质量问题严重影响买房人正常使用的，买房人也享有合同解除权。

2. 惩罚性赔偿

1999 年 5 月，汤某与某开发公司签订了《楼宇认购书》，认购了价值为 34 万余元的商品房。汤某于 2001 年 5 月份，向开发公司缴纳了 7 万余元的购房款，其余的房款以分期付款的形式交付，开发公司也给汤某出具了收款收据。而 2002 年 12 月份的时候，开发公司以高出原售价的价格将卖给汤某的房子卖给了别人。汤某于 2003 年 5 月将开发公司告上法庭。

判决：解除双方签订的《楼宇认购书》；开发公司退还汤某购房款 7 万余元；赔偿汤某购房款利息 9000 余元；将两次卖房所产生的差价 3.5 万余元赔偿给汤某；开发商承担已付购房款一倍的惩罚性赔偿责任，赔偿汤某 7 万元。

案例说法：《关于商品房买卖合同纠纷案件适用法律若干问题的解释》中规定：惩罚性赔偿原则主要针对出卖人订立合同的欺诈行为和恶意违约行为。若出现下列情况可适用：（1）商品房买卖合同订立后，出卖人未告知买受人将房屋抵押给第三人；（2）商品房买卖合同订立后，出卖人将该房出卖给第三人；（3）故意隐瞒没有取得商品房预售许可证的事实或提供虚假商品房预售许可证；（4）故意隐瞒所售房屋已抵押的事实；（5）故意隐瞒所售房屋已经出卖给第三人或者为拆迁补偿安置房屋的事实。

3. 购房面积缩水

蒋某于 2003 年 6 月买了两处房，总面积为 552.74 平方米。签订合同之后，蒋某缴纳了全额购房款。之后，蒋某认为房屋实际面积与合同约定面积不符，于 2003 年 8 月提出起诉。由于双方没有就地下室的面积做出约定，开发商认为蒋某的房子如果算上地下室面积应该是 587.28 平方米，超出了约定的面积，故提出了反诉。经测绘，蒋某的房子地上一层至二层的建筑面积为 532.68 平方米，与合同预定相差 20.06 平方米，面积误差比为 3.6%。

判决：法院在判决时，没有把蒋家地下室的面积算入房屋总面积，判开发公司返还给蒋房款 12 万余元。

案件说法：商品房买卖合同中的面积缩水问题，是当前购房者反映强烈的一个问题。法律规定，出卖人交付使用的房屋建筑面积与商品房买卖合同约定面积不符的，合同有约定的按约定处理，没有约定的按照以下原则处理：房屋实际面积小于合同约定面积的，面积误差比在 3% 以内（含 3%）部分的房价款及利息由出卖人返还买受人，面积误差比超过 3% 部分的房价款由出卖人双倍返还买受人。

4. 委托代理问题

王某花 12 万元从老崔前妻金某手里买了个回迁房。买房子的时候王看了金某拿来的手续。"她拿的手续挺全的，还有一个姓崔的身份证复印件和按手印的授权。"虽然并不是姓崔的签的买卖协议，王某还是买了房子，装修后就住了进去。一年后，王某被老崔告上了法庭，要求王搬走。老崔认为，自己是房子的所有人，没有经过自己的同意，前妻不能卖房子。

判决：王某不用搬走。

案件说法：老崔的前妻拿着全部手续，把房子卖给了王某，王某有理由相信房子是老崔答应卖的。

5. 保护善意第三人制度

李某从老王头手里买了房子，这个房子原来是给老王头的养子住的，但老王头告诉李某说养子不孝顺，就到法院解除了收养关系。双方还到房产局办理的手续。可老王头在外打工的养子听说房子被卖了，回来就把李某给告了。他认为："房子有我一份，他们买卖房子的行为不合法。"

判决：李某买老王头的房子属于合法行为。

案件说法：老王头卖房子的时候有解除收养关系的判决书，李某也有理由相信，房子和老王头的养子没有关系。李某是善意，尽到了应尽的注意义务，保护他们目的是为了保护交易安全和保护善意第三人。

6. "善意取得"的适用

王某有一处建筑面积 77 平方米的房子，于 2003 年 1 月出租给了刘某。但刘某用伪造的假房证将王某的房产证调换，又伪造了王某的身份证和户口证明。刘某用这些手续骗过了房产部门，将房子卖给了杨某，取得了 19.8 万元。杨某装修后入住，王某才发现出租的房子被卖了。后刘某虽被抓获，但房款已被其挥霍，不能追回。王某向法院起诉，要求杨某腾房。

判决：市法院判令杨某将房屋腾空，按现状返还给王某；王某给付杨某装修费 18000 元。

案件说法：本案中，刘某不是诉争房屋的权利人，其"转让"诉争房屋的行为也不是民事法律意义上的擅自处分共有财产的行为，亦不属于民法中的处分他人之物的行为，因此本案不能适用"善意取得"制度，杨某虽然为受害人，但得不到法律的保护。

7. 原房主的居住权

2000 年 10 月，张英把房子卖给刘武。同时，刘写下《证明》，承诺张英"享有永久居住权，直到天年后"。

2001 年 6 月，刘武又将房子卖给了周某，还约定刘某享有两年居住权。2003 年 5 月，周某取得了房产证后，要求刘武交房，但张英没有腾房，刘武一气下放火点着了院内的柴火垛，被判入狱服刑 3 年。2004 年 9 月，周某向法院提起诉讼，要求张英腾退房子。

判决：因张英卖房时，与买方约定了"享有永久居住权，直到天年后"，故终审判张英不用腾房。

案件说法：张英与刘武明确约定，张英享有永久居住权，直到天年之后。这样张英就保留了对该房的居住权。这个案件的处理结果体现了法院对弱势群体的保护，这是对公民最基本生存权利的维护。

8. 房屋中介责任

2001 年 9 月，赵某通过和平区一家信息服务站登记卖房。赵某伪造了其租住房房主吴某的《房屋所有权证》和《契证》，并伙同宋某冒充吴某的妻子，将房子卖给了刘某。刘某付房款后，在收拾房子时被原房主发现，才知道上当了，为此他损失了 16 万元房款，还给了中介方 2000 元。刘某向法院起诉，要求返还房款，并要求中介承担赔偿责任并返还中介费。

判决：法院判令中介方不用承担连带赔偿责任，但须退还中介费 2000 元。

案件说法：如果中介方对卖房人的情况并不了解或没有隐瞒真实情况的故意，即使损害了委托人的利益，中介方也不承担损害赔偿责任。因为，在房屋买卖交易中，防范风险的注意义务主要还是由买房人承担。

说明：商品房买卖涉及面广而杂，各种合同要素要件多。随着房地产业的不断发展和各种规章、标准的建立健全，越来越多的矛盾纠纷和问题日益凸显出来。原有的商品房买卖合同越来越不能全面、有效地约束合同当事人，以及所涉及的第三方，包括物业服务公司、其他业主的权利、责任和义务，都不能适应现实的需要。因此，不少省、市、区房地产管理部门及工商行政管理部门，在认真调研、分析、总结的基础上，根据国家有关法律、法规的要求，结合本地实际，制订并推出了全新的《商品房买卖合同》示范文本，使商品房买卖更趋规范、公平、全面，以及更有效和更具可操作性，为房地产业的健康发展，理顺和规范商品房买卖行为，起到了积极的作用。贵州省 2011 年推出的《商品房买卖合同》就是一个较为全面、规范的文本，不仅有效地保护了买卖双方的权益，而且各种合同要件更加全面、具体和规范。因此本书收录了三个附录供参考。三个附录是：1. 贵州省商品房买卖合同示范文本；2. 前期物业委托服务合同；3. 临时业主管理规约。

思考练习题

一、名词解释

1. 商品房预售合同登记备案

2. 商品房建筑面积

3. 商品房公摊面积

4. 房屋产权面积

5. 地下室

二、简述题

1. 简述商品房预售合同登记备案制度。

2. 公摊系数的计算公式是什么？公摊系数的大小与房屋套内面积有什么关系？

3. 简述商品房面积测绘。

4. 计算建筑面积的房屋必须具备的条件有哪些？

5. 商品房买卖合同纠纷中关于面积误差有哪些惩罚性条款规定？

6. 计算全部建筑面积的范围有哪些？

三、判断题

1. 预售商品房买卖合同签订后到房地产管理部门备案方才生效。（　　）

2. 商品房买卖合同中没有约定关于面积误差的处理方式，出现误差，双方必须另行协商。　　　　　　　　　　　　　　　　　　　　　　　（　　）

四、论述题

王某在某小区购商品房一套，双方签订了商品房买卖合同，但未到房产部门备案，到交房时王某却发现该房已被他人占有。后得知，房地产开发公司在与王某签订合同后，因为房价上涨，遂与他人另行签订了房屋购买合同，并且到房产部门进行了备案。经与房地产开发公司交涉，房产公司同意退还王某房款，但王某坚持要房，双方协商未果，后王某起诉至法院。请问：

1. 王某与房地产开发公司签订的商品房买卖合同是否有效？为什么？

2. 该套商品房应该归王某还是另签合同并备案的购房者所有？

3. 根据所学的知识，你建议王某如何维护自己的权益？

五、案例分析

1. 2001年8月，齐某与某开发公司签订了《楼宇认购书》，认购了价值为46万余元的商品房。齐某于2002年5月份，向开发公司缴纳了9万余元的购房款，其余的房款以分期付款的形式交付，开发公司也给齐某出具了收款收据。而2003年6月份的时候，开发公司以54万的价格将卖给齐某的房子卖给了别人。齐于2005年5月将开发公司告上法庭。

请问：法院如何判决？为什么？

2. 2001年6月9日，被告鑫源开发公司与第三人枫宇经纪公司签订了《商品房委托代理协议》，约定将其开发建设的住宅楼委托第三人独家全权代理销售，期限自签订合同之日起至售完为止。

2003年1月8日，第三人在代理销售期限内与原告吴某签订了《商品房购销协议》，将住宅楼5－1－602室及4号地下室以28万元的价格出卖于原告，原告依约交付第三人购房款28万元。后被告鑫源开发公司与枫宇经纪公司因代理销售款回笼及费用结算问题发生纠纷，在住宅楼通知交房时，被告以《商品房购销协议》上无其印章为由对该协议不予认可，拒绝将房屋交付原告。

请问：本案如何处理？并说明理由。

3. 商品房买卖合同中约定，面积出现误差，双方同意按第二条即合同中的提示性条款处理，合同中约定房屋面积为100平方米，单价为5000元/平方米。后经测绘部门测绘，面积为105平方米，买受人不退房。

请问：买受人应补交多少房款？如果实测面积为95平方米，买受人不退房，房地产开发公司应退多少房款给买受人？

第十章　房地产权证

第一节　房屋产权

一、房屋产权

按《民法通则》规定，房屋产权指的是房屋所有人对房屋所拥有的完全所有权，主要包括对房屋的占有、使用、处分和收益权四项权能，这也是房屋所有权的四项基本内容。简单说就是拥有使用该房屋，或出租该房屋获取租金收入，出售该房屋获取增值，将该房屋抵押给银行或其他组织或个人进行融资或贷款等权利。房屋作为不动产，与土地是不可分割的一个整体，房屋在发生转让等产权变更时，必然是房地一体进行的，不可能将房屋与土地分割开来处分。

房屋所有权的概念与房屋产权的概念一致。

取得房屋所有权的来源有：（1）依法新建的房屋；（2）添附的房屋，如翻建、扩建、加层等；（3）通过买卖、赠与、互换等民事法律行为取得所有权的房屋；（4）继承或受遗赠的房屋。

二、房屋权利人

房屋权利人是指依法享有房屋所有权和该房屋占用范围内的土地使用权、房地产他项权利的法人、其他组织和自然人。

三、房屋权利申请人

房屋权利申请人是指已获得了房屋并提出房屋登记申请，但尚未取得房屋所有权证书的法人、其他组织和自然人。对于购买商品房的购房者来说，比如他们在向房屋登记主管部门申请办理个人产权证时即称为房屋权利申请人。

第二节　房屋权属证书

一、房屋产权证基本概念

依据《中华人民共和国城市房地产管理法》第五十九条规定：国家实行土地使用权和房屋所有权登记发证制度。房屋权属证书是权利人依法拥有房屋所有权并对房屋行使占有、使用、收益和处分权利的唯一合法凭证。依法登记的房屋权利受国家法律保护。房屋权属登记，是房地产行政主管部门代表政府对房屋所有权以及由上述权利产生的抵押权、典权等房屋他项权利进行登记，并依法确认房屋产权归属关系的行为。房屋权属登记遵循房屋的所有权和该房屋占用范围内的土地使用权权利主体一致的原则。申请人应当按照国家规定到房屋所在地的人民政府房地产行政主管部门即登记机关申请房屋权属登记，领取房屋权属证书。

房屋权属证书包括《房屋所有权证》《房屋共有权证》《房屋他项权证》或者《房地产权证》《房地产共有权证》《房地产他项权证》。共有的房屋，由权利人推举的持证人收执房屋所有权证书。其余共有人各执房屋共有权证书一份。房屋共有权证书与房屋所有权证书具有同等的法律效力。

房屋产权证书记载的内容包括：发证机关、证号、产权类别、产权所有权、房产坐落地址、房屋结构、间数、层数、建筑面积、使用面积、设计用途、他项权利摘要和附记，并配有房地产测量部门的房屋平面图。

共有房产：共有房产指两个或两个以上的所有权人对同一项房产共同享有所有权。

共同共有房产：共同共有房产指两个或两个以上的人，对全部共有房产不分份额地享有平等的所有权。

房屋共有权证：房屋共有权证指由县级以上房地产行政管理部门对共有的房屋向共有权人核发，每个共有权人各持一份的权利证书。共有权证是《房屋所有权证》的附件，用以证明共有房屋的权属。一套共有房屋可以有多个房屋共有权证，比如三个人共同购买一套商品房或夫妻双方均在购买合同上签字，都会向共有人发放房屋共有权证。

他项权证：他项权证指在他项权利登记后，由房屋行政主管部门核发、由抵押权人持有的权利证书。房屋他项权证是在房屋所有人在房屋物权上基于债权而设定的一项附属权利。在销售过程中，如果是银行按揭贷款，就出现他项权证的问题。他项权证由房产管理部门办理，交由贷款银行保管，他项权证上注明房屋的抵押值，该抵押值也是银行按揭贷款的等值。银行按揭贷款还清后，银行会在他项权证上进行注明并转交给贷款人（购房者），购房者持他项权证到房产管理部门解除抵押，取回房产证。

二、办理房地产权证流程

当事人提交材料；房地产交易中心初审预登记；房地产测绘中心配图（房屋平面图、地籍图）；财政税务部门纳契税、印花税；房地产登记部门正式登记；审核发证。

三、商品住房土地使用权分割登记及土地使用权证

商品住房土地使用权分割登记是指国土资源部门对同一宗地内每幢建筑中需分割转让的建筑单元预先发放《土地使用权分割登记证》，转让后受让方凭《土地使用权分割登记证》及相关资料到国土资源部门办理变更登记、换领与商品住房相配套的土地使用权证书。

《中华人民共和国城市房地产管理法》规定："国家实行土地使用权和房屋所有权登记发证制度。"但此前，商品住房仅办理房屋产权证书，而没有办理土地使用权分割登记发证。2002国土资源部以（国土资发〔2002〕31号）下发了《关于进一步加快城镇住房用地登记发证工作的通知》，要求加强城镇住房用地管理，尤其是商品房、公有住房出售以及出售后上市交易房的土地产权管理，做到"凭证管地，持证用地"，依法保护房屋、土地权利人合法权益，保证房地产交易安全，维护土地市场秩序，促进社会稳定。《通知》下发后，城镇住房用地登记发证工作随即展开。特别是2007年3月16日第十届全国人民代表大会第五次会议通过，自2007年10月1日起施行的《中华人民共和国物权法》出台后，各地加快和加强了商品住房土地使用权分割登记颁证工作。逐步完善土地使用权分证的办证、颁证、持证及交易和抵押控制等。但由于该项工作起步晚，工作量大，有的地方仍没有严格的办证要求，商品住房只办理房屋产权证，没有办理土地使用权分割登记证，在商品房抵押、交易时，也不需要土地使用权分割登记证书。

买受人购房后，如果不及时办理土地证，将面临三大风险。一是，虽然房产证握在自己手里，但土地使用权仍属于开发商，这就不能排除存在开发商以该土地使用权"大证"向银行抵押贷款的风险。二是，不办理土地证，有的单

位可能会非法转让给他人，使购房者蒙受不必要的损失。三是，将来土地使用证和房屋产权证不齐，可能不得上市交易。此外，买受人有了土地证之后，当开发商违反规划，擅自将绿地或者其他公共面积进行商业开发时，购房者有权说不。对开发商而言，及时办理土地分割登记也是有利的。一是，土地分割登记后，开发商可以不用再缴纳土地使用税。二是，通过土地使用权分割登记，一次性将土地使用权分割到户，减少麻烦。

第三节　权属登记

权属登记需进行如下程序：

其一，房屋权属登记。房屋权属登记是指房地产行政主管部门代表政府对房屋所有权以及由所有权产生的抵押权等房屋他项权利进行登记，并依法确认房屋产权归属关系的行为。

房屋的权属登记分为房屋的初始产权登记、房屋转移登记、房屋变更登记、他项权利登记和注销登记。

其二，房屋的初始产权登记。房屋的初始产权登记是指新建房屋竣工后或集体土地上的房屋转为国有土地上的房屋所进行的房屋所有权登记。新建房屋办理完毕初始产权登记后方可办理转移登记。对于购房者来说，开发商办理完初始产权登记就可以办理每一户购房者的房屋所有权证。

其三，房屋转移登记。房屋转移登记是指因房屋买卖、赠与、继承、交换、划拨、分割、合并或裁决等原因致使其权属发生转移后所进行的房屋所有权登记。

其四，房屋变更登记。房屋变更登记是指权利人名称变更和房屋现状发生下列情形之一所进行的房屋所有权登记。（1）房屋坐落的行政区域划分变更的，导致街道、门牌号发生变更的。（2）房屋名称发生变更的。（3）夫妻更名的。（4）已购公房改为商品房的。（5）房屋面积增加或者减少的。（6）房屋翻建的。

其五，他项权利登记。他项权利登记是指设定房屋抵押权等他项权利所进行的房屋所有权登记。一般通过贷款购买的商品房贷款银行作为抵押权人，在购房者的房屋所有权证办理完毕后，都要求购房者到房地产行政主管部门办理抵押登记手续，办理他项权利证书，以保证银行债权的实现。

其六，注销登记。注销登记是指因房屋灭失、土地使用年限届满或他项权利终止等进行的房屋权属登记。

第四节 房屋产权证书的办理

一、产权证办理

城市规划区国有土地范围内的新建的房屋权属登记，申请人应当在房屋竣工综合验收合格后向登记机关申请房屋所有权初始登记，并应当提交用地证明文件或者土地使用权证、建设用地规划许可证、建设工程规划许可证、施工许可证、房屋竣工验收备案表以及其他有关的准予使用的证明文件，如消防准予使用文件、供水供电工程验收合格文件、电梯质检报告和房屋面积测量成果报告等。还需提供申请人身份证明或法人资格证明，委托代理人申请登记的，委托办理的，还应提交授权委托书、代理人资格身份证明。

一般购房者取得产权证通常的做法，一是购房者将需办证的税费交给开发商，由开发商代办，二是购房者收房后，将交纳房款的收据换成正式发票，然后提供商品房买卖合同复印件在税务部门交纳契税，到房产管理部门交纳房屋维修基金，然后自行到房产局办证窗口办证。需提供的资料包括：

（1）《商品房买卖合同》；

（2）身份证；

（3）结婚证（限于结婚的，用于办理共有权证）。没有结婚的一般需提供民政部门出具的未婚证明文件；

（4）交纳税费的凭据。

在办证时，还需由测绘机构配房屋平面图。

有些购房者可能会觉得，既然办理房屋权属登记是自己的义务，而自己又要交纳很多税费，如果所购房屋只是自用，那么是不是索性就不去办理房屋权属登记？结论当然是否定的。根据有关规定："房屋权属证书是权利人依法拥有房屋所有权并对房屋行使占有、使用、收益和处分权利的唯一合法凭证。"只有依法登记的房屋权利才受国家法律保护。因此，购房者如果不办理房屋权属登记，那么将无法证明自己对所购的房屋拥有所有权，更无法行使转让、抵押、出租和继承等权利。

二、购房者无法取得房产证的法律责任

由于出卖人的原因导致购房者无法取得房产证。自 2003 年 6 月 1 日起实

施的《最高人民法院关于审理商品房买卖合同纠纷案件适用法律若干问题的解释》指出：由于出卖人的原因，买受人在下列期限届满未能取得房屋权属证书的，除当事人有特殊约定外，出卖人应当承担违约责任：（1）商品房买卖合同约定的办理房屋所有权登记的期限；（2）商品房买卖合同的标的物为尚未建成房屋的，自房屋交付使用之日起 90 日；（3）商品房买卖合同的标的物为已竣工房屋的，自合同订立之日起 90 日。合同没有约定违约金或者损失数额难以确定的，可以按照已付购房款总额，参照中国人民银行规定的金融机构计收逾期贷款利息的标准计算。另外还规定商品房买卖合同约定或者《城市房地产开发经营管理条例》第三十三条规定的办理房屋所有权登记的期限届满后超过一年，由于出卖人的原因，导致买受人无法办理房屋所有权登记，买受人请求解除合同和赔偿损失的，应予支持。也就是说，由于出卖人的原因，如果购房者在合同约定期限内不能取得房屋权属证书，那么在该期限届满一年后，购房者可以退房并要求出卖人赔偿经济损失。

当然，现实中，一般购房者收房后才开始进入办理房屋产权证程序，收房后不少人就开始了装修入住和准备，到面临办不了房产证而需退房时，房屋购买人已进行了不少的投入，退房将面临更新的更多的计算赔付难题。实践中，退房的可能性微乎其微。办理不了房产证，房地产开发公司面临的是经济上的赔付，而购房者却将长期处于不能处置、变现、抵押的境地，面临没有法律保护的风险。

三、办理房屋产权证的税费

国家对房屋产证权的办理，二手房过户、赠与过户以及法院判决过户的税费有原则的规定，并且在不同的时期有不同的政策，各地在具体执行时有细微的差别。目前执行的标准大体为：

1. **一手房（从房地产开发公司购买获得）买卖所涉及的税费**

（1）契税：非普通住宅，房屋面积在 144 平方米（含）以上的普通住宅，按房价的 3％计收；低于 144 平方米的普通住宅，按成交价的 1.5％计收。

（2）维修基金：房价的 2％。

（3）产权登记证：80 元/户。

（4）交易费：住宅 3 元/平方米；非住宅按房价款的千分之五。

（5）测量费：住宅 1.36 元/平方米；非住宅 2.04 元/平方米。

2. **二手房买卖所涉及的税费**

（1）契税：普通住宅按买价征收 1.5％；非普通住宅按买价征收 3％。

（2）营业税：对购买住房不足 5 年转手交易的，销售时按其取得的售房收入 5.5％全额征收营业税；个人购买普通商品住房超过 5 年（含 5 年）转手交易的，销售时免征营业税；对个人购买非普通商品住房超过 5 年（含 5 年）转手交易的，销售时按其售房收入减去购买房屋的价款后的差额征收营业税。

（3）个人所得税：取得房产证未满 5 年，按交易差价的 20％收取。

（4）交易费：6 元/平方米。

（5）登记费：80 元。

营业税及个税缴纳年限的规定，按照孰先的原则，以取得房产证的时间或契税完税凭证上的时间为准。税费由谁承担，没有强制规定，买卖双方商议。

3．赠与过户所涉及的税费

（1）按房屋评估价的 3％征收契税。

（2）房屋交易管理费：每平方米 6 元。

（3）登记费：80 元/户。

（4）评估费：评估价的千分之五。

此外，按照房屋赠与的有关规定如果受赠人是赠与人的旁系血亲，或房产证发放的时间离赠与的时间没有超过两年，则需要缴营业税。

法院判决过户，在申请办理私房转移登记时，需提交法院判决和协助执行通知书的资料，缴纳费用与二手房买卖所涉及的税费相同。

思考练习题

一、简述题

1．房屋所有权的来源有哪些？

2．房屋权属证书包括什么？

3．共有房产和共同共有房产有何区别？

4．简述房屋他项权证。

5．办理房屋产权证书需提供什么资料和交纳哪些税费？

第十一章 房屋交付

第一节 房屋交付的法定条件和证明文件

房屋的交付是以什么为条件和标准呢？由于对建筑工程竣工验收范围、验收主体、程序办法，以及备案制度的不同理解，加上不同地方配套法规理解和要求不同，在实践中，对工程竣工验收后房屋交付需达到的条件及法定证明文件等，有不同的意见和争论，并由此出现不少合同纠纷。

一、商品房交付的法定条件

《建设工程质量管理条例》第二章第十六条规定："建设单位收到建设工程竣工验收报告书后，应当组织设计、施工、工程监理等有关单位进行竣工验收，竣工验收合格的，方可交付使用。"由此可见，工程竣工验收合格是房屋交付的必备条件。那经建设单位组织设计、施工、工程监理及地勘单位进行验收合格的，是否就视为达到了交房条件呢？

《城市房地产开发经营管理条例》（国务院令第 248 号）第三章第十七条规定："房地产开发项目竣工，经验收合格后，方可交付使用；未经验收或者验收不合格的，不得交付使用。房地产开发项目竣工后，房地产开发企业应当向项目所在地的县级以上地方人民政府房地产开发主管部门提出竣工验收申请。房地产开发主管部门应当自收到竣工验收申请之日起 30 日内，对涉及公共安全的内容，组织工程质量监督、规划、消防和人防等有关部门或者单位进行验收。"第十八条规定："住宅小区等群体房地产开发项目竣工，应当依照本条例第十七条的规定和下列要求进行综合验收：（一）城市规划设计条件的落实情况；（二）城市规划要求配套的基础设施和公共设施的建设情况；（三）单项工程的工程质量验收情况；（四）拆迁安置方案的落实情况；（五）物业管理的落实情况。住宅小区等群体房地产开发项目实行分期开发的，可以分期验收。"

由此可知，仅仅经建设单位组织设计、施工、工程监理及地勘单位进行验收合格，是达不到交房条件的，还必须获得规划验收认可；取得消防验收准予使用文件；通过人防验收；供水、供电工程验收合格；电梯质检合格等综合验收合格后，才达到交房条件。

二、商品房交付的法定证明文件

有的观点认为工程竣工验收合格就可以交房。有的则认为必须取得竣工验收备案表后，才能交房。

《建设工程质量管理条例》第四十九条规定："建设单位应当自建设工程竣工验收合格之日起 15 日内，将建设工程验收报告和规划、公安消防、环保等部门出具的认可文件或者准许使用文件报建设行政主管部门或者其他有关部门备案。建设行政主管部门或者其他有关部门发现建设单位在竣工验收过程中有违反国家有关建设工程质量管理规定行为的，责令停止使用。"建设工程竣工验收备案是对工程竣工验收的监督，是工程竣工验收的行政监督程序而不是竣工验收合格的认定程序。

所以，认为工程经建设单位、设计等五家主体单位验收合格就可以交房是错误的。因为，这五家主体单位只是对房屋建筑工程进行验收，并不涉及水电、消防、规划等其他综合类别。

同样，认为建设工程必须经备案并取得《建设工程竣工验收备案表》才能交房也是过于绝对的。因为备案只是政行监督程序而不是验收认定程序。当然，能通过备案，表明房屋的综合验收已没有问题。

根据房屋交付的法定条件和要求，房屋交付的法定证明文件应包括：

（1）规划验收认可书。

（2）由建设单位、地勘、设计、施工和监理五家主体单位所作的工程竣工验收合格报告。

（3）供水、供电工程验收合格证。

（4）消防验收合格及准予使用文件。

（5）电梯质检合格证。

而以上所有的文件资料，最终都需交建设行政主管部门或其他有关部门进行备案，获得《建设工程竣工验收备案表》。从某种意义上说，《建设工程竣工验收备案表》是最后综合的房屋是否达到交付条件的法定证明文件。

当然，交房条件标准除了法定外，还需参照合同的具体约定。由建设部及国家工商行政管理局联合制订的格式化《商品房买卖合同》中关于交房的标准，共提供了四个选项：一是该商品房经验收合格；二是该商品房经综合验收合格；三是该商品房经分期综合验收合格；四是该商品房取得商品住宅交付使用批准文件。由于有买卖合同的约定作为交房的依据，这四个选项标准又有所不同，因此不能一概而论。比如选第四种标准，那就要求除了验收合格外，还需取得相关的使用批准文件。

总而言之，通常情况下，商品房只要通过了包括规划认证、水电、消防、人防和电梯监质在内的综合竣工验收，取得合格证书或准予使用文件，就可以交房。

第二节　房屋交付的程序

一、房屋交付通知及意义

工程竣工验收合格后，房地产开发活动将进入房屋交付环节。房屋何时达到可交付的条件，只有作为组织者的房地产开发公司有先期知情和决策权，所以，房地产开发公司对商品房的交付负有充分通知的义务。如果房地产开发公司没有履行通知义务，致使房屋交付延迟，则房地产开发公司负相应的责任，如有损失，买受人可据此向房地产开发公司索赔。

交房通知分为：电话（口头）通知、短信通知、书面通知，以及报章电视通知。具体采用何种形式，需视合同相关约定确定。一般情况下，不论采用何种通知方式，都会辅以报章通知，因为报章通知有利于通知方，只要在报章上进行公开的通知，不论购房者是否实际知晓，均视为履行了通知义务，完成了告知责任。并且，报章通知作为证据，具有直接、现存等便利，所以为房地产开发公司在交房通知时惯用和通用的。

二、房屋交付程序及目的

房屋交付的程序包括：房地产开发公司发布房屋交付通知，准备交房资料及有关文件；购房者携带有关合同、收据、身份证到房地产开发公司验核交清房款，缴纳房地产开发公司代收的契税、交易服务费、维修基金等；到物业服务公司办理物业服务手续，包括签署临时业主公约、委托服务协议，交纳物业服务费、垃圾清运处理费、装修押金等；验房，签楼宇交接书，收钥匙，物业服务公司抄表。

交房过程中因为涉及前期物业服务管理的相关事宜，所以，交房其实变成了房地产开发公司、购房者及物业服务公司三方的事情。三方相互之间的关系简单却微妙。通过交房，实现了标的物、保管责任的转移，完成了买卖流程；通过交房，实现了物业委托服务，确定了保修关系、服务关系及服务目的。

交房解决的问题有：

房地产开发公司方面：（1）核算房款，催收房价尾款和应补交房款；（2）收缴应由买受人承担的契税、交易服务费、资料保管费、印花税，以及代收代缴房屋维修基金；（3）同时为下一步的房产证办理打下基础，创造条件；（4）确认房屋质量达到合同约定，完成房屋的移交，同时将保管及风险责任转移；（5）完成商品房买卖行为。

购房者方面：（1）验收房屋质量，发现所购物业存在的问题，对达不到合同约定的项下事宜要求房地产开发公司整改，维护自身权益；（2）与物业服务公司达成意愿及前期协议，使物业服务接轨，对物业的使用品质以及今后的保值增值提供保障；（3）通过交房，使办理房产证的期限具体化，能及时办理房屋产权证；（4）完成买卖关系的标的物交付，使物业发挥或自住、或投资等效益。

物业服务公司方面：（1）参与房屋的验收交接，完成物业服务制度上的、协议上的签字确认和认同，为物业服务打下法理上的制度上的基础；（2）收取相应的管理服务费用，通过制度的文字的协议规章，进行管理服务，并使物业服务处于主动；（3）便于协调和处理房地产开发公司及购房者之间的关系和矛盾。

第三节　房屋交付需准备的资料及注意事项

交房既然是三方的共同行为，所以三方都需备齐相关的资料，特别是房地产开发公司和物业服务公司。

一、交房的资料准备

1. 房地产开发公司需准备的资料

（1）交房资料签收册：该册是由收房人签字确认收到诸如交房通知、收楼须知、交房手续书及验楼情况一览表等在内的资料和文件，具有证据作用，同时也是为了方便购房者了解收房的程序，知晓须提供相应的资料等。同时在签收内容中还可以增加一些诸如本地区实施的一些政策法规方面的文件资料等。

（2）交房通知：通过文字的方式，由购房者签收后确认。目的是确定交房的通知责任已经履行完毕。

（3）收楼须知：告知购房者什么时间之内办理收房手续；让购房者知晓须携带的资料及证件；明示交收房的程序要求。

（4）交房手续书：告知购房者交房的程序和办法。交房程序一般为：购房者到房地产开发公司财务部门验核支付房款情况，确认房款已经按合同及经测绘部门核计的面积交清，财务部门签章验核"房款交清"；同时将收据收回，开具正规的发票；按房屋面积、房款等情况，预代收为办理房屋产权证应由购房者交纳的契税、交易服务费、资料保管费、印花税，以及房屋维修基金等（现不少房地产开发公司已不再代收代交税费及代理办证）。完毕后，购房者、房地产开发公司代表、物业服务公司代表现场验房，填写验房情况一览表；办理物业管理服务相关手续，交纳相关费用；最后领钥匙交房。（有的房地产开发公司为了简便，将交验房全权委托给物业服务公司办理）

（5）验楼情况一览表：列项列表，对房屋进行验收，有问题的在上面注明，包括处理意见。不论有无问题，只要达成收楼意向，房地产开发公司代表及购房者均须在上面签字确认。

（6）楼宇交接书：签字确认购房者已于何时完成所购房屋的交接。该交接书一式二份，房地产开发公司及购房者各一份。

（7）在交房时，房地产开发公司还须如实提供该房屋达到交付的证明文件，如《工程竣工验收报告》《工程竣工验收备案表》等。

（8）准备好《商品房质量保证书》和《商品房使用说明书》。该两书填好内容，加盖房地产开发公司公章后一并交给购房者。

（9）门牌证：即该商品房所在地区的门牌编号。

2. 购房者应提供的资料证照

（1）购房合同及协议。

（2）购房者身份证（复印件）。

（3）已交房款的收据。

委托他人收房的，须提供授权委托书及受托人的身份证复印件。

3. 物业服务公司须准备的文件资料

（1）业主公约（或物业服务公约）：是指由全体业主承诺并对全体业主具有约束力的所有业主在物业使用、维护及管理等方面权利义务的行为守则。这是物业服务中的一个重要文件。理论上，业主公约一般由小区内的业主委员会依据当地政府统一制订的示范文本，结合物业的实际情况进行修改补充，在业主大会上讨论通过后生效。但是实践中，由于交房后到业主委员会成立前，物业服务是属于前期物业服务，为了保证有一个管理、服务的准则，物业服务公司会越俎代庖，先行准备一个临时业主公约，在交房时让购房者签字，表示知晓、认同和自愿遵守。因为只有这样，在具体的服务和管理中，才有章有循，有据可依。

（2）物业管理服务委托协议：对物业服务内容、收费标准、预收物业管理服务费、垃圾清运处理费和装修押金及要求等，进行约定。使物业服务管理，特别是收费合约化、合法化。该委托协议，有的房地产开发公司在签订商品房买卖合同时，已将相关的内容列入合同之补充协议之中，在交房时，物业服务公司可省此环节及程序。

（3）装修管理规定：对装修作具体详尽的要求，保障广大物业所有人的利益，防止过度和不法装修的产生。

（4）装修申请表：用申请审核的形式对装修进行监督控制。

（5）台账：各栋各户的资料收集，包括入住人员信息、水、电费等的原始读数等。

二、注意事宜

1. 房地产开发公司需注意的事项

（1）对合同进行全面审核，参照测绘部门的测绘成果，对照计核面积差异，精准计算并足额收回房价款。

（2）核查有无逾期付款情况及核计处罚数额。

（3）逐一验房，并由购房者在验房情况一览表上签字确认，做好质量责任移交。

（4）在购房者没有交清所欠房款，及应交物业服务、管理相关费用之前，不能交房。

（5）对不在规定时间内来收房的购房者，要做出必要限制，如超过60天仍不来收房的，加收物业保护费等。

2. 购房者需注意的事项

（1）明确房产证办理至谁的名下，以便房地产开发公司开具发票和办证。否则如办证之后再改，则会出现二次交易之税费等。（需与所签合同配套）

（2）对照合同认真逐一仔细验房，注意水、电是否正常，卫生间有无渗漏，阳台下水管是否堵塞，门窗安装是否规范；另外还需查验其他配套设施，如车库、绿化、自备发电机组等是否如约配置到位，电梯等设施是否有不符合标准要求等情形。

（3）办理物业服务管理手续时需谨慎。从相关规定上说，物业服务公司收取物管押金是不允许的，购房者可以拒交；而垃圾清运费、装修押金等交纳时要索取收款收据，并妥善保管。

（4）达不到交房标准及要求时，千万不要轻易收钥匙。因为收钥匙则视为认同，其他权利将会受损。

3. 物业管理服务公司需注意的事项

（1）准备资料要充分，为物业接管服务打下基础。

（2）与房地产开发公司做好协调和衔接，要求在没有收完相应的物业费用之前，房地产开发公司不能交房，否则将给物业带来被动。

（3）随房地产开发公司与购房者一起进行验房，分清责任。

（4）在收取物业管理服务费上，特别注意，要求购房者预交部分（一般为3个月）物业管理服务费时，注明是预交，而不是写为物管服务押金。

（5）该收的费用要收足。实践中，交收房时收费最为容易，一旦交房后，收费将办得困难。

（6）垃圾处理清运费和装修押金必须收取，否则很难对有不良行为的购房者进行有效制约和管理。

（7）注意与购房者融洽关系，了解购房者的情况及对物业的使用处置情况，便于后续管理。

（8）如果房地产开发公司委托物业服务公司交房，则房地产开发公司需提供齐备合法的交房资料，并应支付一定的交房费用。

第四节　房产证办理义务及责任

一、房地产开发公司的办证义务

《商品房买卖合同》第十五条关于产权登记的约定是："出卖人应当在商品房交付使用后_____日内，将办理权属登记需由出卖人提供的资料报产权登记机关备案。如因出卖人的责任，买受人不能在规定期限内取得房地产权属证书的，双方同意按下列第_____项处理……"

按照现行法律法规和司法解释，合同约定"开发商在交付之日一定期限内备齐资料，为买受人向登记机构办理权属登记手续"而未作其他约定的，应视为约定购买人自己办证。在此种情况下，开发商的责任为：提供初始登记的所有资料，并达到具备办理分户所有权证的条件。办证的主要义务是购买人自己，开发商只负保证可以办证之责和有协助（包含通知）办证之义务。

房屋建成后，开发商要进行初始登记。根据《城市房地产权属登记管理办法》第十六条规定："新建的房屋，申请人应当在房屋竣工后的 3 个月内向登记机关申请房屋所有权初始登记，并应当提交用地证明文件或者土地使用权证、建设用地规划许可证、建设工程规划许可证、施工许可证、房屋竣工验收资料以及其他有关的证明文件。"这条规定就是对开发商初始登记的基本要求，即：

第一、初始登记的时间是房屋竣工后的 3 个月内；

第二、可供办理初始登记的材料备齐。

在规定时间内，开发商提供了办证所需的全部资料，取得房屋权属登记部门出具的办证收件单，并办理好每一户的"大证"，即初始登记在房地产开发公司名下的房产权，而买受人在办证时据此证及相关的合同及已交税费票据，办理转移登记（将房产从房地产开发公司名下转移至买受人名下），视为开发商完成了法律规定的办证义务。但开发商在取得文件登记收件后又被房屋权属登记部门退回的；业主在自行申办产权过程中要求开发商承担协办义务而开发商未尽到协助义务的两种情况除外。

二、房地产开发公司逾期办证的界定及法律后果

《最高人民法院关于审理商品房买卖合同纠纷案件适用法律若干问题的解释》第十八条规定：由于出卖人的原因，买受人在下列期限届满未能取得房屋权属证书的，除当事人有特殊约定外，出卖人应当承担违约责任：

（1）商品房买卖合同约定的办理房屋所有权登记的期限；

（2）商品房买卖合同的标的物为尚未建成房屋的，自房屋交付使用之日起90 日；

（3）商品房买卖合同的标的物为已竣工房屋的，自合同订立之日起 90 日。

合同没有约定违约金或者损失数额难以确定的，可以按照已付购房款总额，参照中国人民银行规定的金融机构计收逾期贷款利息的标准计算。

《最高人民法院关于审理商品房买卖合同纠纷案件适用法律若干问题的解释》第十九条规定：商品房买卖合同约定或者《城市房地产开发经营管理条

例》第三十三条规定的办理房屋所有权登记的期限届满后超过一年，由于出卖人的原因，导致买受人无法办理房屋所有权登记，买受人请求解除合同和赔偿损失的，应予支持。

逾期办证要开发商承担违约责任，一般要具备下列条件：

第一，合同对办证义务有约定。但一般即使不约定，开发商的办证协助义务也是法定的，不过仅限于协助义务。

第二，是出卖人的原因造成的。大致有：

①开发商的土地使用手续不合法；

②未支付全部的土地使用权出让金；

③违规开发建设，没有取得建设用地、工程规划相关许可证；

④没有办理施工许可证；

⑤没有通过综合验收或不能提供综合验收合格证明；

⑥所售房屋设定的抵押尚未注销；

⑦买受人申请办理房屋所有权登记时，拒绝协助提供相关证明材料，等等。

一句话，就是在合同约定或法定的期限内，不能提交办理房屋所有权初始登记应具备的文件材料或者拒不提供相关证明。简单地说，就是没有办理房屋所有权初始登记。

第三，开发商和业主之间没有特殊约定。如果合同有特殊约定，排除了开发商的逾期办证责任，则尊重意思自治原则，约定有效，开发商就不再承担责任。所以，有的开发商在合同主本上约定违约责任，而又另外附加一页，把逾期办证开发商违约的情况限定得很狭小。

如果是以下原因造成房产证逾期未能办理，则责任不在房地产开发公司一方，属于免责情况。

第一，第三人的原因：这主要是指房地产行政管理机构、规划建设行政管理部门等相关部门因工作暂缓、拖延、推诿或失职等因素。

第二，不可抗力：不可抗力一般指由于自然灾害（地震、水灾、旱灾、暴风雪等）、社会异常行动（战争、暴乱、军事封锁等）等引起的无法掌控的情况。国家政策变化也可适用不可抗力。不可抗力是法定的免责理由。《合同法》第一百一十七条规定："因不可抗力不能履行合同的，根据不可抗力的影响，部分或者全部免除责任，但是法律另有规定的除外。当事人迟延履行后发生不可抗力的，不能免除责任。"

第三，买受人的原因：开发商在合同约定或法律规定的期限内办理了初始登记的情况下，因业主自己的原因无法办理。如业主因资金缺乏，不能在约定或法定期限内支付契税和相关费用；也有因业主不能按照约定支付购房款，开发商行使抗辩权导致逾期办证。

逾期办证主张违约金的诉讼时效为两年。一是当事人在合同中明确约定逾期办证违约金数额的，为一时性债权，从约定或法定的期限届满之次日起算诉讼时效；二是当事人在合同中约定以日或月为单位累计计算违约金数额的，属于继续性债权，以每个个别的债权分别适用诉讼时效；三是当事人没有约定违约金或损失数额难以计算的，从公平诚信原则出发，由出卖人按照买受人已付购房款总额，参照中国人民银行规定的金融机构计收逾期贷款利息的标准计算。

三、办证资料及买受人需交纳的税费

1. 需提供的资料

在开发商提交其办证应交资料，达到办证要求及条件后，则由买受人提交相关资料及申请进行办证，个人需提供的资料有：

（1）商品房买卖合同；

（2）商品房销售统一发票原件（房地产开发公司开具）；

（3）房屋面积测绘报告测绘及楼盘表（房地产开发公司总提供）；

（4）完税凭证（契税缴款书）或税票；

（5）购房者已婚的，提交：①双方身份证复印件（原则上需校验原件）；②婚姻证明复印件（带原件校验）；③双方任何一方不能到场办理，则需提供授权委托；

购房者单身的，提供：①身份证复印件（带原件校验）；②户口簿或户籍证明复印件（带原件校验）；③未婚证明书（购房者所在地民政局出具）；

购房者为单位的，需提供：营业执照（或组织机构代码证）复印件（校验原件），无法提交原件校验，则需提交工商出具的彩印副本。

2. 买受人承担的税费

在办证过程中，除了房地产开发公司应交的税费外，买受人还需交纳以下税费，才能办证。

（1）契税：购房者交纳①住宅：个人购买普通住房144平方米以下，按交易额的1.5%交纳，非普通住房和普通住宅面符号在144平方米（含）以上，按交易额3%交纳；单位购买按交易额的3%交纳；②非住宅：按房产交易额的3%交纳。

（2）交易手续费：①住宅：3 元/平方米；②非住宅：10 元/平方米（有的地方按房价总款的千分之 5 计收）。

（3）登记费：①住宅：80 元/套；②非住宅：100（含 100）平方米以下的 80 元/宗；100～500（含 500）平方米以下的 120 元/宗；500～1500（含 1500）平方米以下的 200 元/宗；1500～3000（含 3000）平方米以下的 300 元/宗；3000～10000（含 10000）平方米以下的 500 元/宗；10000 平方米以上的 800 元/宗。

（4）物业管理公共资金（又称维修基金）：各地规定不同，有的地区规定按不同的结构以每平方米多少收取，如住宅砖混结构 15.6 元/平方米，框架结构 16.8 元/平方米；而有的则规定按商品房买卖合同的价款按一定比例，如 2％收取。

（5）房屋所有权证书工本费：有的地方免收，有的地方收取每本 10 元，每增加一本加收 10 元。

（6）印花税：房价款（以备案登记为准）的 0.05％。

思考练习题

一、简述题

1. 商品房交付的法定证明文件是什么？

2. 简述商品房交付与工程竣工验收、备案的关系。

3. 商品房交付的通知方式和意义？

4. 房地产开发公司交房需准备的资料有哪些？

5. 收交房时，购房者需携带哪些资料证明？

6. 交房时，物业服务公司需同时做的工作有哪些？

7. 交房时，房地产开发公司需注意的事项有哪些？

8. 简述房地产开发公司的办证义务及逾期办证的法律后果。

9. 个人办理房产证时需提交的资料有哪些？

10. 个人办证时应交纳的税费有哪些？

第十二章 房地产税制

第一节 中外房地产税制特点

一、国外房地产税制的特点

房地产税制涉及的税种贯穿了房地产的生产开发、保有使用和转移处置等各环节。由于各国的经济发展水平不同，房地产行业的发展状况各异，因而各国的房地产税制无论在课税体系上，还是在税制要素设计上，都存在一定的差异。但总体来看，各国的房地产税制还是具有一些共性的。

目前，许多国家都建立了比较完整的房地产税收制度体系，且以房地产保有税类为主。广义地看，国外房地产税收体系主要分为三大类：

第一类是房地产保有税类。房地产保有税是对拥有房地产所有权的所有人或占有人征收，一般依据房地产的存在形态——土地、房产或房地合一的不动产来设置。在该阶段，世界上通行的主要税种是财产税，包括一般财产税和个别财产税。

一般财产税是将土地、房屋等不动产和其他各种财产合并在一起，就纳税人某一时点的所有财产课征。美国、英国、荷兰和瑞典等国都采用这种将房地产归为一般财产税课税的房地产税制度。

个别财产税是相对于一般财产税而言的，它不是将所有的财产捆绑在一起综合课征，而是按不同财产分别课征。国外对房地产课征的个别财产税，依征收范围可分为三类：

一是单独对房屋或土地课征的房屋税或土地税。如法国的房屋税、英国的房屋财产税等都是仅对房屋课征的。土地税有地亩税（面积税）和地价税两种形式，韩国的综合土地税属地价税的形式、巴西的农村土地税则属于地亩税的范畴。

二是只对土地和房屋合并课征的房地产税。如墨西哥、波兰的房地产税，泰国的住房建筑税等。

三是将房屋、土地和其他固定资产综合在一起课征的不动产税。如日本的固定资产税，芬兰、加拿大的不动产税等。

第二类是房地产取得税类。房地产取得税是对取得土地、房屋所有权的人课征的税收，一般根据取得方式而设置税种，房地产取得的法律事实主要分为原始取得和继承取得。现今各国设置的房地产取得税类的税种主要包括遗产税（继承税）或赠与税、登录税和印花税等。如在房地产发生继承或赠与等无偿取得行为时，各国一般要征收遗产税（继承税）或赠与税，只不过各国选择的遗产税征收形式不同，有的采用总遗产税制模式，有的采用分遗产税制模式，有的采用混合遗产税制模式。赠与税也分为赠与人税制和受赠人税制。

第三类是房地产所得税类。房地产所得税是对经营、交易房地产的个人或法人，就其所得或增值收益课征的税收。从税种来看，主要有公司所得税、个人所得税和土地增值税。如美国、英国、法国等国家，将房地产转让所得并入法人或个人的综合收益，征收公司所得税或个人所得税。意大利对房地产转让收益直接征收土地增值税。

各国对房地产税收设置的三大征收体系，在税收实践中相互配合，较好地发挥了税收对房地产经济的调节作用。但是，在房地产税收体系中，各国相对更重视对房地产保有税类的征收。该环节的房地产税征收范围较宽，征税对象明确，税率设计合理，因而来自房地产保有税类的税收收入占总税收的比重较高。如英国，来自房地产保有的不动产税、经营性不动产税收收入占总税收的30%左右。将房地产保有环节作为课税的重点，既可以鼓励不动产的流动，又能够刺激土地的经济供给。与此同时，通过对保有房地产采取较高的税率，还可以避免业主空置或低效利用其财产，刺激交易活动，从而使房地产各要素达到优化配置，推动房地产市场的发展。

房地产税制涉及的税种多属于地方税，是地方财政收入的主要来源。各国房地产税制涉及的税收种类较多，如土地税、房屋税、不动产税、不动产转让税、登记税、印花税以及土地增值税等，税种设置覆盖了房地产的保有、取得、转让和收益各个环节。从各国的税收实践看，凡是实行中央与地方分享税制的国家，房地产税收基本划归地方，构成地方税收的主体税种，而且其主体税源的地位也比较稳定。如美国的一般财产税（主要是对房地产征收），从一开始就是州和地方政府的税收，并构成地方政府财政收入的主要来源，约占全部地方税收的80%左右。日本的房地产税收体系中，地价税、登录许可税归中央政府；不动产取得税、固定资产税的一部分归道、府、县；特别土地保有税、都市企划税、固定资产税归市、町、村；房地产税收基本划归地方政府。20 世纪 90 年代后，房地产税收作为各国地方政府财政收入主体税源的地位进一步加强。因此，各国政府，尤其是地方政府都十分重视房地产税收。

税率形式灵活、税率水平合理。各国的房地产税收，在税率形式上主要是采用比例税率，不过在对房地产转让收益和房地产交易行为课税时也常采用累进税率，仅有少数国家采用定额税率。对于税率水平的确定，各国通常采用较为灵活的方式，尤其是保有环节的税收，其税率既有按法定标准（中央统一制定的税率标准）设计的，也有地方政府根据本地需要自行决定的具体税率。一般说来，国家级和州级政府征收的财产税多依法按固定税率或按价值的一定百分比来征收，如澳大利亚各州征收的土地税。美国一般财产税（包括不动产财产税）的税率，由地方政府根据各级预算每年的需要确定，税率水平并非固定，而是每年都有变化。日本、法国中央政府对地方政府征收的税率都规定了固定限额或最高限额。与此同时，许多国家对房产和地产设计了不同的税率，一般是对土地的课税重于对房产的课税。这主要是基于两方面的考虑：一是为体现社会财富公平分配的基本原则，达到地利共享的目的；二是充分发挥土地税特殊的调控作用，达到保护土地资源、优化土地利用结构和抑制土地投机的目的。

房地产税计税依据明确。各国保有环节的房地产税是房地产税制体系中的主体内容，大多数国家选择了以房地产的价值为该环节房地产税收的计税依据，也就是以房地产的资本价值或评估价值为基础。如加拿大、美国、日本等都将土地和建筑物的资本价值纳入税基。英国对包括楼房、公寓、活动房和可供居住用的船只等，以其估定价值为计税依据。以资本价值或评估价值为核心确定计税依据的方法，既能够准确反映纳税人的房地产状况，又会使房地产税收收入随经济的发展、房地产价值的提高而稳步增加。

房地产税制内外统一。综观国外房地产税收的发展状况，各国的房地产税制都同时适用于内外资企业。

房地产税法完善，普遍建有财产登记制度和财产评估制度。各国都非常重视房地产税收的立法，一般都制定了规范、严谨可行的房地产税法体系。如日本制定了几十个关于房地产方面的法规。同时，相关的税法条文规定得非常具体、明确，可操作性很强。另外，大多数发达国家和一部分发展中国家还建立了财产登记制度。同时，由于各国对房地产课税一般都以其评估价值作为计税依据。评估业在国外发展非常迅速，目前已形成了一套较完善的财产评估体系，如美国 1935 年成立了房地产评估师协会。

二、我国的房地产税制特点

20 世纪 50 年代中期，我国实行生产资料所有制的社会主义改造以后，绝大部分房地产属于国家和集体所有，土地的买卖和转让被禁止，房屋产权变动的征税范围也日益缩小，房屋的出租也被严格限制，因而房地产市场和相关的税收制度在以后的近 30 年时间内几乎名存实亡。随着我国开始实行经济体制改革和对外开放，房地产税收制度也逐步实行了改革：20 世纪 80 年代初期恢复征收契税；20 世纪 80 年代后期对国内单位、个人恢复征收房产税和土地使用税，并开征了耕地占用税；20 世纪 90 年代前期开征了土地增值税；其他相关税种也实行了改革。

我国房地产税制构成的明显特点是：房地产开发流通环节税费多、负担重，房地产保有环节课税少、负担轻。如房地产开发、销售过程中就涉及营业税、印花税、房产税、契税、城乡维护建设税、土地使用税、耕地占用税和所得税等，有的地方多达 80～150 种。而在房地产保有阶段，只有城镇土地使用税、房产税、城市房地产税。这种税制设置不但造成土地闲置、浪费严重，而且在进入流通时由于土地承受过高的税负，造成大量的土地隐形交易，偷逃税现象严重。

在 1994 年我国实行分税制财政管理体制以前，房地产税收的收入归属随财政管理体制多次变化，有时划归地方，有时划归中央，有时由中央与地方共享。1994 年以后，我国实行了分税制财政管理体制，目前房产税、城市房地产税、城镇土地使用税、耕地占用税、契税、土地增值税和固定资产投资方向调节税（从 2000 年起暂停征收）划为地方政府固定收入，营业税、企业所得税、外商投资企业和外国企业所得税、个人所得税、印花税和城市维护建设税划为中央与地方共享收入。

三、我国现行房地产税收制度改革

目前我国房地产税收制度面临的主要问题有：

（1）税种数量偏多，设置不够合理。

（2）税权高度集中。

（3）部分税收法规过于陈旧。

（4）有些税种的计税依据和税率存在严重问题。

（5）税负不够公平，税负偏重、偏轻的问题同时存在。

（6）房地产市场的发展和业务的拓展给房地产税收带来了许多新的问题。如房地产抵债、回租涉及的有关税收问题。此外，我国房地产市场管理还不够规范，相关的税收征收管理也不够严格，税收流失依然比较严重。

有观点认为，我国房地产税收制度改革的出发点应当是：鼓励房地产业的发展，合理开发利用土地资源，规范税费关系，增加地方财政收入，符合财政管理体制改革和税制改革的总体目标。

（1）简化税制，优化结构。如合并重复设置的税种，实现内外税制的统一；取消不符合市场经济发展要求的税种，例如，固定资产投资方向调节税；取消不符合各国通行做法的税种，例如，将城市维护建设税、印花税并入增值税、消费税、营业税、企业所得税、个人所得税，将土地增值税并入企业所得税、个人所得税，将房产税、城市房地产税、耕地占用税、城镇土地使用税、契税和某些合理的房地产方面的行政性收费合并为统一的房地产税。

（2）调整税基和税率。房地产税的征税范围应当扩大到个人住宅和农村地区，并按照房地产的评估值征收；房地产税的税率应当根据不同类型、不同地区的房地产分别设计，由各地在规定的幅度内掌握；调整增值税和营业税的征收范围。对建筑行业和销售不动产实行增值税，以消除因增值税、营业税交叉征收而形成的双重流转税负担；允许个人购房贷款的利息在个人所得税前扣除等。

（3）适当下放税权和适度修正税法。将房地产税作为我国地方税的主体税种加以精心培育，使之随着经济的发展逐步成为地方财政、特别是县（市）级财政收入的主要来源，并且在全国统一税制的前提下赋予地方政府较大的管理权限（包括征税对象、纳税人、计税依据、税率以及减免税等税制要素的适当调整），以适应各地经济发展水平不同的实际情况，促使地方因地制宜地通过房地产税增加财政收入和调节房地产市场。各项税法都应当根据经济、社会的发展和相关法律、法规的变化适时修正，为促进经济、社会的发展服务。

第二节　房地产税费

房地产行业涉及的税种比较多，主要有：

（1）营业税，按营业收入 5% 缴纳；

（2）城建税，按缴纳的营业税 7% 缴纳；

（3）教育费附加，按缴纳的营业税 3% 缴纳；

（4）地方教育费附加，按缴纳的营业税 1％缴纳；

（5）土地增值税，按转让房地产收入扣除规定项目金额的增值额缴纳；

（6）印花税，建安合同按承包金额的万分之三贴花，购房合同按购销金额的万分之五贴花；

（7）城镇土地使用税，按实际占用的土地面积缴纳（XX 元/平方米，各地规定不一）；

（8）房产税，按自有房产原值的 70％×1.2％缴纳；

（9）企业所得税，按应纳税所得额（调整以后的利润）25％缴纳。

房屋交易环节，买受人须交纳相应的税费。包括契税、交易服务费、登记费、资料保管费、印花税和办证工本费等，另外需交纳房屋公共维修基金。如果是二手房，则需根据房屋获得房产证的时间，如果未满二年的（不同阶段的政策不一），还需交纳所得税、营业税。

一、房地产契税

契税，是指对契约征收的税，属于财产转移税，它是以所有权发生转移变动的不动产为征税对象，向产权承受人征收的一种财产税。契税是一种重要的地方税种，目前，契税已成为地方财政收入的固定来源，在全国，地方契税收入呈迅速上升态势。

房地产契税，包括房产契税和地产契税，是指由于土地使用权出让、转让，房屋买卖、交换或赠与等发生房地产权属转移时向产权承受人征收的一种税赋。

在房地产交易中，契税的上税基数是双方交易的合同价款，税率根据不同的交易标的有所区别，一般商业用房的税率为 3％；住宅根据其面积大小和户型结构不同，各地有不同的规定，有的地方规定，面积在 90 平方米以下 144平方米以下的按 1.5％征收，144 平方米以上的按 3％征收；平层的按 1.5％征收，错层或跃层的按 3％征收。如果是二手房交易，为防止交易双方故意低报交易价款，所以要求必须对房屋价值进行评估，按评估价为基数进行征收。

土地交易契税就是在土地使用权出让中，获得土地使用权的法人或自然人交纳的以土地使用权转移为征收对象，按土地使用权出让价款的 3％～5％征收（具体以各地标准计）。它的法规依据是《中华人民共和国契税暂行条例》。在办理土地使用权证时，必须要有契税完税证明，否则不予办理。

二、营业税

营业税是对在我国境内提供应税劳务、转让无形资产或销售不动产的单位和个人，就其所取得的营业额征收的一种税。

销售不动产的营业税率为营业额的5％（2010年征收标准）

（1）不足5年的非普通住房转让，全额征收营业税；

（2）超过5年（含5年）的非普通住房或不足5年的普通住房转让，按其销售收入减去购买房屋的价款后的差额征营业税；

（3）超过5年（含5年）的普通住房对外销售的，免征营业税。

三、营业税附加

营业税附加是指对交纳营业税的单位和个人，就其实缴的营业税为计税依据而征收的城市维护建设税与教育费附加。该附加存在于房地产开发公司新建房屋销售之中，二手房交易不存在该附加。

四、房产税

房产税是以房屋为征税对象，按房屋的计税余值或租金收入为计税依据，向产权所有人征收的一种财产税。现行的房产税是第二步利改税以后开征的。1986年9月15日，国务院正式发布了《中华人民共和国房产税暂行条例》，从当年10月1日开始实施。该税属于房产保有环节上的税种。

房产税的特点：

（1）房产税属于财产税中的个别财产税，其征税对象只是房屋。

（2）征收范围限于城镇的经营性房屋。

（3）区别房屋的经营使用方式规定征税办法，对于自用的按房产计税余值征收，对于出租、出典的房屋按租金收入征税。

由于房地产开发企业开发的商品房在出售前，对房地产开发企业而言是一种产品。因此，对房地产开发企业建造的商品房，在售出前，不征收房产税；但对售出前房地产开发企业已使用或出租、出借的商品房应按规定征收房产税。

五、印花税

印花税指对在经济活动中或经济交往中书立的或领受的房地产凭证征收的一种税赋。个人购买商品普通住房或者非普通住房的（一手房），由签订合同的双方当事人，按合同记载金额的万分之三计算缴纳印花税。

计税依据为应纳税凭证所载金额或者应纳税凭证件数，税率分为比例税率和定额税率两种（如产权转移书据的适用税率为万分之五，权利、许可证照每件税额标准为 5 元）。

六、房地产交易手续费

房屋（包括住房和非住房）交易手续费是房产交易机构为房屋权利人提供交易场所，对房屋交易行为审查鉴证，办理交易手续等交易活动全过程，由政府依法设立的经营性服务收费。该费用由买卖双方各自承担 50%。

房屋交易手续费包括房屋转让手续费和房屋租赁手续费。交易手续费的标准各地有所不同，如江西省规定为：

（1）住房转让手续费按住房建筑面积收取，其中新建商品住房每平方米 3 元，由转让方（即房地产开发企业）承担，经济适用住房减半计收。存量住房每平方米 6 元，由交易双方各承担 50%。

（2）住房租赁手续费按套收取，每套为 100 元，由出租人承担。

七、房屋权属登记费

房屋权属登记费是指县级以上地方人民政府行使房产行政管理职能的部门依法对房屋所有权进行登记，并核发房屋所有权证书时，向房屋所有权人收取的登记费，不包括房产测绘机构收取的房产测绘（或勘丈）。一般标准为：普通住房一套收 80 元，经适房一套收 40 元，门面房一套收 550 元。

八、土地增值税

所谓土地增值税是指，转让国有土地使用权、地上的建筑物及其附着物并取得收入的单位和个人，以转让所取得的收入，包括货币收入、实物收入和其他收入为计税依据，向国家缴纳的一种税赋，但不包括以继承、赠与方式无偿转让房地产的行为。《土地增值税暂行条例》于 1993 年 12 月 13 日由国务院发布，自 1994 年 1 月 1 日起施行，在全国范围内开征此税。1996 年的收入仅为 1.1 亿元。2004 年达到 75.0 亿元，8 年间增长了 67.2 倍，2008 年全国土地增值税收入 537 亿元。土地增值税相对是收入比较小的税种。因为房地产工程的周期比较长，涉及的面比较广，产品也比较复杂，因此客观上会比一般的税种征收要复杂，征收难度大。在未来的房地产税制改革中，有可能会取消土地增值税。

九、城镇土地使用税

城镇土地使用税的纳税人，指在城市、县城、建制镇及城市工矿区范围内使用国有土地的单位和个人。租住公有住宅的住户不交土地使用税，居住自购的商品房住宅、私有住宅者都应依法缴税。征税的目的是为了更合理地利用城镇土地，调节土地地差收入在国家、单位、个人三者间的分配，提高土地的使用效率。

城镇土地使用税以纳税人的实际占用（使用）的土地面积为计税依据，按照固定税额征收。购房者使用的国有土地不仅仅是住宅外墙皮以内的建筑面积，还包括院、公共走道等等。业主分摊住宅楼宇的占地面积计税，税额的测定和分摊方法由各省、自治区、直辖市根据本地实际，组织测量，取得科学的依据，通过立法执行。为能使住户合理地负担税赋，国家对城镇土地使用税按照城市规模的大小分别规定不同的税额。按每平方米税额计算，大城市 0.5～10 元，中等城市 0.4～8 元，小城市 0.3～8 元，县镇、建制镇、工矿区 0.2～4 元。城镇土地使用税一般按年计算，分期缴纳（分期标准为半年、一季等等）。税收工作由当地税务部门负责，缴纳期限由各地自行决定。根据 1988 年 7 月通过的《中华人民共和国城镇土地使用税暂行条例》，征收城镇土地使用税的工作从 1988 年 11 月 1 日起正式执行。在此之前，许多城市一直是征收土地使用费，征税法规实施后，收费的做法即停止执行。

在实际操作中，各项税费标准各地有不同的规定。

十、企业所得税

企业所得税是对我国内资企业和经营单位的生产经营所得和其他所得征收的一种税。现行《中华人民共和国企业所得税法》规定："在中华人民共和国境内，企业和其他取得收入的组织（以下统称企业）为企业所得税的纳税人，依照本法的规定缴纳企业所得税。"

企业所得税的税率为 25％的比例税率。

原企业所得税暂行条例规定，企业所得税税率是 33％，另有两档优惠税率，全年应纳税所得额 3～10 万元的，税率为 27％，应纳税所得额 3 万元以下的，税率为 18％；特区和高新技术开发区的高新技术企业的税率为 15％；外资企业所得税税率为 30％，另有 3％的地方所得税。新所得税法规定法定税率为 25％，内资企业和外资企业一致，国家需要重点扶持的高新技术企业为15％，小型微利企业为 20％，非居民企业为 20％。其计算公式为：

企业应纳所得税额＝当期应纳税所得额×适用税率

应纳税所得额＝收入总额－准予扣除项目金额

思考练习题

一、名词解释

1. 契税

2. 营业税

3. 印花税

4. 企业所得税

二、简述题

1. 简述国外房地产税制的特点。

2. 简述我国房地产税制特点。

三、案例分析

吴某有一套 120 平方米的住宅要出售，其房产证为 2007 年 12 月办理，原价 1600 元/平方米。当地就二手房交易的规定是：房产自住未满二年（以房产证办理时间为准），需交纳营业税和个人所得税。契税按 1.5％计交；印花税免交；交易服务费每平方米 6 元；登记费每件 80 元。

2009 年 8 月，有人愿出价每平方米 2600 元/购买，要求所有税费及办证费用由吴某承担。吴某到评估机构咨询，该房屋可以评估到 24 万元（以此为交纳契税、营业税及个人所得税的基数）。请问：

1. 如果吴某同意出售并马上办理过户手续，需交纳多少税费才能办理完毕？

2. 如果吴某 2009 年 12 月后按同样的价格出售房屋，在同样由他本人全部负责所有办理房产过户税费的情况下，他能节省多少？

第三篇

物业管理、
房地产中介及评估

- ◆ 物业管理服务
- ◆ 房地产中介
- ◆ 房地产评估

第十三章 物业管理服务

第一节 物业管理服务概述

"物业"一词译自英语 Property 或 Estate，由香港传入沿海、内地，其含义是指以土地及土地上的以建筑物形式存在的不动产。物业是单元性的房地产。物业就是对房地产的细化的物化的称谓。物业既可指单元性的地产，也可指单元性的建筑物。物业有大小之别，它可以根据区域空间作相对分割，整个住宅小区中的某住宅单位可作为一物业，办公楼宇、商业大厦、酒店和厂房仓库也可被称为物业。房产和地产是物，具有物权及物理特质。房地产是宏观的综合性的侧重于经济法层面的称谓，不适用于民俗化和细微化的感性范畴。又因为其管理服务，侧重于房产和地产的保值和增值，重点落实在其品质功能要素上。因此用"物业"更为准确和直观。所以，对房产和地产的管理服务，采用"物业"一词已成约定俗成并得到肯定认可。

"物业管理服务"，顾名思义，物业管理服务就是专业化的机构受业主和使用人委托，依照合同和契约，以经营方式统一管理物业及其附属设施和场地，为业主和承租人提供全方位管理服务，使物业发挥其使用价值，并使物业尽可能地保值、增值。物业管理服务的客体是物业，主体是物业管理服务企业和业主（业主委员会），其实质内容是管理和服务。

物业管理服务在学界有不少的争论：一种观点侧重于管理，即物业公司是对业主的物业实施管理的，通过管理，使物业达到应有的使用品质，达到物业保值增值的目的；一种观点倾向于服务，即物业公司的职责是服务，是提供服务并收取服务费，比如提供安全服务、保洁服务、秩序服务和其他特殊服务，不具备管理的职责和功能，没有独立的管理权限；第三种观点则是管理与服务兼而有之，物业公司按协议内容进行服务，收取费用，同时在业主委员会的授权下，对所辖物业进行有效的管理。我国的物业管理服务业起步较晚，也不太规范，之前，物业管理服务企业是以管理为重，所以统一注册核定为"物业管理公司"，之后随着服务意识的加强，主要是业主方对物业服务的要求，出现了非此即彼的现象，现在，有关部门要求，物业管理服务企业，全部变更为"物业服务公司"，在强化了服务的同时，似乎剔除了应有的管理。

我们倾向于第三种观点，物业管理服务是相辅相成的，没有管理，就难以服务，没有服务，更无从管理。服务依双方的协议，而管理依业主的授权。物业公司应该为物业管理服务公司，它不只是一味地顺从地"服务"，也不是趾高气扬喧宾夺主地霸道"管理"。管理是以理在管。理从何来？不是物业公司想当然，而是由业主委员会按一定的程序制定出来。管从何始？管是按照协议，经业主委员会授权，这是管理的法理基础。有的物业公司在管理过程中，擅自行为，自作主张，因此出现许多不和谐和难以管理的情况，严重的还出现与业主的强烈对抗。在实践中，有的业主为了自身利益，的确存在一些有悖于公约公德或违规的事情，如果不进行制止和管理，也将影响他们的利益，影响整个小区物业的形象和品质。所以，对于物业，没有管理是不行的；同样，没有服务也是绝对不行的，关键是如何既有服务又有管理，在管理中提高服务，在服务中强化管理。

我国现行的物业管理服务模式有：

（1）以区、街道办事处以及居委会为主成立的物业管理服务企业开展物业管理服务工作；

（2）以房地产管理部门转制成立的物业管理服务企业开展物业管理服务工作；

（3）房地产开发商组建的物业管理服务企业开展的物业管理服务工作；

（4）单位直管公房的管理模式；

（5）完全按照现代企业制度建立起来的物业管理服务企业开展的物业管理服务工作；

（6）由街道、居委会、社区服务站以及物业管理服务企业合三为一的管理服务模式。

从房地产经济学的角度出发，真正意义上的物业管理服务包括第（3）和第（5）两种类型。

物业管理服务分为"前期物业管理服务"和"后期物业管理服务"。前期物业管理服务指的是未成立业主大会和业主委员会前，由房地产开发公司单方面委托物业管理服务企业对所辖物业进行初步的前期的物业管理和服务。该物业管理服务不是正式的，是临时性的、过渡性的。后期物业管理服务是业主大会或业主委员会成立后，并以之作为主体与物业管理服务公司签订物业管理服务委托协议，物业管理服务公司按协议规定的标准要求进行物业管理服务并收取费用。该物业管理服务是相对正式的、固定的和全面的。前期与后期物业管理，以业主大会或业主委员会成立并由其签订物业委托协议为分界。

第二节　物业管理服务法规

从 1981 年开始，我国的物业管理服务开始了新的一页。随着物业管理服务的发展，我国物业管理服务立法也在不断完善，各地相继制定出台了针对自身发展和当地实际的物业管理服务规范。

我国物业管理服务法规由不同层次法律效力的法律规范组成。

一、宪法

宪法是国家的根本法，具有最高的法律效力。宪法中有关土地公有、土地使用权转让、保护公民的房屋和其他合法财产权以及社会主义的公共财产、公民的人身自由和住宅不受侵犯；国家保护和改善生活环境和生态环境、防治污染和其他公害；公民必须爱护公共财产、遵守公共秩序、遵守社会公德；公民在行使自由和权利时不得损害国家的、社会的、集体的利益和其他公民的合法的自由和权利等规定。这些是制定物业管理法规和从事物业管理活动必须遵循的根本依据和指导思想。

二、法律

法律分为由全国人民代表大会制定、修改的基本法律和由全国人大常委会制定、修改的普通法律两种类型。法律的效力仅次于宪法。目前我国尚未制定以《物业管理法》为名的专门物业管理法律，但《民法通则》《合同法》《城市房地产管理法》《土地管理法》《城市规划法》《环境保护法》和《中华人民共和国物权法》等法律中可适用于物业管理的活动和纠纷处理的法律规范，都是物业管理法规的组成部分和表现形式。

三、行政法规

行政法规是国务院根据宪法和法律制定和发布的规范性法律文件。物业管理的行政法规数量不多，有 1983 年国务院颁布的《城市私有房屋管理规定》；

2003 年 6 月 8 日颁布 2003 年 9 月 1 日起施行的《物业管理条例》等。行政法规的效力次于法律。《物业管理条例》是我国物业管理行业目前一部最高级别的行政法规。

四、地方性法规

省、自治区、直辖市、经国务院确定的较大城市和经济特区的人民代表大会及其常委会在不与宪法、法律、行政法规相抵触的前提下，可以制定地方性法规。这些地方性法规、决议、决定和命令所包含有关物业管理的规范性内容，虽然只在本地方行政区域内有效，但都是物业管理法规体系的组成部分。地方性法规在我国物业管理发展初期发挥了重要作用。

五、行政规章

行政规章是国务院主管部门、省级和较大的市人民政府依照法律规定的权限制定和颁布的规范性文件。其中以建设部的规章居多。例如《城市危险房屋管理规定》（1990 年）、《城市异产毗连房屋管理规定》（1990 年）、《房屋接管验收标准》（1991 年）、《城市房屋修缮管理规定》（1991 年）、《公有住宅出售后维修养护管理暂行办法》（1992 年）、《城市住宅小区竣工综合验收办法》（1992 年）、《城市新建住宅小区管理办法》（1994 年）、《城市小区物业管理服务收费暂行办法》（1996 年）、《物业管理企业资质管理试行办法》（1999 年）、《物业管理服务收费办法》（2003 年）和《物业管理企业资质管理办法》（2004 年）等。

六、司法解释

最高人民法院发布的对地方各级人民法院有约束力的指导性文件和关于某些具体案件适用法律的批复中与物业管理相关的司法解释，也是物业管理法规的表现形式。如 2003 年发布的《关于审理商品房买卖合同纠纷案件适用法律若干问题的解释》等。

七、政策文件

物业管理在我国发展迅速，而立法工作又相对滞后，在这种情况下，相关政策就成为物业管理法规的必要补充。例如，1994 年的《关于深化城镇住房制度改革的决定》、1998 年的《关于进一步深化城镇住房制度改革的决定》等。

八、其他规范性文件

其他规范性文件通常是指那些无权制定行政规章的行政机关（如省、自治区、直辖市人民政府下属的委、局、普通的市、非国务院特批的较大的市、县、区政府及其部门），在其法定职权范围内制定的、在一定区域范围内具有普遍约束力的文件。其他规范性文件的法律效力低于法律、法规和规章的效力，但可作为行政机关实施具体行政行为的依据。

目前我国的物业管理服务的立法现状主要有如下特点：

（1）立法层次较低。除 2003 年 6 月 8 日国务院公布《物业管理条例》外，国家的物业管理服务政策主要体现在建设部颁发的有关规章中。如《城市新建住宅小区管理办法》《全国优秀住宅小区管理标准》和《城市住宅小区物业管理服务收费暂行办法》等等。

（2）地方立法活跃。自深圳率先出台物业管理条例后，全国相继有青岛、沈阳、常州、大连、广州和上海等一大批省市出台了地方性法规。

（3）立法不平衡。

立法缺陷：

（1）立法滞后、传统的计划经济的桎梏，导致长期以来房屋管理主要是对公房的修缮管理。我国的物业管理服务立法起步较晚，立法显然落后于现状。

（2）由于国务院《物业管理条例》出台较晚，以至于各地立法相差较大，缺乏统一性。

第三节 物业管理服务活动权利和义务的关系

一、业主的权利和义务

针对实践中业主权利和义务不明确的问题，《物业管理条例》规定业主在物业管理活动中享有 10 项权利：

（1）按照物业服务合同的约定，接受物业管理企业提供的服务；

（2）提议召开业主大会会议，并就物业管理的有关事项提出建议；

（3）提出制定和修改业主公约、业主大会议事规则的建议；

（4）参加业主大会会议，行使投票权；

（5）选举业主委员会委员，并享有被选举权；

（6）监督业主委员会的工作；

（7）监督物业管理企业履行物业服务合同；

（8）对物业共用部位、共用设施设备和相关场地使用情况享有知情权和监督权；

（9）监督物业共用部位、共用设施设备专项维修资金的管理和使用；

（10）法律、法规规定的其他权利。

同时规定业主在物业管理活动中必须履行 6 项义务：

（1）遵守业主公约、业主大会议事规则；

（2）遵守物业管理区域内物业共用部位和共用设施设备的使用、公共秩序和环境卫生的维护等方面的规章制度；

（3）执行业主大会的决定和业主大会授权业主委员会作出的决定；

（4）按照国家有关规定交纳专项维修资金；

（5）按时交纳物业服务费用；

（6）法律、法规规定的其他义务。

二、物业管理服务企业的权利和义务

1. 物业管理企业的权利

（1）根据有关法规，并结合实际情况制定管理办法；

（2）依照物业管理委托合同和管理办法对物业实施管理；

（3）依照物业管理委托合同和有关规定收取管理费；

（4）有权制止违反规章制度的行为；

（5）有权要求业主委员会协助管理；

（6）有权选聘专业公司承担专项管理业务；

（7）可以实行多种经营，以其收益补充管理经费。

2. 物业管理企业的义务

（1）履行物业管理委托合同，依法经营；

（2）接受业主委员会和业主及使用人监督；

（3）重大管理措施应提交业主委员会审议批准；

（4）接受行政主管部门监督指导；

（5）至少每 6 个月应向全体业主公布一次管理费用收支账目；

（6）提供优良的生活工作环境，搞好社区文化；

（7）发现违法行为要及时向有关行政管理机关报告；

（8）物业管理委托合同终止时，必须向业主委员会移交全部房屋、物业管理档案、财务等资料和本物业的公共财产，包括管理费、公共收入积累形成的资产。同时，业主委员会有权指定专业审计机构对物业管理财务状况进行审计。

三、建设单位在前期物业管理服务中承担的责任

建设单位应当在销售物业之前，制定业主临时公约，对有关物业的使用、维护、管理，业主的共同利益，业主应当履行的义务，违反公约应当承担的责任等事项依法作出约定。建设单位制定的业主临时公约，不得侵害物业买受人的合法权益，应当在物业销售前向物业买受人明示，并予以说明。

住宅物业的建设单位，应当通过招投标的方式选聘具有相应资质的物业管理企业；投标人少于3个或者住宅规模较小的，经物业所在地的区、县人民政府房地产行政主管部门批准，可以采用协议方式选聘具有相应资质的物业管理企业。

建设单位不得擅自处分业主依法享有的物业共用部位、共用设施设备的所有权或者使用权；建设单位应当在办理物业承接验收手续时向物业管理企业移交竣工总平面图等资料；应当按照规定在物业管理区域内配置必要的物业管理用房；应当按照国家规定的保修期限和保修范围，承担物业的保修责任。

业主大会作出选聘物业管理企业的决定后，业主委员会应当与物业管理企业订立书面的物业服务合同。物业服务合同应当对物业管理事项、服务质量、服务费用、双方的权利义务、专项维修资金的管理与使用、物业管理用房、合同期限以及违约责任等内容进行约定。

第四节　物业管理服务企业资质及要求

物业管理服务企业，是指依法设立、具有独立法人资格，从事物业管理服务活动的企业。物业管理服务企业资质等级分为一、二、三级。国务院建设主管部门负责一级物业管理服务企业资质证书的颁发和管理。省、自治区人民政府建设主管部门负责二级物业服务企业资质证书的颁发和管理，直辖市人民政府房地产主管部门负责二级和三级物业服务企业资质证书的颁发和管理，并接受国务院建设主管部门的指导和监督。设区的市的人民政府房地产主管部门负责三级物业管理企业资质证书的颁发和管理，并接受省、自治区人民政府建设主管部门的指导和监督。

各资质等级物业管理服务企业的条件如下：

1. 一级资质

（1）注册资本人民币 500 万元以上；

（2）物业管理服务专业人员以及工程、管理、经济等相关专业类的专职管理和技术人员不少于 30 人，其中，具有中级以上职称的人员不少于 20 人，工程、财务等业务负责人具有相应专业中级以上职称；

（3）物业管理服务专业人员按照国家有关规定取得职业资格证书；

（4）管理两种类型以上物业，并且管理各类物业的房屋建筑面积分别占下列相应计算基数的百分比之和不低于 100%：

a. 多层住宅 200 万平方米；

b. 高层住宅 100 万平方米；

c. 独立式住宅（别墅）15 万平方米；

d. 办公楼、工业厂房及其他物业 50 万平方米。

（5）建立并严格执行服务质量、服务收费等企业管理制度和标准，建立企业信用档案系统，有优良的经营管理业绩。

2. 二级资质

（1）注册资本人民币 300 万元以上；

（2）物业管理服务专业人员以及工程、管理、经济等相关专业类的专职管理和技术人员不少于 20 人，其中，具有中级以上职称的人员不少于 10 人，工程、财务等业务负责人具有相应专业中级以上职称；

（3）物业管理服务专业人员按照国家有关规定取得职业资格证书；

（4）管理两种类型以上物业，并且管理各类物业的房屋建筑面积分别占下列相应计算基数的百分比之和不低于 100%：

①多层住宅 100 万平方米；

②高层住宅 50 万平方米；

③独立式住宅（别墅）8 万平方米；

④办公楼、工业厂房及其他物业 20 万平方米。

（5）建立并严格执行服务质量、服务收费等企业管理制度和标准，建立企业信用档案系统，有良好的经营管理业绩。

3. 三级资质

（1）注册资本人民币 50 万元以上；

（2）物业管理服务专业人员以及工程、管理、经济等相关专业类的专职管理和技术人员不少于 10 人，其中，具有中级以上职称的人员不少于 5 人，工程、财务等业务负责人具有相应专业中级以上职称；

（3）物业管理服务专业人员按照国家有关规定取得职业资格证书；

（4）有委托的物业管理服务项目；

（5）建立并严格执行服务质量、服务收费等企业管理制度和标准，建立企业信用档案系统。

新设立的物业服务企业应当自领取营业执照之日起 30 日内，持下列文件向工商注册所在地直辖市、设区的市的人民政府房地产主管部门申请资质：

（1）营业执照；

（2）企业章程；

（3）验资证明；

（4）企业法定代表人的身份证明；

（5）物业管理服务专业人员的职业资格证书和劳动合同，管理和技术人员的职称证书和劳动合同。

4. 各资质对应可承接的物业管理服务项目情况

一级资质物业服务企业可以承接各种物业管理服务项目。

二级资质物业服务企业可以承接 30 万平方米以下的住宅项目和 8 万平方米以下的非住宅项目的物业管理服务业务。

三级资质物业服务企业可以承接 20 万平方米以下住宅项目和 5 万平方米以下的非住宅项目的物业管理服务业务。

5. 申请核定资质等级的物业服务企业，应当提交下列材料

（1）企业资质等级申报表；

（2）营业执照；

（3）企业资质证书正、副本；

（4）物业管理服务专业人员的职业资格证书和劳动合同，管理和技术人员的职称证书和劳动合同，工程、财务负责人的职称证书和劳动合同；

（5）物业服务合同复印件；

（6）物业管理服务业绩材料。

资质审批部门应当自受理企业申请之日起 20 个工作日内，对符合相应资质等级条件的企业核发资质证书。

第五节 业主大会和业主委员会

一、业主

业主是指物业的实际拥有人。其法定依据是购房合同上的买受人，或房屋权属证书所有人。业主可以将其业主的权利委托他人，如承租人或房屋使用人行使。

二、业主大会

物业管理服务区域内全体业主组成业主大会。业主大会应当代表和维护物业管理服务区域内全体业主在物业管理服务活动中的合法权益。一个物业管理服务区域成立一个业主大会。

同一个物业管理服务区域内的业主，应当在物业所在地的区、县人民政府房地产行政主管部门或者街道办事处、乡镇人民政府的指导下成立业主大会，并选举产生业主委员会。但是，只有一个业主的，或者业主人数较少且经全体业主一致同意，决定不成立业主大会的，由业主共同履行业主大会、业主委员会职责。

1. 业主大会成立条件

各省市对首次成立业主大会的时间都有明确规定。例如《上海市住宅物业管理规定》第七条规定：一个物业管理服务区域内，房屋出售并交付使用的建筑面积达到50％以上，或者首套房屋出售并交付使用已满两年的，应当召开首次业主大会会议，成立业主大会。其他省市的规定与此类似。

2. 业主大会职责

（1）制定和修改业主大会议事规则；

（2）制定和修改管理规约；

（3）选举业主委员会或者更换业主委员会成员，监督业主委员会的工作；

（4）选聘和解聘物业服务企业或者其他管理人；

（5）筹集和使用专项维修资金；

（6）改建、重建建筑物及其附属设施；

（7）有关共有和共同管理权利的其他重大事项。

决定前款第五项和第六项规定的事项，应当经专有部分占建筑物总面积

2/3 以上的业主且占总人数 2/3 以上的业主同意。决定前款其他事项，应当经专有部分占建筑物总面积过半数的业主且占总人数过半数的业主同意。

投票权：业主在业主大会会议上投票权的确定，应当根据业主大会议事规则的规定来确定。但首次业主大会会议召开时，由于业主大会议事规则尚未制定，《条例》规定业主在首次业主大会会议上的投票权，根据业主拥有物业的建筑面积、住宅套数等因素确定，具体办法由省、自治区、直辖市制定。

业主大会会议可以采用集体讨论的形式，也可以采用书面征求意见的形式。业主可以委托代理人参加业主大会会议。但无论采用哪种方式召开会议，都应当有物业管理区域内 1/2 以上持有投票权的业主参加。

召开业主大会会议，应当于会议召开 15 日以前通知全体业主，住宅小区的业主大会会议，还应当同时告知相关的居民委员会。

业主大会作出决定，必须经与会业主所持投票权 1/2 以上通过。业主大会作出制定和修改业主公约、业主大会议事规则、选聘、解聘物业管理企业、专项维修资金使用和续筹方案的决定，必须经物业管理区域内全体业主所持投票权 2/3 以上通过。

三、业主委员会

1. 业主委员会

又称物业管理服务委员会，是代表本物业区域内全体产权人和使用人的合法权益，负责对区域内物业实施管理的组织。组建物业管理服务委员会是居住小区实施物业管理服务的一项十分重要的基础工作。

由于一般的小区的业主比较多，为了便于管理和集中业主意愿，采用业主代表成立委员会的形式，由业主委员会代表所有业主行使业主权利。代表业主与物业公司签订有关委托协议，对物业公司的工作进行评议，要求物业公司公开其物业费用等。并对物业维修基金进行管理，决定其使用，并定期向广大业主公告，接受业主的监督等。业主委员会成员由业主大会选举产生，委员人数一般以 5~15 人单数为宜。每届任期三年，可以连选连任。对于不称职的业主委员会成员及主任人选，业主大会有权通过投票罢免。

《物权法》第七十五条规定：地方人民政府有关部门应当对设立业主大会和选举业主委员会给予指导和协助。业主大会或者业主委员会的决定，对业主具有约束力。业主大会或者业主委员会作出的决定侵害业主合法权益的，受侵害的业主可以请求人民法院予以撤销。

2. 业主委员会的职责、权利和义务

（1）业主委员会的职责：业主委员会作为业主大会闭会后代表全体业主行使职权的组织，即享有委员会应有的权利，同时也要履行其应尽的义务。业主委员会执行业主大会的决定事项，履行下列职责：

①召集业主大会会议，报告物业管理服务的实施情况；

②代表业主与业主大会选聘的物业服务企业签订物业服务合同；

③及时了解业主、物业使用人的意见和建议，监督和协助物业服务企业履行物业服务合同；

④监督管理规约的实施；

⑤业主大会赋予的其他职责。

（2）业主委员会的权利

①决策权。业主委员会的决策主要体现在：决定选聘或解聘物业管理公司，代表业主与物业管理公司签订物业管理服务合同；决定物业维修基金的使用，物业的翻新、设备的维修保养或更新。需动用物业维修基金时，必须经业主委员会的同意；决定物业管理费用预算及审批重大费用开支；决定物业内公用部分的开发使用及处理，如屋顶广告牌的开发等。

业主委员会在决定重大问题时行使表决权，每位委员一票，以获得多数票为通过。如赞同票和反对票相等，委员会主席（主任）可行使双票权，使动议成为决议而获得通过。

②审议权。审议权也是决策权的组成部分。对提交到委员会的提案进行审议，审议的结论也是一种决定。业主委员会要进行审议的事项有：管理费预算，每月、季、年度财务会计报表，管理公司的每月及年度工作报告和工作计划等。

③监督权。行使监督权是业主委员会的重要职能，主要表现在对管理公司工作的监督。监督权的行使主要是：监督管理公司的各项费用支出是否合理得当；监督管理公司的工作是否达的目标。如果管理公司的工作有违背委托管理合同的地方，或管理公司的工作达不到合同目标要求，业主委员会则要督促管理公司在一定期限内予以改进，否则，业主委员会可以解聘管理公司。业主委员会除了监督管理公司的工作之外，还要监督业主认真履行管理公约，监督业主遵守各项管理规章，监督共用设施设备、场地的使用与维护等。

（3）业主委员会的义务

业主委员会作为业主自治组织，在享有业主大会赋予的各项权利的同时，必须履行相应的义务。

①遵纪守法。业主委员会的活动必须遵守国家法律法规和政府管理部门的有关规定。遵纪守法是业主委员会自我约束的根本表现。

②支持配合管理公司开展工作。管理公司虽受聘于业主委员会，业主委员会有权监督管理公司，但也有义务支持管理公司，尽可能为其工作提供方便，应将业主的意见和要求及时向管理公司反馈，协调及增进管理公司与业主之间的关系，帮助管理公司排除工作中的干扰与阻力，为管理公司创造一个宽松的工作环境。

③做业主的宣传、教育、说服及督促工作。业主委员会向业主公布宣传各项管理规章，教育业主自觉遵守管理公约及规章，说服业主理解有关管理收费，督促业主按规定缴纳管理费及其他应分摊的费用。

业主委员会是业主大会的执行机构。业主委员会应当自选举产生之日起30日内，向物业所在地的区、县人民政府房地产行政主管部门备案。业主委员会委员应当由热心公益事业、责任心强、具有一定组织能力的业主担任。

业主大会、业主委员会应当配合公安机关，与居民委员会相互协作，共同做好维护物业管理区域内的社会治安等相关工作。

在物业管理区域内，业主大会、业主委员会应当积极配合相关居民委员会依法履行自治管理职责，支持居民委员会开展工作，并接受其指导和监督。

住宅小区的业主大会、业主委员会作出的决定，应当告知相关的居民委员会，并听取居民委员会的建议。

第六节　物业管理服务委托合同

物业管理服务是一种综合性的经营服务方式，它是将各种分散的社会分工汇集起来统一管理，如清洁、保安、绿化、水电、房屋维修及其他各种社区服务，对每个业主来说只需面对物业管理企业一家就能解决问题而无需面对各个不同部门。物业管理合同是处理物业管理服务公司和业主关系的重要契约。

一、物业管理服务合同的性质

我国合同法中尚没有物业管理服务合同方面的规定，实践中很多人认为物业管理服务合同是委托合同。就物业管理服务义务的内容来看，物业管理服务公司所提供的大部分物业管理服务义务不需要对单个业主言听计从，他们只需要依据合同约定以及物业管理服务的法律、法规提供卫生、环境、保安等物管义务即可，是由物业管理服务公司自行独立完成的。根据委托合同的性质，委托合同中受托人在委托合同范围内所获得的法律后果归属于委托人，因此，委托合同由委托人承担责任。这样结果就导致业主可能要为物业管理服务公司的物管行为承担民事责任，这显然是违背物业管理服务目的的。从合同目的进行解释，物业管理服务合同的性质不是单纯的委托合同。在物管公司所提供的服务内容中，不仅有对全体业主的公共物业的管理，还涉及对业主个体相关财产的保管，以及对共有物业设施的购买、更换等等。因而，我们认为物管服务合同中的性质比较复杂，包括了保管、租赁、承揽和委托等法律关系，是复合合同。

二、物业管理合同的主要内容

物业管理合同的主要条款包括：当事人和物业的基本情况；双方的权利和义务；物业管理服务事项和服务质量要求；物业管理服务费的标准和收取办法；物业管理服务用房的使用、管理和收入分配办法；维修基金的管理和使用；合同的有效期限、合同终止和解除的约定，合同终止时物业资料的移交方式；违约责任及解决纠纷的途径；双方当事人约定的其他事项。其中双方的权利和义务条款是最主要的内容。实践中，业主选聘的内容可分为两种基本类型：以管理服务为主的物业管理和出租经营与管理服务并重的物业管理。业主的主要合同义务是支付物业管理费用和物业管理服务费。其中物业管理费用是指为了处理物业管理事务所花费的费用，如维修费等；物业管理服务费则是支付给物业管理公司的服务报酬，即合同对价。业主委员会是业主选举组成的代表和维护全体业主合法权益的自治组织，对业主大会负责。物业管理公司的主要合同义务为：按照合同约定妥善处理管理事务；必须亲自管理物业，非经业主或业主委员会同意，不得将物业管理事务转给第三方完成；应当按照业主或业主委员会的要求报告物业管理事务的处理情况；向选聘人转交利益。这种合同义务主要存在于出租经营与管理服务并重的物业管理合同中。

三、物业管理服务合同的法律效力

物业管理服务合同作为一种民事法律行为，应当具备《民法通则》规定的生效要件。（1）行为人具有相应的民事行为能力；（2）意思表示真实；（3）不违反法律或者社会公共利益。对于物业管理服务合同效力的审查，实践中应特别注意：

当事人是否具有签订物业管理服务合同的主体资格，主要从以下两方面进行审查：

一方面审查业主委员会是否经业主大会或业主代表大会民主选举产生，是否依法办理登记。从民法学原则而言，业主委员会是全体业主的代表人或代理人。未经合法选举产生的业主委员会，等于未取得业主对外签订物业管理服务合同的授权，其对外签订的合同应当认定无效。

另一方面要审查物业管理企业是否具有独立的法人资格，是否在工商部门注册登记，取得工商营业执照，还要看物业管理企业是否取得与要管理服务的物业相符合的资质，即有没有物业管理资质，其物业管理资质是否达到相应的规定要求。

四、物业管理合同无效的情形

物业管理合同在以下情况下是无效的：

（1）物业管理合同的主体不合格，即根据法律规定，当事人一方无权签署物业管理合同，且权利人未予追认；

（2）物业管理合同的内容违法，即合同的权利义务条款违反了法律的规定；

（3）物业管理合同的一方当事人是因为受到了欺诈或胁迫而作出了不真实的订立合同的意思表示，且损害了国家利益；

（4）合同内容违反国家利益或社会公共利益。

订立的物业管理合同无效，会产生下列的后果：

（1）返还财产，业主和物业管理公司相互返还根据原物业管理合同从对方取得的财产，不能返还的，要进行赔偿。

（2）赔偿损失，对于物业管理合同的无效承担责任的一方，应当赔偿因过错给对方造成的损失，若双方都有过错则分别对自己的过错负责。

（3）追缴财产，合同双方恶意串通损害国家、集体或第三人利益的，应当将双方已经取得的或约定取得的财产收归国有或返还第三人。

附：

物业管理合同（示范文本）

本合同双方当事人

委托方（以下简称甲方）：业主管理委员会/房地产开发公司

受委托方（以下简称乙方）：物业管理公司

根据《中华人民共和国经济合同法》、建设部第33号令《城市新建住宅小区管理办法》等国家、地方有关物业管理服务法律、法规和政策，在平等、自愿、协商一致的基础上，就甲方委托乙方对（物业名称）实行专业化、一体化的物业管理服务订立本合同。

第一条　物业基本情况

坐落位置：_____市_____区_____路（街道）号；占地面积：_____平方米；建筑面积：_____平方米；其中住宅_____平方米；物业类型：（住宅区或组团、写字楼、商住楼、工业区、其他／低层、高层、超高层或混合）。

第二条　委托管理事项

1. 房屋建筑本体共用部位（楼盖、屋顶、梁、柱、内外墙体和基础等承重结构部位、外墙面、楼梯间、走廊通道、门厅、设备和机房）的维修、养护和管理。

2. 房屋建筑本体共用设施设备（共用的上下水管道、落水管、垃圾道、烟囱、共用照明、天线、中央空调、暖气干线、供暖锅炉房、加压供水设备、配电系统、楼内消防设施设备、电梯和供水系统等）的维修、养护、管理和运行服务。

3. 本物业规划红线内属物业管理服务范围的市政公用设施（道路、室外上下水管道、化粪池、沟渠、池、井、绿化、室外泵房、路灯、自行车房棚和停车场）的维修、养护和管理。

4. 本物业规划红线内的属配套服务设施（网球场、游泳池和商业网点）的维修、养护和管理。

5. 公共环境（包括公共场地、房屋建筑物共用部位）的清洁卫生和垃圾的收集、清运。

6. 交通、车辆行驶及停泊。

7. 配合和协助当地公安机关进行安全监控和巡视等保安工作，（但不含人身、财产保险保管责任）。

8. 社区文化娱乐活动。

9. 物业及物业管理服务档案、资料。

10. 法规和政策规定由物业管理服务公司管理的其他事项。

第三条　合同期限

本合同期限为_____年。自_____年____月____日起至_____年____月____日止。

第四条 甲方的权利和义务

1. 与物业管理服务公司议定年度管理计划、年度费用概预算、决算报告。

2. 对乙方的管理实施监督检查，每年全面进行一次考核评定，如因乙方管理不善，造成重大经济损失或管理失误，经市政府物业管理服务主管部门认定，有权终止合同。

3. 委托乙方对违反物业管理服务法规政策及业主公约的行为进行处理包括：责令停止违章行为、要求赔偿经济损失及支付违约金、对无故不缴纳有关费用或拒不改正违章行为的责任人采取停水、停电等催缴催改措施。

4. 甲方在合同生效之日起_____日内按规定向乙方提供经营性商业用房_____平方米，由乙方按每月每平方米_____元标准出租经营，其收入按法规政策规定用于补贴本物业维护管理费用。

5. 甲方在合同生效之日起_____日内按政府规定向乙方提供管理用房_____平方米（其中办公用房_____平方米，员工宿舍_____平方米，其他用房_____平方米），由乙方按下列第_____项使用：

（1）无偿使用。

（2）按每月每平方米建筑面积_____元的标准租用。

6. 甲方在合同生效之日起_____日内按规定向乙方提供本物业所有的物业及物业管理服务档案、资料（工程建设竣工资料、住用户资料），并在乙方管理期满时予以收回。

7. 不得干涉乙方依法或依本合同规定内容所进行的管理和经营活动。

8. 负责处理非乙方原因而产生的各种纠纷。

9. 协助乙方做好物业管理服务工作和宣传教育、文化活动。

10. 法规政策规定由甲方承担的其他责任。

第五条 乙方的权利和义务

1. 根据有关法律、法规政策及本合同的规定，制订该物业的各项管理办法、规章制度、实施细则，自主开展各项管理经营活动，但不得损害大多数业主（住用户）的合法权益，获取不当利益。

2. 遵照国家、地方物业管理服务收费规定，按物业管理的服务项目、服务内容、服务深度、测算物业管理服务收费标准，并向甲方提供测算依据，严格按合同规定的收费标准收取，不得擅自加价，不得只收费不服务或多收费少服务。

3. 负责编制房屋及附属设施、设备年度维修养护计划和大中修方案，经双方议定后由乙方组织实施。

4．有权依照法规政策、本合同和业主公约的规定对违反业主公约和物业管理服务法规政策的行为进行处理。

5．有权选聘专营公司承担本物业的专项管理业务并支付费用、但不得将整体管理责任及利益转让给其他人或单位，不得将重要专项业务承包给个人。

6．接受物业管理服务主管部门及有关政府部门的监督、指导，并接受甲方和业主的监督。

7．至少每3个月向全体业主张榜公布一次管理费用收支情况。

8．对本物业的公用设施不得擅自占用和改变使用功能，如需在本物业内改扩建完善配套项目，须报甲方和有关部门批准后方可实施。

9．建立本物业的物业管理服务档案并负责及时记载有关变更情况。

10．开展有效的社区文化活动和便民服务工作。

11．本合同终止时，乙方必须向甲方移交原委托管理的全部物业及其各类管理档案、财务等资料；移交本物业的公共财产，包括管理费、公共收入积累形成的资产；对本物业的管理财务状况进行财务审计，甲方有权指定专业审计机构。

12．不承担对业主及非业主使用人的人身、财产的保管保险义务（另有，专门合同规定除外）。

第六条　管理目标

乙方根据甲方的委托管理事项制定出本物业"管理分项标准"（各项维修、养护和管理的工作标准和考核标准），与甲方协商同意后作为本合同的必备附件。乙方承诺，在本合同生效后年内达到的管理标准，并获得政府主管部门颁发的证书。

第七条　管理服务费用

1．本物业的管理服务费按下列第_____项执行：

（1）按政府规定的标准向业主（住用户）收取，即每月每平方米建筑面积_____元。

（2）按双方协商的标准向业主（住用户）收取，即每月每平方米建筑面积_____元。

（3）由甲方按统一标准直接支付给乙方，即每年（月）每平方米建筑面积_____元；支付期限：_____；方式：_____。

2．管理服务费标准的调整按下列第_____项执行

（1）按政府规定的标准调整。

（2）按每年_____％的幅度上调。

（3）按每年_____％的幅度下调。

（4）按每年当地政府公布的物价涨跌幅度调整。

（5）按双方议定的标准调整。

3. 乙方对物业产权人、使用人的房屋自用部位、自用设备的维修养护，及其他特约服务，采取成本核算方式，按实际发生费用计收；但甲方有权对乙方的上述收费项目及标准进行审核和监督。

4. 房屋建筑（本体）的共同部位及共用设施设备的维修、养护与更新改造，由乙方提出方案，经双方议定后实施，所需经费按规定在房屋本体维修基金中支付。房屋本体维修基金的收取执行市政府物业管理服务主管部门的指导标准。甲方有义务督促业主缴交上述基金并配合维护。

5. 本物业的公用设施专用基金共计_____元，由甲方负责在_____时间内按法规政策的规定到位，以保障本物业的公用配套设施的更新改造及重大维护费用。

6. 乙方在接管本物业中发生的前期管理费用_____元，按下列第____项执行：

（1）由甲方在本合同生效之日起_____日内向乙方支付。

（2）由乙方承担。

（3）在_____费用中支付。

（4）_____。

7. 因甲方责任而造成的物业空置并产生的管理费用，按下列第_____项执行：

（1）由甲方承担全部空置物业的管理成本费用，即每平方米建筑面积每月_____元。

（2）由甲方承担上述管理成本费用的_____％。

第八条 奖惩措施

1. 乙方全面完成合同规定的各项管理目标，甲方分别以下列情况，对乙方进行奖励：

（1）_____。

（2）_____。

（3）_____。

2. 乙方未完成合同规定的各项管理目标，甲方分别以下列情况，对乙方进行处罚：

（1）_____。

（2）_____。

（3）_____。

3. 合同期满后，乙方可参加甲方的管理招投标并在同等条件下优先获得管理权，但根据法规政策或主管部门规定被取消投标资格或优先管理资格的除外。乙方全部完成合同责任并管理成绩优秀，多数业主反映良好，可以不参加招投标而直接续订合同。

第九条　违约责任

1. 如因甲方原因，造成乙方未完成规定管理目标或直接造成乙方经济损失的，甲方应给予乙方相应补偿；乙方有权要求甲方限期整改，并有权终止合同。

2. 如因乙方原因，造成不能完成管理目标或直接造成甲方经济损失的，乙方应给予甲方相应补偿。甲方有权要求乙方限期整改，并有权终止合同。

3. 因甲方房屋建筑或设施设备质量或安装技术等原因，造成重大事故的，由甲方承担责任并负责善后处理。因乙方管理不善或操作不当等原因造成重大事故的，由乙方承担责任并负责善后处理。（产生事故的直接原因，以政府有关部门的鉴定结论为准）

4. 甲、乙双方如有采取不正当竞争手段而取得管理权或致使对方失去管理权，或造成对方经济损失的，应当承担全部责任。

第十条　其他事项

1. 双方可对本合同的条款进行修订更改或补充，以书面签订补充协议，补充协议与本合同具有同等效力。

2. 合同规定的管理期满，本合同自然终止，双方如续订合同，应在该合同期满_____个月前向对方提出书面意见。

3. 本合同执行期间，如遇不可抗力，致使合同无法履行时，双方均不承担违约责任并按有关法规政策规定及时协商处理。

4. 本合同在履行中如发生争议，双方应协商解决，协商不成时，提请物业管理服务主管部门调解，调解不成的，提交_____仲裁委员会依法裁决，或到人民法院起诉。

5. 本合同之附件均为合同有效组成部分；本合同及其附件内，空格部分填写的文字与印刷文字具有同等效力。本合同及其附件和补充协议中未规定的事项，均遵照中华人民共和国有关法律、法规和政策执行。

6. 本合同正本连同附件共____页，一式三份，甲、乙双方及物业管理服务主管部门（备案）各执一份，具有同等法律效力。

7. 本合同自签订之日起生效。

甲方签章：　　　　　　乙方签章：
法人代表：　　　　　　法人代表：
　　　　　　　　　　　年　　月　　日

第七节　物业管理服务费

一、物业服务费用的确定和缴纳

物业服务收费应当遵循合理、公开以及费用与服务水平相适应的原则，区别不同物业的性质和特点，由业主和物业管理服务企业按照物业服务收费办法，在物业服务合同中约定。

业主应根据物业服务合同的约定交纳物业服务费用。业主与物业使用人约定由物业使用人交纳物业服务费用的，从其约定，业主负连带交纳责任。已竣工但尚未出售或者尚未交给物业买受人的物业，物业服务费用由建设单位交纳。

业主违反物业服务合同约定，逾期不交纳物业服务费用的，业主委员会应当督促其限期交纳；逾期仍不交纳的，物业管理企业可以向人民法院起诉。

物业管理区域内，供水、供电、供气、供热、通讯和有线电视等单位应当向最终用户收取有关费用。物业管理企业接受有关单位委托代收费用的，不得向业主收取手续费等额外费用。

物业管理费应根据所提供服务的性质、特点等不同情况，分别实行政府定价、政府指导价和经营者定价。为物业产权人、使用人提供的公共卫生清洁、公共设施的维修保养和保安、绿化等有公共性的服务以及代收缴水电费、煤气费、有线电视费和电话费等公众代办性质的服务收费，实行政府定价或者政府指导价。实行政府定价或者政府指导价的物业管理服务收费的具体价格管理形式，由省、自治区、直辖市物价部门根据当地经济发展水平和物业管理市场发育程度确定。凡属于物业产权人、使用人个别需求提供的特约服务，除政府物价部门规定有统一收费标准者除外，服务收费实行经营者定价。

物价部门实行政府定价和政府指导价的物业管理服务收费标准，由物业管理单位根据实际提供的服务项目和各项费用开支情况，向物价部门申报，由物价部门征求物业管理行政主管部门意见后，以独立小区为单位核定；实行政府指导价的物业管理服务收费，物业管理单位可在政府指导价格规定幅度内确定具体收费标准；实行经营者定价的物业管理服务收费标准由物业单位与小区管理委员会或产权人代表、使用人代表协商议定，并应将收费项目和收费标准向当地物价部门备案。

在核定收费标准时，应充分听取物业管理单位和小区管理委员会（业主管理委员会）或产权人代表、使用人代表意见，既要有利于物业管理服务的价值补偿，也要考虑物业产权人、使用人的经济承受能力，以物业管理服务所发生的费用的基础，结合物业管理单位的服务内容、服务质量、服务深度核定。物价部门对核定的物业管理收费标准，应根据物业管理费用的变化及时进行调整。

二、物业管理费的主要构成

物业管理费主要由以下部分构成：

（1）管理、服务人员的工资和按规定提取的福利费；

（2）公共设施和设备日常运行、维修及保养费；

（3）绿化管理费；

（4）清洁卫生费；

（5）保安费；

（6）办公费；

（7）物业管理单位固定资产折旧费；

（8）法定税费；

（9）合理利润。

物业管理费的利润率暂由各省、自治区、直辖市政府物价主管部门根据本地区实际情况确定，经物价部门核定或由物业管理单位与小区管理委员会在物业管理合同中约定。

第八节　物业维修基金及管理使用

一、物业维修基金

物业维修基金是依据有关法规筹集的用于新商品房（包括经济适用住房）

和公有住房出售后的共用部位、共用设施设备维修之用的专门款项。

所谓共用部位是指住宅主体承重结构部位（包括基础、内外承重墙体、柱、梁、楼板和屋顶等）户外墙面、门厅、楼梯间及走廊通道等。

所谓共用设施设备是指住宅小区或单幢住宅内，建设费用已分摊进入住房销售价格的共用的上下水管道、落水管、水箱、加压水泵、电梯、天线、供电线路、照明、锅炉、暖气线路、煤气线路、消防设施、绿地、道路、路灯、沟渠、池、井、非经营性车场车库、公益性文体设施和共用设施设备使用的房屋等。

住宅专项维修资金管理实行专户存储、专款专用、所有权人决策、政府监督的原则。国务院建设主管部门会同国务院财政部门负责全国住宅专项维修资金的指导和监督工作。县级以上地方人民政府房地产主管部门会同同级财政部门负责本行政区域内住宅专项维修资金的指导和监督工作。

现今世界各国的物权法，都有关于设立物业维修基金的强制性规定，它对建立社会化、专业化、市场化的物业管理体制以及维护社会的稳定都发挥着重要的作用。为加强住宅共用部位、共用设施设备维护基金的管理，维护房屋产权人和使用人的合法权益，保障住宅正常的维修、使用，根据建设部、财政部《关于印发〈住宅共用部位共用设施设备维修基金管理办法〉的通知》等有关规定，各地都建立了各自的住房维修基金缴存使用的具体实施办法。

二、物业维修基金的缴纳

商品住宅的业主、非住宅的业主按照所拥有物业的建筑面积交存住宅专项维修资金，每平方米建筑面积交存首期住宅专项维修资金的数额为当地住宅建筑安装工程每平方米造价的 5％至 8％。有的地方则按销售价款的 2％交纳。

直辖市、市、县人民政府房地产主管部门应当根据本地区情况，合理确定、公布每平方米建筑面积交存首期住宅专项维修资金的数额，并适时调整。

业主交存的住宅专项维修资金属于业主所有。业主大会成立前，商品住宅业主、非住宅业主交存的住宅专项维修资金，由物业所在地直辖市、市、县人民政府建设（房地产）主管部门代管。

直辖市、市、县人民政府房地产主管部门应当委托所在地一家商业银行，作为本行政区域内住宅专项维修资金的专户管理银行，并在专户管理银行开立住宅专项维修资金专户。

开立住宅专项维修资金专户，应当以物业管理区域为单位设账，按房屋户门号设分户账；未划定物业管理区域的，以幢为单位设账，按房屋户门号设分户账。

商品住宅的业主应当在办理房屋入住手续前，将首期住宅专项维修资金存入住宅专项维修资金专户。未按本办法规定交存首期住宅专项维修资金的，开发建设单位不得将房屋交付购买人。物业维修基金专户管理银行、代收住宅专项维修资金的售房单位应当出具由财政部或者省、自治区、直辖市人民政府财政部门统一监制的住宅专项维修资金专用票据。

业主大会成立后，应当按照下列规定划转业主交存的住宅专项维修资金：

（1）业主大会应当委托所在地一家商业银行作为本物业管理区域内住宅专项维修资金的专户管理银行，并在专户管理银行开立住宅专项维修资金专户。

开立住宅专项维修资金专户，应当以物业管理区域为单位设账，按房屋户门号设分户账。

（2）业主委员会应当通知所在地直辖市、市、县人民政府房地产主管部门；涉及已售公有住房的，应当通知负责管理公有住房住宅专项维修资金的部门。

（3）直辖市、市、县人民政府房地产主管部门或者负责管理公有住房住宅专项维修资金的部门应当在收到通知之日起 30 日内，通知专户管理银行将该物业管理区域内业主交存的住宅专项维修资金账面余额划转至业主大会开立的住宅专项维修资金账户，并将有关账目等移交业主委员会。

住宅专项维修资金划转后的账目管理单位，由业主大会决定。业主大会应当建立住宅专项维修资金管理制度。业主大会开立的住宅专项维修资金账户，应当接受所在地直辖市、市、县人民政府房地产主管部门的监督。业主分户账面住宅专项维修资金余额不足首期交存额 30% 的，应当及时续交。成立业主大会的，续交方案由业主大会决定。未成立业主大会的，续交的具体管理办法由直辖市、市、县人民政府房地产主管部门会同同级财政部门制定。

三、物业维修基金的使用

住宅专项维修资金应当专项用于住宅共用部位、共用设施设备保修期满后的维修和更新、改造，不得挪作他用。住宅专项维修资金的使用，应当遵循方便快捷、公开透明、受益人和负担人相一致的原则。

住宅共用部位、共用设施设备的维修和更新、改造费用，按照下列规定分摊：

（1）商品住宅之间或者商品住宅与非住宅之间共用部位、共用设施设备的维修和更新、改造费用，由相关业主按照各自拥有物业建筑面积的比例分摊。

（2）售后公有住房之间共用部位、共用设施设备的维修和更新、改造费用，由相关业主和公有住房售房单位按照所交存住宅专项维修资金的比例分摊；其中，应由业主承担的，再由相关业主按照各自拥有物业建筑面积的比例分摊。

（3）售后公有住房与商品住宅或者非住宅之间共用部位、共用设施设备的维修和更新、改造费用，先按照建筑面积比例分摊到各相关物业。其中，售后公有住房应分摊的费用，再由相关业主和公有住房售房单位按照所交存住宅专项维修资金的比例分摊。

住宅共用部位、共用设施设备维修和更新、改造，涉及尚未售出的商品住宅、非住宅或者公有住房的，开发建设单位或者公有住房单位应当按照尚未售出商品住宅或者公有住房的建筑面积，分摊维修和更新、改造费用。住宅专项维修资金划转业主大会管理前，需要使用住宅专项维修资金的，按照以下程序办理：

（1）物业服务企业根据维修和更新、改造项目提出使用建议；没有物业服务企业的，由相关业主提出使用建议。

（2）住宅专项维修资金列支范围内专有部分占建筑物总面积三分之二以上的业主且占总人数三分之二以上的业主讨论通过使用建议。

（3）物业服务企业或者相关业主组织实施使用方案。

（4）物业服务企业或者相关业主持有关材料，向所在地直辖市、市、县人民政府房产主管部门申请列支；其中，动用公有住房住宅专项维修资金的，向负责管理公有住房住宅专项维修资金的部门申请列支。

（5）直辖市、市、县人民政府房产主管部门或者负责管理公有住房住宅专项维修资金的部门审核同意后，向专户管理银行发出划转住宅专项维修资金的通知。

（6）专户管理银行将所需住宅专项维修资金划转至维修单位。

住宅专项维修资金划转业主大会管理后，需要使用住宅专项维修资金的，按照以下程序办理：

（1）物业服务企业提出使用方案，使用方案应当包括拟维修和更新、改造的项目、费用预算、列支范围、发生危及房屋安全等紧急情况以及其他需临时使用住宅专项维修资金的情况的处置办法等。

（2）业主大会依法通过使用方案。

（3）物业服务企业组织实施使用方案。

（4）物业服务企业持有关材料向业主委员会提出列支住宅专项维修资金；

其中，动用公有住房住宅专项维修资金的，向负责管理公有住房住宅专项维修资金的部门申请列支。

（5）业主委员会依据使用方案审核同意，并报直辖市、市、县人民政府房产主管部门备案；动用公有住房住宅专项维修资金的，经负责管理公有住房住宅专项维修资金的部门审核同意；直辖市、市、县人民政府房产主管部门或者负责管理公有住房住宅专项维修资金的部门发现不符合有关法律、法规、规章和使用方案的，应当责令改正。

（6）业主委员会、负责管理公有住房住宅专项维修资金的部门向专户管理银行发出划转住宅专项维修资金的通知。

（7）专户管理银行将所需住宅专项维修资金划转至维修单位。

下列费用不得从住宅专项维修资金中列支：

（1）依法应当由建设单位或者施工单位承担的住宅共用部位、共用设施设备维修、更新和改造费用。

（2）依法应当由相关单位承担的供水、供电、供气、供热、通讯、有线电视等管线和设施设备的维修、养护费用。

（3）应当由当事人承担的因人为损坏住宅共用部位、共用设施设备所需的修复费用。

（4）根据物业服务合同约定，应当由物业服务企业承担的住宅共用部位、共用设施设备的维修和养护费用。

在保证住宅专项维修资金正常使用的前提下，可以按照国家有关规定将住宅专项维修资金用于购买国债。

利用住宅专项维修资金购买国债，应当在银行间债券市场或者商业银行柜台市场购买一级市场新发行的国债，并持有到期。利用业主交存的住宅专项维修资金购买国债的，应当经业主大会同意；未成立业主大会的，应当经专有部分占建筑物总面积三分之二以上的业主且占总人数三分之二以上业主同意。

利用从公有住房售房款中提取的住宅专项维修资金购买国债的，应当根据售房单位的财政隶属关系，报经同级财政部门同意。

禁止利用住宅专项维修资金从事国债回购、委托理财业务或者将购买的国债用于质押、抵押等担保行为。

下列资金应当转入住宅专项维修资金滚存使用：

（1）住宅专项维修资金的存储利息。

（2）利用住宅专项维修资金购买国债的增值收益。

（3）利用住宅共用部位、共用设施设备进行经营业主所得收益。但业主大会另有决定的除外。

（4）住宅共用设施设备报废后回收的残值。

四、物业维修基金的监督管理

房屋所有权转让时，业主应当向受让人说明住宅专项维修资金交存和结余情况并出具有效证明，该房屋分户账中结余的住宅专项维修资金随房屋所有权同时过户。

受让人应当持住宅专项维修资金过户的协议、房屋权属证书、身份证等到专户管理银行办理分户账更名手续。

房屋灭失的，按照以下规定返还住宅专项维修资金：

（1）房屋分户账中结余的住宅专项维修资金返还业主。

（2）售房单位交存的住宅专项维修资金账面余额返还售房单位；售房单位不存在的，按照售房单位财务隶属关系，收缴同级国库。

直辖市、市、县人民政府建设（房地产）主管部门，负责管理公有住房住宅专项维修资金的部门及业主委员会，应当每年至少一次与专户管理银行核对住宅专项维修资金账目，并向业主、公有住房售房单位公布下列情况：

（1）住宅专项维修资金交存、使用、增值收益和结存的总额。

（2）发生列支的项目、费用和分摊情况。

（3）业主、公有住房售房单位分户账中住宅专项维修资金交存、使用、增值收益和结存的金额。

（4）其他有关住宅专项维修资金使用和管理的情况。

业主、公有住房售房单位对公布的情况有异议的，可以要求复核。

专户管理银行应当每年至少一次向直辖市、市、县人民政府建设（房地产）主管部门，负责管理公有住房住宅专项维修资金的部门及业主委员会发送住宅专项维修资金对账单。

直辖市、市、县建设（房地产）主管部门，负责管理公有住房住宅专项维修资金的部门及业主委员会对资金账户变化情况有异议的，可以要求专户管理银行进行复核。

专户管理银行应当建立住宅专项维修资金查询制度，接受业主、公有住房售房单位对其分户账中住宅专项维修资金使用、增值收益和账面余额的查询。

住宅专项维修资金的管理和使用，应当依法接受审计部门的审计监督。

住宅专项维修资金的财务管理和会计核算应当执行财政部有关规定。财政部门应当加强对住宅专项维修资金收支财务管理和会计核算制度执行情况的监督。

　　住宅专项维修资金专用票据的购领、使用、保存、核销管理，应按照财政部以及省、自治区、直辖市人民政府财政部门的有关规定执行，并接受财政部门的监督检查。

第九节　物业管理服务常见矛盾纠纷

一、资料的移交及保管

　　物业管理有必备的资料。前期物业管理时，应由房地产开发公司移交给委托的物业管理服务企业；业主委员会更换物业管理服务企业时，原物业管理服务企业需将资料移交。现实中，常出现资料移交不规范、物业管理服务企业扣押物业资料的情形。

　　前期物业服务合同由物业公司与建设单位签订，物业公司按照合同约定为业主进行物业管理、提供服务。物业公司在与建设单位承接验收物业时，建设单位应当向物业公司提供有关的物业权属资料和技术资料。这些资料是进行物业管理所必需的，建设单位提供这些资料给物业公司是为了有效进行物业管理，维护全体业主的利益。资料的权利人应当是全体业主，物业公司只是基于物业服务合同而受托接收、管理这些资料。当前期物业服务合同关系终止，物业公司应当将这些资料返还给代表全体业主的业主委员会。

　　《物业管理条例》第二十九条规定："在办理物业承接手续时，建设单位应当向物业管理企业移交下列资料：

　　（1）竣工总平面图，单位建筑、结构、设备竣工图、配套设施和地下管网工程竣工图等竣工验收资料；

　　（2）设施设备的安装、使用和维护保养等技术资料；

　　（3）物业质量保修文件和物业使用说明文件；

　　（4）物业管理所必需的其他资料。"

　　物业管理企业应当在前期物业服务合同终止时将上述资料移交给业主委员会。

二、装修管理

　　业主基于各自不同的意愿和想法，有权对房屋进行装修装饰，但是对房屋的装修装饰是不是完全不受限制任由所好所想呢？

由于除了独立的别墅独栋房屋外，业主的房屋是与他人的房屋相连相邻作为一个整体的，如外墙是一个整体不能分割，通风烟道共同不可堵截，上层房屋的楼地板是下层房屋的天花板等。特别是主体承重墙柱更是一个整体，一旦变动将破坏整栋房屋的质量和安全。所以，在房屋装修装饰上，必须有统一的要求和规范，按一定的标准及程序进行装修，以保证房屋主体结构、整体品质，不损害其他业主对房屋的使用要求和应有的设计规划功能。

有的人错误地自以为自己购买的房屋，所有权归自己所有，如何装修全由自己愿意，他人无权干涉。于是在这一错误思想的指导下，出现野蛮装修，随意拆损主体结构，破坏房屋整体外立面效果，封堵烟道，随意私拆乱改给排水管道等情况。有的还存在将住宅房屋私改装修为经营性房屋使用，如办公室、餐饮、家庭旅馆及教学培训场所等。有的商业门面出现不顾商场整体规划要求，只顾自己利益，占道装修经营、超高装修、乱搭私设广告牌匾等行为等等，从而造成管理矛盾和权益纠纷。

为了解决和避免装修矛盾的发生，在物业管理服务中，一般采用装修保证金和装修审批制度。

装修保证金，是在房屋装修前（一般操作是在交房同时），由业主或物业使用人向物业管理服务企业或其他管理人交纳一定数额的保证金，用于装修保证，即保证按照相关的要求和规定进行装修，自觉服从管理。装修完毕后，经查验没有出现违规装修的，装修保证金如数无息退还；如果有违反规定的装修行为发生，其保证金可用于担保和处罚，物业管理服务企业可以据此要求违规装修人整改，拒不整改的，物业管理服务企业有权没收或扣除其所交的保证金部分或全部，并可用所没收的保证金自行进行整改。

关于装修保证金制度有不同的意见。支持的人认为，装修保证金能在一定程度上制约和减少无秩野蛮装修，为房屋质量不受人为损害，为业主提供良好的装修秩序和生活环境等，提供了保障。反对的人则认为，装修保证金的收缴是物业管理服务企业利益的驱使，其保证金是否交纳对装修管理没有实质作用。另外，装修保证金还为物业管理服务企业随意卡压为难业主提供了方便和机会。还有观点认为，装修保证金是可以收取施行的，但装修保证金是交纳的业主的，在交纳后由物业管理服务企业保管的时段内产生的利息，应该归业主所有，不能归物业管理服务企业占有。虽然单户交缴的数额并不多，但整个小区业主交纳后却是一个不小的数字，有的高达上百万元，且装修并非十天半月就能完成，一般住宅装修需几个月甚至半年以上，因此装修保证金产生的利息不是小数。该利息应返还业主，才能显示公平，符合法理。

与装修保证金配套的是装修审批，即要求业主或物业使用人在装修之初，向物业管理服务企业提出装修申请，就装修所需移动、更改的墙柱、门窗、上下水管道以及排烟井道等进行申报审批。经审查合格后发放装修许可，准予装修施工；对于有损房屋结构，破坏房屋整体立面、质量和功能的，则不得装修，要求装修人按规范调整后再行审查，直至合格后方才准予施工的措施。

在装修管理中经常出现的纠纷有：

（1）不听劝阻强行野蛮装修，破坏房屋设计，影响相邻物业的使用功能。

（2）不按要求使用电梯强行运送装修材料。

（3）不按规定随意堆放遗弃装修垃圾。

（4）不按规定超时装修，影响他人作息。

三、保安服务管理

保安服务管理是物业管理服务是重点和难点。因为偷盗、安全事故，业主与物业管理服务企业对簿公堂的事件时有发生，业主因此拒不交纳物业管理服务费更是屡见不鲜，层出不穷。这其中的原因是在物业管理服务中，关于保安的职责范围及责任承担的认知存在严重的偏差，矛盾难以调和。

所谓保安，是维护社会治安的一个群体，是公安机关重要的辅警力量。2009 年 9 月 28 日国务院第 82 次常务会议通过，自 2010 年 1 月 1 日起施行的《保安服务管理条例》（中华人民共和国国务院令第 564 号）指出："国务院公安部门负责全国保安服务活动的监督管理工作。县级以上地方人民政府公安机关负责本行政区域内保安服务活动的监督管理工作。保安服务行业协会在公安机关的指导下，依法开展保安服务行业自律活动。"

《条例》规定，保安服务是指：

（1）保安服务公司根据保安服务合同，派出保安员为客户单位提供的门卫、巡逻、守护、押运、随身护卫、安全检查以及安全技术防范、安全风险评估等服务。

（2）机关、团体、企业、事业单位招用人员从事的本单位门卫、巡逻、守护等安全防范工作。

（3）物业服务企业招用人员在物业管理区域内开展的门卫、巡逻、秩序维护等服务。

机关、团体、企业、事业单位和物业服务企业，统称自行招用保安员的单位。

在保安服务中，为履行保安服务职责，保安员可以采取下列措施：

（1）查验出入服务区域的人员的证件，登记出入的车辆和物品。

（2）在服务区域内进行巡逻、守护、安全检查和报警监控。

保安员应当及时制止发生在服务区域内的违法犯罪行为，对制止无效的违法犯罪行为应当立即报警，同时采取措施保护现场。

由此可见，"保安"不是"安保"。严格意义上来说，在物业管理服务活动中，保安的职能只是保安职责中的一部分，物业管理服务中的保安仅履行护管之责，而没有完全意义上的保安功能。也就是说，物业服务公司的保安只是在门卫、巡逻、守护等安全防范上尽职和负责，这也是不少物业服务公司将保安改叫"护管"的原因。在责任界定上，如果保安没有履行到岗、巡查、守护，因此造成业主损失的，须承担相应的保安责任；如果保安已履行了相应的职责，因其他原因，包括业主自身防范不力的原因，不可预知和预防的原因，造成安全事故财产损失的，保安不承担责任。现实中有的业主错误地认为保安就应像自己的保护神一样，像公安机关一样保护业主的人身和财产安全，发生意外，所有的责任由物业服务公司承担，否则就采取拒不交纳物业服务费等过激手段对抗，这种想法和处理方式是错误的。而物业服务公司在保安工作上也存在患得患失，不敢大胆管理和工作不够到位的情况，比如监控系统出现故障不及时维修更换，保安人员素质不高，职业责任心不强等，从而出现安全防范疏漏，造成与业主的纠纷。这些都有待于加强。

四、公共物业的经营管理及所得分配

所谓公共物业是小区范围属于全体业主共有公用的物业，比如露天公共停车场，小区活动场所，外墙面、屋顶广告位等。这些公共物业的经营管理及所得分配，因为产权的认知偏差和委托管理关系等经常出现纠纷。

最主要的表现有：物业服务公司擅自经营，独占收益；业主委员会不按程序受托自主经营或越权委托他们经营；不按规定经营；在经营过程中损害利害关系人利益；在所得分配上不公平、不公开；有损公肥私行为；等等。

原则上，公共物业属于广大业主共同所有，任何人不得分割和独享。所以，在经营上，必须按程序经广大业主同意和授意；在分配上，须按达成的比例按时进行分配。

现实中，有的物业服务企业未经业主大会或业主委员会同意，以房地产开发公司授权经营管理的名义，擅自将原本属于全体业主的露天停车位出租经营，并将所有收益据为己有；有的物业服务公司与业主委员会串通一气，假借

委托经营之名，将公共物业或设备设施低价转让、委托物业服务企业经营，业主委员会成员和物业服务企业从中渔利，而损害广大业主的利益；有的物业服务企业未按规定进行经营，改变有关公共物业或设备设施的使用性质和功能，如将公共过道出租，影响消防安全，将公共活动室改为其他经营用途，擅自利用屋顶架设广告位等；特别在收益分配上，往往出现多计成本少计收入，不公开收益情况，不按规定分配收益等。这些都是引发物业服务管理矛盾的常见原因。

五、物业服务收费

可以说，不能按标准及时足额收缴物业服务费是目前所有物业服务企业都面临的尚难以从根本上解决的问题。

不论是前期物业服务或是后期物业委托服务，物业服务企业与业主或业主委员会都签订有相关的委托协议，约定收取物业服务费的标准及时限，但现实生活中，由于房屋质量问题、装修管理问题、相邻利害关系问题、安全事故，或者物业服务质量、物业收费标准等，都有可能引发业主拒交物业服务费。

不能收缴物业服务费，应具体问题具体分析和解决：

（1）对于因房屋质量问题引起的物业服务费拒交，业主方是没有理由的。

因为房屋质量与物业服务是两个根本不同的范畴。房屋质量出现问题，业主只能找房地产开发公司解决，与物业服务没有关系，以房屋有质量问题而拒交物业服务费是没有理由的。但现实中这种情形大量存在，并且物业服务企业大多还不能强硬处理，原因是相当部分的物业服务企业与房地产开发公司有说不清道不明的关系。虽然要求物业服务企业具有独立法人资格，但很多时候物业服务公司与房地产开发公司是一家，所以业主能以此胁迫物管公司尽快与房地产开发公司沟通处理房屋存在的质量问题，可以说，业主这样做也是没有办法的办法。

解决的办法是：房地产开发公司要对房屋的质量负责，减少或杜绝房屋质量问题；另外就是物业服务市场真正市场化，物业服务企业与房地产开发公司真正是各自独立的法人主体，并且没有任何的渊源关系。

（2）因发生安全事故出现财产遭受损失而拒交物业服务费的，应分清楚物业服务企业是否尽到了职责，如果因未尽职造成业主方财产经济损失的，按有关规定应承担相应的赔偿责任；如果物业服务企业已尽了职责，应免责。当然，发生类似的情况，界定物业服务企业是否尽职是比较烦麻、困难和费时的。因此，有的物业服务企业在面对此类矛盾时，会选择比较强硬的态度，将难题抛给业主方，让业主方去请公安机关或有关部门认定责任。

当然，原则上说，物业服务费与责任赔偿是两个性质不同的经济关系，不具备抵消要素，应各自处理，不应混为一谈。

（3）因不满物业服务质量而拒交物业服务费的。

原则上业主方的理由是不充分的，也是难以成立的，因为物业服务是否达到要求是比较感观的，不同的人有不同的结论，另外，就即便是物业服务企业的服务有问题，达不到协议约定的标准，但作为单个业主来说，还不具备认定其物业服务是否达到标准的资格，只有通过业主大会或业主委员会，才能对抗，或者甚至解除物业委托协议。

（4）因他人不交物业服务费而引起的传导性拒交的。

这种时候，往往物业服务出现了较大的问题。物业服务企业在反思自身的物业服务的同时，必须引起高度重视，必要时要拿出强硬的态度和手段。

总之，解决不交、欠交、拒交物业服务费问题，物业服务企业必须注意：一是时刻警惕，及时处理。二是在处理方式方法上，要因势利导，多管齐下，灵活多变，多方求解。可以寻求业主委员会、街道居委会、房地产管理局甚至公证部门的帮助和支持，必要时可以通过法律途经解决。三是在解决的过程中，不可粗暴、简单，应多沟通，多做工作。当然，对于极少数蛮不讲理素质低劣的业主，必要时可采取强硬态度，以最大限度地维护小区的良好生活秩序。须知，维护小区全体业主的整体利益，是物业服务的最高宗旨。

思考练习题

一、名词解释

1. 物业
2. 物业管理服务
3. 物业管理服务企业
4. 业主
5. 业主大会
6. 业主委员会
7. 物业管理服务合同
8. 物业维修基金。

二、填空题

1. 物业管理条例是＿＿＿＿年＿＿＿＿月颁布，同年＿＿＿＿月＿＿＿＿日起施行的。

2. 物业管理企业资质分为＿＿＿＿＿＿＿＿＿级。

3. 三级物业管理服务企业注册资本人民币＿＿＿＿＿＿＿万元以上；相关专业类的专职管理和技术人员不少于＿＿＿＿＿＿＿人。其中，具有中级以上职称的人员不少于＿＿＿＿＿＿＿人。

4. 无论采用哪种方式召开业主大会会议，都应当有物业管理区域内持有投票权的＿＿＿＿＿＿＿＿以上业主参加。

5. 召开业主大会会议，应当于会议召开＿＿＿＿＿＿＿＿日前通知全体业主，住宅小区的业主大会会议，还应当同时告知相关的＿＿＿＿＿＿＿＿＿。

6. 业主委员会人数一般以＿＿＿＿＿＿＿为宜，其中使用人不超过委员总数的＿＿＿＿＿＿＿％。

三、简述题

1. 简述物业管理服务的性质特点。

2. 业主在物业管理活动中有何权利和义务？

3. 简述物业管理服务费用的确定和交纳。

4. 三级物业管理企业资质的条件是什么？

5. 业主大会的职责是什么？

6. 从哪些方面审查物业管理合同的法律效力？

7. 物业管理费主要由哪些部分构成？

8. 简述物业维修基金的缴纳和使用。

第十四章 房地产中介

第一节 房地产中介及特点

一、房地产中介

房地产中介服务是为房地产投资、开发和交易提供各种媒介活动的总称，为房地产业的生产、流通和消费提供多元化的中介服务。狭义上理解，房地产中介，也称为房地产经纪。

房地产中介是房地产业的重要组成部分，房地产中介贯穿于房地产业经济运行的全过程之中。一直以来，房地产中介作为润滑剂推动着房地产市场的发展，并对房地产的技术革新及引导消费者的认知起到了不可磨灭的作用。伴随着房地产业的发展，房地产中介也得以逐步壮大，并向着独立的产业部门迈进。

为保障房地产中介过程中买卖双方的合法权益，2006年10月31日，建设部发布了《房地产经纪执业规则》，用以规范房地产经纪行为。《房地产经纪执业规则》对房地产经纪、房地产经济机构、佣金和差价等进行了定义。

房地产经纪：它专指以收取佣金为目的，为促成他人房地产交易而提供居间或者代理等专业服务的行为。

房地产代理：是指以委托人的名义，在委托协议约定的范围内，为促成委托人与第三人进行房地产交易而提供专业服务，并向委托人收取佣金的行为。

房地产居间：指向委托人报告订立房地产交易合同的机会，或者提供订立房地产交易合同的媒介服务，并向委托人收取佣金的行为。

房地产经纪机构：依法设立并到工商登记所在地的县级以上人民政府房地产管理部门备案，从事房地产经纪活动的公司、合伙企业、个人独资企业等经济组织。

　　房地产经纪人员：指房地产经纪人或者房地产经纪人协理。房地产经纪人在房地产经纪机构中执行房地产经纪业务；房地产经纪人协理在房地产经纪机构中协助房地产经纪人执行房地产经纪业务。

　　佣金和差价：佣金指房地产经纪机构完成受委托事项后，由委托人向其支付的报酬；差价则是指通过房地产经纪促成的交易中，房屋出售人（出租人）得到的价格（租金）低于房屋承购人（承租人）支付的价格（租金）的部分。

二、房地产中介服务的特点

　　房地产中介活动，主要是通过提供各种信息和咨询，依靠房地产中介机构的专业人员所拥有的各种专业知识，依靠他们特有的组织机构，特殊的活动方式和方法，为房地产市场的各种主体提供专业服务，因此它与一般的房地产开发与经营、房地产交易活动有很大区别。房地产中介服务特点有：

　　（1）房地产中介活动具有内容的服务性。房地产中介是提供各类信息、咨询、代理服务的经营活动，这个行业的产品就是服务。服务的质量、水平标志着产品的质量、水平。在整个服务过程中，中介机构既不占有商品也不占有货币，主要是依靠自己的专业知识、技术、劳务等为房地产各种对象提供中介代理和相关服务。

　　（2）房地产中介活动具有非连续性和流动性。房地产中介机构在为客户提供服务时，就形成了中介人与委托人的关系，即服务和被服务的关系，这种关系不是长期的和固定的，而是就某一事项达成的一种契约关系，这种服务一旦完成，原有的契约关系也就解除，即委托服务终止，没有连续性。房地产中介服务的这种特点容易引发两类问题：一是导致部分房地产中介机构忽略自身的责任，在提供短期服务的过程中以获取佣金作为唯一目的而采用欺骗、误导等手段故意损害委托方的利益；二是在中介行业竞争激烈的情况下，由于中介方与委托方通常缺乏长期合作的可能而导致委托方故意损害中介方的利益，如经纪人可能被交易双方"甩掉"导致其投入的时间和精力无法得到补偿，开发商违约导致代理商的佣金无法兑现等。

　　（3）房地产中介活动具有极大的灵活性。因为房地产中介服务机构与服务对象之间没有固定的联系和关系，不受交易对象的限制，也不受交易主体的制约，从而使它具有极大的灵活性。也就是说，它可以不受时间、地点、交易对象和交易方式的限制。

三、房地产中介业务流程

房地产中介业务大致分为房屋租赁和买卖两种。无论租赁、买卖都有一套严格、完整的业务流程。

1. **房屋租赁**

出租人、承租人通过中介机构，达成租房意向并签订房地产租赁契约的过程。

（1）收集房源。

①中介机构通过上门、电话、网络等方式收集房源，了解产权形式、产权人、共有人情况，确立房源的真实性。

②详细询问并登记房屋坐落、小区名称、楼号、单元、楼层、房号、面积、租金、配套、装修、以前使用（是否一直租赁等）情况以及现在室内状况，对房屋进行全面了解。

③了解小区水、电、气、暖的运行状况，落实水、电、气、暖、清洁和物管等相关费用，做到心中有数，避免拖欠现象。

④了解小区周边商业网点、医院、公交车、大、中、小学和幼儿园等与居民生活息息相关的情况，便于向客户介绍。

⑤协商房屋的月租金、付款期限、方式及保证金额度，有家具、家电等附属设施的还应协商该项押金数额以便介绍。

⑥将收集到的房源信息登记造册输入微机，并及时地通过报纸、广播、网络等媒体发布。也可电话告知与该房屋较近的同行，横向联合扩大信息发布渠道，提高成交率。

（2）推介房源。

①接待租赁客户时，首先应摸清其租房原因、租期、承受租金和付款能力，利用信息库电脑配对，选择房源后及时联系房东确定看房时间。

②将配对房屋情况向客户做详尽介绍，留联系电话，方便看房。

③房源无法与客户要求匹配，可推荐就近地段、价格、套型、楼层等房屋，一时不能满足，应留下电话继续查找，或通过横向合作促成交易。

（3）现场看房。

①公司留有钥匙的房源属于自有存量房，是向客户首推之房源。在约好看房时间、地点、联络方式，办理委托手续后由业务员带客户看房。

②无钥匙而房东又在室内居住的房源，看房前应分别与租、赁双方签订租赁委托书后方可看房，防止双方直接联系成交。对于承租人因故不在房屋或不

能到场，应让客户看到与之对应的房屋，有个初步印象。

③对于客户所提出的疑问应正确回答，客观介绍房屋优劣，以及室内摆设、布局、装饰等。对于客户提出房屋的不足之处要有充分的化解和引导的方法，提高成交率。

（4）签订契约。

①租赁双方签订制式《房地产租赁契约》，租、赁、中介三方各执一份，中介应提醒出租人持契约到房管部门办理备案登记。

②产权人应留产权证（或其他房产证明）复印件，承租人（客户）应留单位营业执照及法人身份证复印件，个人留身份证复印件给中介备案。

③对于契约所涉税收等问题，租赁双方应协商解决。对于企业租赁个人住宅作为办公、居住用途，需要开具租赁发票的，应到当地地税部门办理。产权人、中介可以代为办理。

应严格按照上述步骤进行房屋的租赁，对于承租客户，应仔细查阅核对身份证，杜绝违法犯罪分子趁机钻中介的空子，逃避打击，给社会治安留下隐患，铸成大错。

2. 房屋买卖

买、卖双方通过中介机构，达成买房意向并签订房地产买卖契约的过程。

（1）收集房源。

①按照前述租赁收集房源的要点收集和发布出卖房源信息。

②了解产权人售房原因，实地查看小区及房屋状况，查验房产手续，合理评估房屋价值，协商房屋报价并取得出售房屋委托书。

③画出该房屋的平面图，有条件的应实地照相、录像，通过微机等工具让客户在实地看房前对房屋情况等有初步了解。

（2）推介房源、接受委托、实地看房。

①按照租赁推介房源的方式推介房源，但在实地看房前一定要与客户签订《购房委托书》，载明所购房屋的具体情况，将客户的身份证号、电话登记清楚，由委托人当面签名，确立法定委托关系。

②根据产权证发放日期向客户介绍房屋所涉及的一切收费项目。对于房改房、职工集资建房所涉及规费以外的税费，以及需要交纳营业税、个税的房屋，应提前讲明、算清，不要因遗漏带来客户不满。

③请业主配合说明房屋使用情况，使购买人对卖房成因有所了解。根据客户要求和房屋结构，指导客户在不违反小区物业规章的前提下，如何拆改墙面或窗户以及上、下水管道等。

③介绍物业周边情况、小区状况、当地风俗和邻居情况；楼房建筑年代、物业服务和收费情况；夜间查看小区公共照明、车辆停放、安防状况和门禁制度，全面掌握与房产相关的资料。

（3）签订契约。

①客户选定房源后应按房产价值 10％收取定金（不足 1 万元的按 1 万元收取），并将 50％定金转交给产权人，质押产权证，从而形成互相牵制的局面，便于办理过户手续。

①持产权证、产权人身份证到房管局核实，确定房屋有无抵押、质押、典当、查封，是否具备交易条件，如无意外情况即可告知双方确定成交日期。

③签订制式《房地产买卖契约》，委托房地产评估机构对房产进行评估，出具评估报告，交纳契约。并持卖方夫妻结婚证、身份证复印件，买方身份证办理过户手续，取得过户收件单，交清房款，交易完毕。

购房者持收件单在规定工作日内后到产籍处交费领证。

④对于采用公积金或商业贷款形式购买二手房，应先确定贷款人资格，请评估公司先行看房评估，待相关部门审批后再行过户。

⑤如出售的房屋还有公积金或商业贷款未还完毕，则先由出售人将贷款还清（一般情况下由买受人出资，列为购房款），取出他项权证并注销。双方再行办理交易过户手续。

（4）房屋交割。

①所交易的房屋原则上应腾空，若遇有租赁客户还在租赁该房屋时，应征得承租人书面同意腾房或重新与购房者签订租赁契约。

②交割时原产权人应将此房之前所产生的水、电、暖、物业、收视和清洁等费用一并清缴，无拖欠费用方可交割。

③购房者应查验室内留存的设施、家具，造表后双方签字以确定。对于原业主暂时无法搬离的家具，应在该表上注明搬离时间。

④售房人应向购房者书写收款凭证，确定上述几项无异议时向购房者交接房门钥匙、电卡、气卡和物业收费清单等，至此交割完毕。

房屋买卖中办理过户和房屋交割可同时进行，也可提前协商好先过户后交割。需要注意的是房屋腾空是前提，如果房屋正在租赁，应提前与承租人协商好，或提前解约或重新签订租赁契约，从而减少横生枝节，保护善意购房者权益。

四、国外中介现状及特点

1. 发展历史悠久，中介事业发达

国外的房地产中介已发展了近百年的历史，不论买卖存量还是增量房地产几乎都是通过中介进行交易，所有买房信息都通过经纪人协会传送。如果开发商自己不是经纪人，还要委托经纪人中介机构来办理，而自己专心致志开发生产。对于房地产预售，则必须通过经纪人办理，买房只付不超过房价1％的订金，房子建好后，如果买方不满意，可以退房。在美国，房地产交易有85％是通过中介服务交易而成，可见其民众对房地产中介业的信任。究其原因，主要是他们有一套独具特色的房地产中介管理制度和运作手段。

2. 法规健全

美国自1917年就相继颁布了各州的执照法、一般代理法规、契约法规和专业理论法则，其中房地产执照法最严，作用最大。美国的房地产执照法规定了经纪人取得执照的条件、资格、标准等，并由州房地产委员会作为执行该法的机构，核发、拒发、扣留、吊销执照，出现纠纷视情节可进行诉讼。这些法规是美国房地产中介业长期健康发展的基础，是规范中介行为、保护各方权益的保证。

3. 行业个人资格准入严格，机构准入市场化

美国房地产经纪人制度规定了两类资历不同的专业人员，一类是销售员，另一类是经纪人，他们必须通过房地产经纪人执照考试，方可取得执照开业。房地产经纪人取得执照的条件是：

（1）销售员：年满18岁的自然人，修完《房地产原理》，考试合格后，在会计、商业、公证、专业法律、产业管理、房地产估价、房地产经纪人、房地产贷款、办公室行政管理和房地产实务等10门课中任选6门，18个月内学完，并达到两门合格者，才能取得销售员执照。

（2）房地产经纪人：年满18岁的自然人或法人，大学学历，两年实务，修完房地产实务、法律规章、财务、估价和会计共5门必修课，并在商业、法律、管理和公证等课程中再选3门，通过考试。一般能通过考试的人大约只有20％。为保证房地产经纪人的专业水准和服务质量，每年还要参加考试，接受再教育。执照每4年须申请重新换发，要求申请者同时应提出证据证明执照持有人业已完成45小时有关不动产的最新教育原理课程、讨论或会议。

美国房地产估价员的专业资格也有资历不同的两种，一是高级住宅估价师，一是估价学会会员，后者较前者资质深。此外，日本、芬兰、比利时等其他各国和我国台湾、香港地区都有相应个人资格准入制度。如日本具有估价资格的是不动产鉴定师，英国为英国皇家特许测量师，德国为地产估价员，香港为产业测量师。

中介机构组织形式通常是事务所合伙制，自由进入市场，自己创造质量、信誉和品牌，谁占领市场谁生存，优胜劣汰。

4. 中介企业发展注重连锁经营和品牌效应

美国"威茨特"经纪人组织有 6000 人，有自己专门发行的房地产广告信息，组成了跨州的联销店。香港的"仲量行"在全球 27 个国家设有 69 个办事处，职工近 4000 人。为了加强实力，著名中介公司香港梁振英测量师行、戴玉祥产业咨询公司、英国上市物业顾问公司 DTZ 联合成立戴德量行，进行房地产服务的跨国经营。

日本和我国台湾地区的房地产中介的组织方式都不是独立经营的，主要 3 种形式是直营连锁经营、加盟连锁经营和加盟直营混合式。

5. 充分采集信息资源，利用网络信息技术

源于美国的 MLS（Multiple Listing Syetem）——"多重上市服务"系统风行于欧美国家，而美国各大州之间都成立有 MLS 协会。它是一种互联网上的房源数据库解决方案，提供经纪人专业管理运营工具及社区服务网络，含义是房地产业内房屋销售及行销的信息共享。在几个国家或一个国家不同区域的房产中介可利用 MLS 这样一套专业软件以及 Web 形式进行房屋销售与房源信息的交流，并通过互联网直接管理 MLS 系统的数据库。

五、我国房地产中介现状

至 20 世纪 90 年代以来，我国的房地产中介发展迅速，为房地产业的发展起到了润滑剂的作用，但由于相关的法规滞后，没有强有力的行业引导，致使房地产中介起步低，行业不规范，呈游击状态，竞争激烈，没有形行成大的产业。大多数公司规模小，从业人员素质不高，服务质量差，诚信度低，没有形成规模品牌，由于资源得不到有效的整合和利用，广大消费者大多对中介持不够信任的态度，中介公司的效益也不够理想，发展受到制约。

我国将是未来世界上最大的房地产市场之一，国外大型中介机构普遍看好中国市场，许多国外中介公司意欲进驻中国。全球规模最大的特许经营房地产中介体系——美国"21 世纪不动产"已在中国内地全面启动，继在北京设立

总部之后，触角已延伸到中国许多省市地区，所到之处反响强烈。在"每家加盟店都独立拥有和运营"的原则下，"21 世纪不动产"为各个合作商提供先进的经营系统以及专业的帮助和辅导，充当其房地产中介业务的长期顾问。它的合作商可以利用其强大的品牌，吸引国际、国内的更多客户，通过互联网共享系统内丰富的信息资源，以及靠体系的规模效应降低自身运营成本。

总之，我国房地产中介进一步发展的空间巨大，前景广阔。

第二节　房地产经纪机构

一、房地产经纪机构的企业性质

1. 房地产经纪公司

房地产经纪公司是指依法设立的经营房地产经纪业务的有限责任公司和股份有限公司。有限责任公司和股份有限公司都是机构法人。在资金来源于国外的房地产经纪机构中，按其资金组成形式不同，还可把房地产经纪公司分为中外合资房地产经纪公司、中外合作房地产经纪公司和外商独资房地产经纪公司。

2. 合伙制房地产经纪机构

合伙制房地产经纪机构是指依照《中华人民共和国合伙机构法》和有关房地产经纪管理的部门规章设立的由各合伙人订立合伙协议，共同出资、合伙经营、共享收益、共担风险，并对合伙机构债务承担无限连带责任的从事房地产经纪活动的营利性组织。合伙人可以用货币、实物、土地使用权、知识产权或者其他财产权利出资。对货币以外的出资需要评估作价的，可以由全体合伙人协商确定，也可以由全体合伙人委托法定评估机构进行评估。经全体合伙人协商一致，合伙人也可以用劳务出资，其评估办法由全体合伙人协商确定。合伙机构存续期间，合伙人的出资和所有以合伙机构名义取得的收益（合伙机构财产）由全体合伙人共同管理和使用。合伙人原则上以个人财产对合伙机构承担无限连带责任，但如果合伙人是以家庭财产或夫妻共同财产出资并把合伙收益用于家庭或夫妻生活的，应以家庭财产或夫妻共同财产对合伙机构承担无限连带责任。

3. 个人独资房地产经纪机构

个人独资房地产经纪机构是指依照《中华人民共和国个人独资机构法》和

有关房地产经纪管理的部门规章设立，由一个自然人投资，财产为投资人个人所有，投资人以其个人财产对机构债务承担无限责任的从事房地产经纪活动的经营实体。

二、房地产经纪机构的业务类型

房地产经纪机构大体上可以分为 4 种业务类型：
(1) 以租售代理居间为重点的实业型房地产经纪机构；
(2) 以房地产营销策划、投资咨询为重点的顾问型房地产经纪机构；
(3) 管理型房地产经纪机构；
(4) 全面发展的综合性房地产经纪机构。

房地产经纪机构基本上为有店铺经营。有店铺经营又可以分为单店、多店和连锁店。目前在中国房地产经纪行业中，上述三种经营模式都客观存在，而且从数量上看，单店模式和多店模式仍然是市场的主体，并将会在今后相当长一段时期内继续存在。一般而言，在一个城市房地产经纪业发展的初级阶段，单店模式是市场的主体。随后，伴随着房地产业的发展，房地产流通服务市场成长后，如何争取到更多的业务取代了成本控制，成为这个阶段经纪机构首要因素，而组建多店铺式小规模连锁企业有利于业务争取。然后随着市场的发展，专业化程度成为行业竞争的焦点，而大规模经纪机构具有专业化方面的优势，便成为房地产经纪行业的领导者。

从根本上说，房地产经纪业是一个市场导向型的产业，房地产经纪机构并没有多少技术壁垒、资本壁垒来作为自己的核心竞争力，其核心竞争力更多表现为对市场需求及其变动的适应力。

房地产经纪服务市场需求的变动表现为两个方面，一是市场构成中，不同客户群比例的变动；二是同一客户群对房地产经纪服务的需求及其所重视的品质维持度（包括服务价格、安全性、便捷性和专业性）也会随着房地产市场形势变化而变化。

企业应对竞争主要有两种方法，一是开辟新的市场领域，二是在现有的市场领域中强化竞争优势。在实践中，这两种方式往往没有严格的分界线，而规模化连锁则是实施这两种战略的一种较好模式。通过大规模连锁，连锁企业将通过信息共享而获得比单店更多的市场信息，从而提高在现有市场领域中的竞争优势，而且还可以提高自身的专业化水平，进入小型企业较难涉足的市场领域中。

第三节 房地产经纪机构设立的条件和程序

一、房地产经纪机构设立的条件

房地产经纪机构的设立应符合中华人民共和国公司法、合伙企业法、个人独资企业法、中外合作经营企业法、中外合资经营企业法、外商独资经营企业法等法律法规及其实施细则和工商登记管理的规定。

此外，设立房地产经纪机构应当具备足够的专业人员：

（1）以公司形式设立房地产经纪机构的，应当有 3 名以上持有《中华人民共和国房地产经纪人执业资格证书》的专职人员和 3 名以上持有《中华人民共和国房地产经纪人协理从业资格证书》的专职人员。

（2）以合伙企业形式设立房地产经纪机构的，应当有 2 名以上持有《中华人民共和国房地产经纪人执业资格证书》的专职人员和 2 名以上持有《中华人民共和国房地产经纪人协理从业资格证书》的专职人员。

（3）以个人独资企业形式设立房地产经纪机构的，应当有 1 名以上持有《中华人民共和国房地产经纪人执业资格证书》的专职人员和 1 名以上持有《中华人民共和国房地产经纪人协理从业资格证书》的专职人员。

（4）房地产经纪机构的分支机构应当具有 1 名以上持有《中华人民共和国房地产经纪人执业资格证书》的专职人员和 1 名以上持有《中华人民共和国房地产经纪人协理从业资格证书》的专职人员。

二、房地产经纪机构设立的程序

设立房地产经纪机构，首先由当地房地产行政管理部门对其人员条件进行审查，再向当地工商行政管理部门申请办理工商登记。房地产经纪机构在领取工商营业执照后的一个月内，应当到登记机构所在地房地产行政管理部门或其委托的机构备案。

第四节 房地产经纪人员职业技能培养

职业技能是房地产经纪人员熟练掌握有关房地产经纪操作方法，并将自己摸索出的一些技巧融入其中，从而形成的一种内化于房地产经纪人员自身的能力。

一、房地产经纪人员职业技能构成

1. 收集信息的技能

信息是房地产经纪人开展经纪业务的重要资源，房地产经纪人只有具备良好的信息收集技能，才能源源不断地掌握大量真实、准确和系统的房地产经济信息。

收集信息的技能包括对日常得到的信息进行鉴别、分类、整理、储存和快速检索的能力，还包括根据特定业务需要，准确把握信息收集的内容、重点、渠道，并灵活运用各种信息收集方法和渠道，快速有效地收集到针对性信息。

2. 市场分析的技能

市场分析技能是指经纪人根据所掌握的信息，采用一定的方法对其进行分析，进而对市场供给、需求、价格的现状及变化趋势进行判断。对信息的分析方法包括数学处理分析、比较分析和因果关系分析等。

3. 人际沟通的技能

包括了解对方心理活动和基本想法的技能、适当运用向对方传达自我意思的方式（如语言、表情、身体动作等）的技能和把握向对方传达关键思想的时机的技能等。

4. 供求搭配的技能

房地产经纪人以促成交易为己任，因此不论是居间经纪人，还是代理经纪人，都需要一手牵两家，其实质也就是要使供求双方在某一宗（或数宗）房源上达成一致。在实际工作中，供求搭配技能较高的房地产经纪人，成交量高，每笔业务的进展速度也快，工作效率高，而供求搭配技能较差的房地产经纪人则常常劳而无功。

5. 把握成交时机的技能

房地产经纪人应能准确判断客户犹豫的真正原因和成交的条件是否成熟，如果成交条件已经成熟则能灵活采用有关方法来消除客户的疑虑，从而使交易达成。这就是把握成交时机的技能。

二、房地产经纪人员职业资格注册

2004年6月29日，建设部印发了《关于改变房地产经纪人执业资格注册管理方式有关问题的通知》（建办住房〔2004〕43号），决定将房地产经纪人执业资格注册工作转交中国房地产估价师学会（2004 年 7 月更名为中国房地产估价师与房地产经纪人学会），并以此为契机，将房地产经纪人执业资格注册与房地产经纪行业自律管理结合起来，大力推动房地产经纪行业诚信建设，建立房地产交易信息共享系统，制订房地产经纪执业规则，促使房地产经纪人和房地产经纪机构为居民提供规范、诚实、准确、高效、便捷的服务。

取得《中华人民共和国房地产经纪人执业资格证书》的人员，应经所在房地产经纪机构同意后，向省、自治区、直辖市房地产管理部门或其授权的部门递交注册申请，经省级注册管理机构初审合格后，上报中国房地产估价师与房地产经纪人学会审批。准予注册的人员，由中国房地产估价师与房地产经纪人学会颁发建设部监制的《中华人民共和国房地产经纪人注册证书》。

申请注册的人员必须同时具备以下条件：

（1）取得房地产经纪人执业资格证书；

（2）无犯罪记录；

（3）身体健康，能坚持在注册房地产经纪人岗位上工作；

（4）经所在经纪机构考核合格。

房地产经纪人注册在下列情况下，须达到规定的继续教育标准：

（1）房地产经纪人执业资格证书自签发之日起三年内未初始注册的，每三年至少应当参加一次由中国房地产估价师与房地产经纪人学会或者其指定机构组织的房地产经纪业务培训，达到继续教育标准，取得中国房地产估价师与房地产经纪人学会颁发的房地产经纪人继续教育合格证书，方可申请初始注册。

（2）房地产经纪人在注册有效期内参加了中国房地产估价师与房地产经纪人学会或者其指定机构组织的房地产经纪业务培训，达到继续教育标准，方可申请换发新的注册证书。

思考练习题

一、简述题

1. 什么是房地产中介？

2. 房地产代理与居间有何区别？

3. 什么是房地产经纪机构？

4. 请解释什么是佣金和差价。

5. 房地产中介服务的特点有哪些？

6. 简述我国房地产中介现状。

7. 简述房地产经纪人员职业资格注册。

第十五章　房地产评估

第一节　房地产评估的概念

随着房地产业的兴起，特别是房地产二级市场的进一步开放，房地产评估在社会经济生活中的作用越来越大，无论是房地产的交换、课税，还是房地产的补偿、纠纷，也不论是企业改制、结业清算，还是房地产的投资决策和会计成本核算等，都离不开房地产评估这一基础性工作。

房地产估价，也称房地产价格评估，简称房地产评估，是指按照特定的目的，遵循法定或公允的标准，根据估价程序，运用科学的方法，对房地产的现时价格进行估算与评定。

房地产估价，主要是为下列经济活动服务：

（1）土地使用权出让；

（2）房地产转让；

（3）房地产租赁；

（4）房地产抵押；

（5）房地产保险；

（6）房地产课税；

（7）征地和房屋拆迁补偿；

（8）房地产分割、合并；

（9）房地产纠纷；

（10）房地产拍卖底价。

第二节 房地产评估的基本要素

主体、客体、目的、标准、程序、方法、信息和时价是房地产估价的八大基本要素。

一、主体

房地产估价主体是估价的执行者，即估价人，主要有房地产评估公司及国家授权的资产评估公司、会计事务所、审计事务所及其他咨询机构。根据《国有资产评估管理办法》的规定，房地产评估主体，必须获得省级及以上国有资产管理部门颁发的国有资产评估资格证书，才能从事国有资产的评估业务。目前，我国的房地产评估主体资格管理，分为临时评估资格和正式评估资格两级。前者是个准评估主体，临时评估资格为一年。对工作业绩显著、实力强者，通过主管部门年审，方可取得正式评估资格。房地产评估工作政策性强，涉及工程技术、财务等多方面的专业知识。估价人员必须具备较高的政策觉悟，良好的职业道德，广博的学识水平和坚实的专业基础，丰富的实践经验，才能搞好估价工作。目前，我国正在逐步完善房地产估价师资格管理制度，通过考试方法，确定评估人员的评估资格。

二、客体

房地产估价的客体就是房产、地产。房产是具有一定产权关系的房屋、建筑物的总称。它包括房屋建筑和产权两个方面的含义。房地产中的"房"是房屋、其他建筑物、构筑物及相关基础设施的代名词或总称。地产，是具有一定权属关系的土地范畴。在估价中，地产中的"地"一般指与房相关联的"地皮"，它是地产的物质形态，包括地表及其有限的上部空间。这种上部空间通过许可的建筑物高度来控制。地产中的"产"指产权，包括所有权、使用权、收益权和处置权四个方面。对于产权的鉴定与理解，应从产权范围和拥有时间两个方面着手，才能得出正确的结论。

三、目的

房地产估价的总目的是为房地产交易提供符合国家政策的公正的价格尺度。由于交易的性质、方式各异，房地产估价的具体目的就不同。估价的目的就必须为特定的房地产经营管理及交易业务服务。具体地说，房地产估价的直接目的是：为清产核资，加强房地产的管理服务；为组建中外合资合作经营企业，在平等互利的基础上，确定双方的合法权益服务；为建立股份制企业、联合经营企业、集团公司，核实各方资产权益，确定利润分配依据服务；为完善承包经营、租赁经营方式，正确核定发包、出租资产额度，处理承发包、租赁双方关系及其经济利益服务；为广泛开展房地产出售、租赁、抵押，土地使用权出让、转让，房地产保险及处理房地产纠纷等，提供科学的价格依据。

四、标准

房地产估价标准，是法定或公允的估价衡量规范，包括质量标准、计量标准和价格标准。由于房地产地域的限定性，标准可分为国际标准、国家标准和地方标准。质量和计量标准应以国家法定标准为依据，逐步实现与国际标准的接轨。价格标准，主要采用地方市场价格及地方规定的价格标准。具体地说，房屋的质量标准，应以建设部制定的标准为依据；土地质量标准，以土地等级评定标准统一；计量标准，对于房屋、土地，应以平方米（m^2）为计量单位，土地有时也可用亩作单位，价格应以人民币（元）来统一；价格标准，应以国务院 91 号令的规定为依据，反映评估目的与评估价格之间的匹配关系，价格构成要素要体现我国财务核算制度规范的原则。

五、程序

房地产估价程序，是指房地产估价全过程中各环节工作进程的先后顺序。根据国有资产评估管理办法，评估程序的主要环节是申请立项、资产清查、评定估算和验证确认。按照科学程序进行房地产估价，既能提高评估工作效率，又能保证评估质量的基本条件。

六、方法

房地产估价方法是确定房地产价格的技术规程、方式和手段。评估方法主要有重置成本法、收益现值法、市场价格比较法和清算价格等。评估方法的选用要结合评估目的确定。

七、信息

信息是房地产估价工作的生命之源。掌握多少信息量，信息渠道畅通与否，处理加工信息能力的强弱，是衡量评估机构及其评估人员实力的重要标志。加强房地产估价信息的收集、加工和积累，是房地产估价机构和人员的一项基础性工作，是客观、公正、科学确定房地产价格的重要保证。

八、时价

时价，指房地产评估基准时点的价格。它是估价人员依估价基准时点，考虑各种价格因子而确定的一种静态价格。由估价目的所决定的估价方法不同，时价的形式也就不同。如重置完全价格、收益现值、市场交易比较价格，等等。时价的确定应抓住时点和与评估目的相匹配的价格标准两个基本要素。具体地说，对涉及产权转移的房地产估价，应采用市场类比现时价格；对国有企业之间的联合、合并，不涉及产权变更的，应采用重置价格，以保证国有资产核算体系的统一性及各方利益关系处理的一致性。

第三节　房地产估价机构

房地产价格评估机构资质实行资质等级管理。不同的省区根据自身情况对房地产价格评估机构的资质设置有所不同，有的分为一级、二级、三级（如吉林省、黑龙江省），有的分为甲级、乙级、丙级（如福建省）。在资质条件要求上，各省区也有所不同。以福建省房地产价格评估机构要求的条件为例，介绍如下：

1. 丙级房地产价格评估机构应当具备下列条件

（1）有符合法律规定的章程或合伙协议；

（2）有自己的名称和组织机构；

（3）有固定的服务场所和从事服务的必要条件；

（4）具有 3 名以上专职评估执业人员（其中注册房地产估价师应不少于 1 名，注册土地估价师不少于 1 名）；

（5）具有经济、会计及建筑工程的专业人员；

（6）注册资金不少于 10 万元人民币；

（7）法律、法规规定的其他条件。

2. 乙级房地产价格评估机构应当具备下列条件

（1）具备丙级房地产价格评估机构第一、二、三项规定的条件；

（2）具有 5 名以上专职评估执业人员（其中注册房地产估价师应不少于 2

名，注册土地估价师不少于 2 名）；

（3）具有经济、会计及建筑工程专业的初、中级职称的技术人员；

（4）注册资金符合工商行政管理部门的有关规定；

（5）以房地产价格评估为主营业务；

（6）从事房地产价格评估业务连续 2 年以上；

（7）法律、法规规定的其他条件。

3. 甲级房地产价格评估机构应当具备下列条件

（1）具备丙级房地产价格评估机构第一、二、三项规定的条件；

（2）具有 7 名以上专职评估执业人员（其中注册房地产估价师应不少于 3 名，注册土地估价师不少于 2 名）；

（3）具有经济、会计及建筑工程专业的中、高级职称的技术人员；

（4）注册资金符合工商行政管理部门的有关规定；

（5）以房地产价格评估为主营业务；

（6）取得乙级房地产价格评估机构资质连续 2 年以上；

（7）法律、法规规定的其他条件。

第四节　房地产估价的分类及评估法

一、房产评估与地产评估

房产评估是以房产为估价对象，以时价来反映其价值的技术经济活动。房产在评估中居于标识地位，可分为两种情况：

一是房产所有权转移的估价。其评估范围包括房产本身的价格及与房产相关联的地产价格的估算。估价的结论是房产的全部价值和关联土地使用权转让价的总和。

二是保留房产所有权的房产租赁价格的评估。其实质是房产使用权零星出售价格的估算，并按房产的使用年限测定房产的出租价格。价格构成项目为折旧费、修缮费、管理费、地租、保险费、税金和利润七个因素。

地产评估是对地产价格的估算，并以时价来反映土地财富的交换价格。地产在评估中居于标识性地位，也可分为两种情况：

一是土地产权转移价格的评估，包括土地所有权的转移和使用权的转让两种类别。前者发生在集体土地向国有土地转移的过程中，这种转移同时伴随着土地上一切附着物及土地所有权、使用权、收益权、最终处置权的转移。评估范围包括，土地所有权费用，土地使用权费用（如劳动力安置费等）和附着物补偿费用（如房屋建筑补偿费、青苗补偿费等）三个方面。后者常指国有土地使用权在法律允许范围内的出让与转让，其评估范围包括土地使用权价格和附着物的补偿价格。

二是保留土地权属的土地租赁价格评估，其实质是对一定期限内土地总收益的年折算费用的估算。费用构成项目包括附着物的年折旧费、管理费、绝对地租、级差地租、税金和利润。

房产评估与地产评估的主要联系是：房离不开地，房产转移时，地产也随之转移；地上有房，地产转让时房产也随同转移。房估价时要考虑地，地价成为房价的一个因子。地产评估时要考虑房，房价成为地价的一个因素。

两者的主要区别是：房产评估以房占主导地位，房产是交易的主体，交易的目的是保留现有房产的继续使用，地产只是房产继续使用的一个条件。地产评估以地占主导地位，地产是交易的主体，取得地产是目的，土地上的房屋及其附着物只是一个关联因素，对土地权属获得者来说，其使用价值退居次要地位，或仅仅只考虑其残值。

因此，两者无论是在评估方法、价格构成项目上，还是在评估的重点上，都有一定的区别。原则上讲，对同一地段服务于同一目的的对象房地产作分类估价，其评估结论应是一致的。但客观上往往是评估目的不同，评估主体各异，对同一房地产对象评估所得的结论，也就会出现差异。

二、单项评估与整体评估

单项评估是指对具备完整或相对独立的可确指分割使用功能的房地产作为估价对象的评估。具备完整使用功能的单项房地产如一栋房屋；相对独立使用功能的房地产，如一个建筑群体中具有某一特殊功能的局部房地产；可确指分割使用功能的房地产，如一栋房子中的一套房间等，这些都可作为单项评估对象。或者说房地产单项评估是对可确指的、具有相对独立使用功能的、并能单独界定其产权的单项房地产所进行的评估。

房地产整体评估，是对某一特定地段的地产、房屋及基础设施作为一个估价对象进行综合估价。如对一个居住小区、一条商业街、一座小集镇、一家大型工业企业作全部的出让交易估价，这就需要将这个房地产资产作为一个综合体进行整体评估，如对某一工业区房地产作整体评估。

三、房地产评估方法

房地产评估方法常用的有成本法、市场比较法、剩余法、收益法和假设开发法，针对土地估价还有基准地价修正法。另外还有路线价法、房地产价格指数调整法等等。

1. 成本法

针对土地使用权价值评估，经常叫做成本积算法，即对取得土地或已实现的土地开发的各项成本费用进行核算，剔除不正常因素影响的价值，对于正常成本费用累积后取一定的资本利息和合理的投资利润，得出土地使用权价值的方法。该方法常用于对正常程序取得的土地的评估。

针对房屋评估，通常称为重置成本法，它是对现有的房屋按照正常市场标准下的重新建造房屋所需成本的测算，然后考虑资金的利息并计取一定的开发（或建设）利润得出完全重置成本价，然后根据实际情况和法律规范确定房屋成新率，二者相乘后得出房屋的评估价值的方法。

2. 市场比较法

挑取市场上相同用途、其他条件相似的房地产价格案例（已成交的或评估过的、具备正常报价的）与待估房地产的各项条件相比较，对各个因素进行指数量化，通过准确的指数对比调整，得出估价对象房地产的价值的方法。这种方法具有较强的实际意义和准确性，在市场经济不太成熟的时候较难适用，在市场较为成熟、成交透明、比较案例易找的时候常常使用，并且估价结果较为准确。

3. 剩余法

房地产总价知道或者可以测算出来时，因为房地产总价＝土地使用权价值＋房产价值，因此测算出土地使用权价值或房产价值，用总价值扣除它后即可得出房产价值或土地使用权价值。这种方法常用于房屋或土地的单项估价。

4. 收益法

房地产之所以有价值，其根本原因是因为它有使用价值，使用价值即为房地产所有者带来收益，收益的大小是决定房地产价值高低的内在原因，通过一定的分析，房地产收益与其价值有一定的比例关系（即房地产收益率）。不同的地区、不同用途、不同类型的房地产收益率也有所不同，根据待估房地产的收益返算其价值的方法即为收益还原法。房地产价值＝房地产纯收益÷收益还原利率。

5. 假设开发法

对于一个未完成的房地产开发项目（纯土地或在建工程等），通过测算正常开发完毕后的市场价值，然后扣除剩余开发任务的正常投入，即得出待估房地产价值的方法。

6. 基准地价法

对于城市土地使用权的价值，近年来进行了大范围的基准地价评定工作，并且已得出城市不同级别的土地的基准地价，这对于衡量城市土地使用权的价值具有较可靠的指导意义。针对到某一地块的土地使用权价值评估，可以参照已有的同级别、同用途的基准地价，进行一般因素、区域因素、个别因素的调整，最后得出估价对象土地使用权价值的方法。这种方法有一定的政策性。

7. 路线价法

土地使用权的价值跟土地所处位置（临街状况、宽度深度）有很大的关系，对于同一街区，土地的价值具备相对的稳定性，如果知道该街区土地的平均价格，通过临街宽度、临街深度的调整得出估价对象土地价值的方法即为路线价法。

第五节　各类房地产估价常用方法及注意事宜

房地产估价的对象就是房地产。从实物形态上来看，房地产存在三种形态，即单纯的土地、单纯的建筑物以及房地合一的复合房地产。另外，房地产估价是评估待估房地产的一定权益的价格，因此，估价对象也涉及物权。依据房地产估价的需要及其特点，按用途将评估对象划分为居住、商业、工业、其他用途房地产及土地五种类型，它们的估价特点、常用方法及主要注意事宜等如下。

一、居住房地产

居住房地产主要包括普通住宅、公寓、别墅等。居住房地产不同于一般商品，甚至也不同于其他房地产，它不但具有等价交换、按质论价、供求决定价格等商品的共性，还带有鲜明的社会保障性。

住宅评估的标的物：以住宅作为估价对象可以分为户（居住单元）住宅单元、住宅楼、居住小区等。

住宅的价格构成：基于我国目前的住房制度与政策，住宅价格的市场价与国家指导价并存。前者为商品化价格，由生产过程中消耗的物化劳动的转移价值和活劳动创造的价值构成；后者含成本价格与不完全成本价格。

我国住宅的租金可分为商品租金、成本租金和准成本租金等。因此，在评估住宅租金时应明确租金种类及其构成情况。

住宅价格的影响因素：影响住宅价格的因素，除了一般政治、经济、政策等因素之外，主要有：

(1) 建筑结构、类型和等级；

(2) 装修；

(3) 设施与设备；

(4) 质量；

(5) 朝向；

(6) 楼层；

(7) 地段；

(8) 环境；

(9) 住宅楼的公用面积数；

(10) 交易时间；

(11) 物业管理服务；

(12) 交易情况。

在估价时，应特别注意以上资料的调查与收集。为了更加科学合理地对住宅进行评估，应当对上述各项因素对价值的影响程度进行调查和统计分析，确定价值增减数额或价值增减率标准，以便于比较、修正。

居住房地产的估价方法。新建居住房地产、旧有居住房地产和拆迁房屋的补偿价格，三者在估价作业上有较明显的差异。

(1) 新建居住房地产一般采用成本法与市场比较法进行综合评估。估价刚刚建成或在建的居住房地产，由于各项成本资料容易收集确定，所以首先采用成本法进行整体估价；同时还可收集其他同类地价区、较近时期发生交易的、类似该新建居住房地产的市场价格的资料，并进行整体性比较评估。最后对成本法与市场比较法的估价结果进行比较分析、综合得出最终结论。

(2) 评估旧有居住房地产，一种方式是对土地和房屋分别估价，合并计算。其中，地价主要采用市场比较法和基准地价修正法进行评估；房价采用重置成本法进行评估。另一种方式是直接运用市场比较法进行整体评估。通过评估，再对两种方式的评估结果进行分析，综合得出最终结论。

（3）拆迁居住房屋的补偿价格。在城市建设和旧城改造过程中，经常会遇到拟拆除房屋的作价补偿问题，应根据《城市房屋拆迁管理条例》的规定，"作价补偿的金额按照所拆房屋的建筑面积的重置价格结合成新结算"。

二、商业房地产

商业房地产包括商店（商场、购物中心、商铺和市场等）、旅馆、写字楼、餐馆和游艺场馆、娱乐城、歌舞厅以及高尔夫球场等。

1. 商业房地产的特点

（1）收益性。商业房地产的收益方式是多种多样的，有的是业主自己经营，有的是出租给他人经营，有的是以联营形式经营。

（2）经营内容多。在同一宗商业房地产中，往往会有不同的经营内容，如商品零售、餐饮、娱乐等。不同的经营内容（用途）一般会有不同的收益率，如果用收益法估价，则应对各部分采用不同的还原利率（或称资本化率）。

（3）转租经营多。商业房地产的业主常常将其房地产出租给别人经营，有的承租人从业主手上整体承租后，又分割转租给第三者。因此，在进行商业房地产估价时要调查清楚产权状况。

（4）装修高档而复杂。商业房地产通常会有非常高档的装修，而且形式各异，要准确估算其价值必须单独计算。另外，商业用房装修折旧快，在有些地方，买下或承租别人经营的商业用房后，一定要重新装修，因此在估价时应充分注意。

2. 影响商业房地产价格的主要区域因素

（1）地段繁华程度。影响商业房地产价格的首要因素是所处地段的商业繁华程度。

（2）交通条件。商业房地产估价时，要从两方面考虑交通条件：一是顾客方面，一般情况来看，主要是公共交通的通达度，可用附近公交线路的条数、公交车辆时间及公交线路联结的居民区人数等指标来衡量；二是要考虑机动车和非机动车停车场地，进货交通和卸货的便利程度。

3. 影响商业房地产价格的主要个别因素

（1）临街状况。一般来说，临街面越宽越好。如果几面临街，则有利于商业房地产价值的提高。

（2）内部格局。商业用房的内部格局应有利于柜台和货架的布置和顾客的停留。一些大型商业用房往往要分割出租，因此，要求内部空间能够灵活间隔。

（3）楼层。一般来说。位于底层的商业用房较优，但如果有自动扶梯，楼上的商业用房与底层之间的不利差距将大大缩小。

（4）面积。应有与经营要求相适应的面积。

（5）净高。商业房地产的室内净高应适宜。净高偏低则难免产生压抑感，不利于经营；若净高超过合适的高度，建筑成本会提高，也无助于房地产价值的提高。

（6）储存空间。

（7）装修和结构构造。装修在商业房地产的价值中往往占有很大分量。同样的房屋，仅仅由于装修不同，价值会有很大的差别。此外，建筑结构构造因采用的材料不同，其价值也有很大的差别。

（8）转租的可能性。有些业主或中间承租人规定，承租人不能再转租，这将影响投资（承租）商业房地产的灵活性，从而影响该商业房地产的价值。

（9）使用年限和折旧情况。

4. 商业房地产估价的常用方法

商业房地产的一个主要特点是能够用以获得收益，商业房地产的价值往往也正是体现在它的获取收益的能力上，所以收益法是商业房地产最为常用的估价方法。

商业房地产的转售转租比较频繁，特别是小型商用，因此，较易获得比较案例。所以，在商业房地产估价时，市场比较法也是一种常用方法。

对于将要转变用途的商业房地产，有时也可用成本法作为辅助评估方法。

三、工业房地产

工业房地产主要包括厂房及工厂区内的其他房地产、仓库及其他仓储用房地产。

1. 工业房地产的特点

（1）涉及的行业多。各类工业有各自的行业特点、生产要求，即使生产同一产品的工业企业，由于工艺、流程的不同，对厂房、用地的要求也可能截然不同。因此，进行工业房地产估价时，首先应该了解相应企业生产的一些行业知识。

（2）非标准厂房多，单价差异大。

（3）受腐蚀的可能性大。厂房常常会受到腐蚀，估价时要注意房屋使用年限与受到腐蚀的严重程度。

2. 影响工业房地产价值的主要区域因素

（1）交通条件。工业企业通常需要大量运进原材料及燃料，运出产品，因此，必须有便捷的交通条件。如果邻近或与公路交通干线相连，有铁路专用线进入厂区，邻近通航河道（或海岸）且有专用码头等，则都有利于工业房地产价格的提高。

（2）基础设施。工业生产对基础设施依赖较强，当地的电力供应情况，生产用水能否满足需要，排污及污染治理，通讯条件等等，都是影响工业房地产价值的主要区域因素。

（3）地理位置。有些工业生产要求特定的地理位置，例如造纸需要大量排放污水，所以通常需要邻近河道；化工企业则不应设在山沟里，否则不利于废气的排放；水泥厂的附近若有煤矿和石灰矿则可减少原材料的运输费用。

3. 对工业房地产价值影响较大的个别因素

（1）用地面积。厂区用地面积大小应该合理，面积太小无法满足生产需要，太大则多余的部分并不能增加房地产价值，但有时要考虑厂区扩建预留用地；用地形状、地势应符合生产要求，便于布置生产线，不同的生产工艺常常要求不同的用地形状及地势。

（2）地质和水文条件。

（3）房地产用途。在评估时要考虑该房地产改作其他用途以及用于其他产品生产的可能性。

（4）厂房面积、结构、高度与设备安装情况。有些工业设备安装是和建筑物（厂房）的修建同时进行的。例如，很多设备的基座就和厂房的基础连为一体。

4. 工业房地产估价的常用方法

工业房地产通常缺少同类交易案例，特别是非标准厂房，所以，一般不具备采用市场比较法估价的条件。但在一些新兴工业地带，往往有较多的标准厂房，其租售案例通常较多，可以考虑采用市场比较法。如果可以从企业的总收益中剥离出房地产的收益，则可以考虑采用收益法估价。但一般来说难度较大，采用极少。工业房地产估价时采用较多的是成本法。标准厂房较易确定统一的重置价格，非标准厂房重置价格的确定主要有两个途径：一是参考预算价格，二是利用标准厂房的重置价格，根据面积、结构、跨度、柱距和高度等差异加以修正确定。

四、其他用途房地产

其他用途房地产指用于除上述居住、商业、工业目的以外的其他目的的房地产，如政府机关办公楼、学校、高尔夫球场、加油站、停车场、宗教房地产和墓地等。

1. 其他用途房地产及其估价的特点

（1）特殊规格的房屋及构筑物多。其他用途房地产的房屋规格较多，往往有很多构筑物，例如油库，会有很多地下或地面储油槽、输油管道等等，因此，需要估价人员有构筑物造价方面的知识。

（2）用途对价值影响较大。其他用途房地产往往有比较固定的用途，如果其用途可以转变，则应按最有效使用原则估价；如果其用途改变受到限制较多，则房地产价值也会受到相应的影响。

（3）估价对经验和知识要求高。其他用途房地产的估价业务一般较少，可供借鉴的经验和案例也少，因此，除了需要慎重选择估价方法，还需要估价人员有较为丰富的估价经验并能灵活运用，同时还要求估价人员具有较广博的其他相关专业知识。

2. 其他用途房地产估价的主要方法

其他用途的房地产一般缺少同类房地产的交易案例，所以难以采用市场比较法估价。由于其他用途房地产往往收益各异，客观收益较难确定，所以一般也不采用收益法估价。

通常，其他用途房地产的估价以成本法为主，而且在没有同类房屋（或构筑物）的重置成本资料的情况下，只能参照概预算定额等资料具体计算。

五、土地

土地估价包括宗地价格评估和城市基准地价评估。在实际评估中，经常遇到的是宗地估价。

1. 土地的分类

依据估价的需要，一宗土地可按用途分为居住、商业、工业和其他用地四类，每种土地的估价特点及注意事项可结合该类房地产的情况加以理解。值得注意的是，宗地估价除可选用三种基本估价方法外，还可采用假设开发法及基准地价修正法评估。

2. 影响宗地价格的主要因素

从评估的角度来看，影响宗地价格的主要因素有：（1）坐落位置；

（2）面积大小；

（3）形状；

（4）周围环境；

（5）土地权利状况；

（6）土地利用现状；

（7）规划设计要求；

（8）生熟地程度；

（9）地质、水文和气象条件。

第六节　房地产评估风险

房地产估价是一种社会中介活动，这种活动是因为社会信息的不平衡产生的，房地产评估工作的成果是以评估报告的形式体现的，房地产评估报告是全面、公正、客观、准确地记述估价过程和估价成果的文件，是给委托方的书面答复，是关于估价对象的客观合理价值或价格的研究报告。估价结果与房地产真实价值偏差的程度及发生较大偏差的可能性，就造成了评估风险。评估风险主要由房地产估价风险体系中的政府、房地产估价机构和人员以及经济活动主体面临的房地产估价风险组成。

一、政府面临的房地产估价风险

政府面临的房地产估价风险最主要的是房地产估价带来的通胀风险和金融风险。主要是房地产估价价值过高，不能反映房地产的真实价值，带来社会价值总体虚高，同时过高估值的房地产金融抵押贷款，会使金融机构存在潜在呆账坏账，影响金融机构的真实资产。一旦泡沫破灭，整个经济体系不可避免地会产生动荡，影响社会稳定。如 20 世纪 80 年代的日本"泡沫经济"，1997 年的东南亚"金融危机"，无不与房地产价值估计过高有着一定的关联。当然，房地产估价过低又会带来政府的税收损失。

二、估价机构和估价人员面临的房地产估价风险

估价机构和估价人员是估价风险的直接承担者，估价机构和估价人员面临

的风险主要表现在以下几个方面：

1. 政策风险

房地产价格的变化一方面受到供求变化的影响，另外一方面政策变动也同样会对房地产价格产生重要影响。政策的变化，包括税收政策、金融政策以及产业政策，必然会对房地产价格产生或大或小的影响。同时，政策的变动往往还会对估价方法产生影响，如《城市房屋拆迁条例》的修改，使得房屋拆迁补偿估价方法也发生了变化。此外，我国房地产市场法制虽然在逐步规范，但是由于历史原因，在产权界定方面还存在着这样那样的问题。估价机构和估价人员不能很好理解政策背景和政策预期，就会影响评估结果，带来评估风险。

2. 评估报告的估价目的和估价用途不符的风险

估价目的是估价结构的期望用途，是建立最终评估价值结论的基础。所以，一旦估价目的确定了，评估价值结论是与之相对应的，它不因估价报告作用不同而变动。因此，我们可以设想当一份以转让价值、保险价值、课税价值等为估价目的评估报告用于房地产抵押贷款参考依据时，报告提供不恰当的信息，就可能造成决策者的判断失误。由于评估报告的估价目的和估价用途不符的风险，虽然与委托方和报告的使用者有关，但还是评估师应避免和防范的。

3. 委托方提供虚假情况的风险

委托方向评估师提供虚假情况，甚至采用欺骗和违法的手段使估价机构和估价人员面临巨大风险。比如，在土地评估中提供虚假的、修改或调整的用地规划指标证明，要求对估价报告作技术处理等，如果评估师不能洞察这些虚假信息和资料，必然会出具与事实不符的评估报告。

特别是有时房地产评估机构之间不正当竞争，容易迁就委托方，为减少评估成本、缩减评估人员的外勤工作量，偏信委托方，这样很容易造成评估工作产生较大失误，有可能被认为与委托方同流合污而引发诉讼。

4. 技术风险

在《房地产估价规范》中规定了房地产估价应遵循的原则、程序和方法，但具体情况是千差万别的，程序和方法也不是一成不变的。比如对房地产抵押价值的评估，一般采用市场比较法为基准进行评估，如何判断市场的完善性，如何正确选取参照对象，如何对有关因素进行恰当修正等，都有赖于评估师的专业判断能力。评估师如果不能遵守评估原则的精神，运用了带有明显缺陷的程序和方法，就极易出具错误的评估报告。实际评估过程中，由于我国房地产业以及房地产估价起步较晚，许多技术资料无法在短时期内积累下来，比如市场基准收益率水平、房地产价格分类变动指数等等。

这样使得估价机构和估价人员将在房地产价格预期的技术上面临极大的不确定性。此外，估价报告的叙述不完善或不完整也会给估价机构和估价人员带来意想不到的后果。

5. 评估师素质的风险

评估工作执行的好坏，评估报告水平的高低，归根结底取决于评估师自身素质水平。评估师素质包括业务素质和道德素质等。评估师的素质越高，评估工作风险越小。如果评估工作者业务素质低，就可能出现工作过失、报告误导；如果评估工作者道德素质不过关，出现欺诈、违约、泄密或滥用评估资格的现象，所造成的后果将是极其严重的，风险也是不言而喻的。

三、经济活动主体面临的房地产估价风险

经济活动主体是指与估价对象房地产在估价目的条件下涉及的利益各方。比如在抵押贷款中涉及银行、借款人、担保人等各方利益；在投资目的下涉及全部投资人和未来的债权人以及政府的利益。这些利益主体都是经济活动主体。房地产估价结果与市场价值的极大偏差一样会对他们产生影响。例如，在抵押贷款估价中，抵押物估价过高会使得未来在借款人无力偿还借款的情况下，金融机构的贷款无法足额收回，产生呆账坏账，如果银行的呆账坏账过多，会使银行经营困难，严重者在居民储户未来预期不好出现挤兑情况下，会造成银行破产，进而出现金融动荡。

思考练习题

一、简述题

1. 什么是房地产评估？
2. 房地产评估主要为哪些经济活动服务？
3. 房地产评估的八大基本要素是什么？
4. 房地产评估的常用方法有哪些？
5. 简述房地产评估风险。

附录一：贵州省商品房买卖合同示范文本

合同编号：

商品房买卖合同

出卖人：＿＿＿＿＿＿＿＿＿＿＿＿＿＿＿＿＿

买受人：＿＿＿＿＿＿＿＿＿＿＿＿＿＿＿＿＿

贵州省住房和城乡建设厅
贵州省工商行政管理局
二〇一〇年十二月

索　引

说明

基本术语释义

说　明

1、本合同文本为示范文本，由贵州省住房和城乡建设厅、贵州省工商行政管理局共同制订。各地可以在有关房地产法律法规规定的范围内，结合实际情况调整合同相应内容。

2、商品房预售是指房地产开发企业将正在建设中的房屋预先出售给买受人，由买受人支付定金或房价款的行为。房地产开发企业取得商品房预售许可证后方可进行商品房预售。

3、商品房现售是指房地产开发企业将竣工验收合格的商品房出售给买受人，并由买受人支付房价款的行为。

4、使用本示范文本订立合同，应报办理商品房预售许可证的房地产主管部门和同级工商行政管理部门进行合同格式条款备案。经备案的示范文本，在商品房销售现场公开展示，供当事人阅读。

5、签订本合同前，出卖人应当向买受人出示《商品房预售许可证》《商品房现售备案证明》及其他有关证照和证明文件。

6、双方当事人应当按照自愿、公平及诚实信用的原则订立合同，任何一方不得将自己的意志强加给另一方。双方当事人可以对文本条款的内容进行修改、增补或删减。合同生效后，未被修改的文字视为双方当事人同意内容。

7、签订本合同前，买受人应当仔细阅读合同条款，特别是审阅其中具有选择性、补充性、填充性、修改性的内容。

8、本合同文本中相关条款后留有空白行，供双方当事人自行约定或补充约定。出卖人与买受人可以针对合同中未约定或约定不详的内容，根据所售项目的具体情况签订公平合理的补充协议，也可以在相关条款后的空白行中进行补充约定。

9、本合同文本【　】中的选择内容、空格部位填写及其他需要删除或添加的内容，双方当事人应当协商确定。【　】中的选择内容，以画√方式选定；对于实际情况未发生或双方当事人不作约定时，应当在空格部位打×，以示删除。

10、双方当事人可以根据实际情况决定本合同原件的份数，并在签订合同时认真核对，以确保各份合同内容一致；在任何情况下，买受人都应当至少持有一份合同原件。

11、根据《中华人民共和国合同法》的规定，当事人可以约定一方违约时应当根据违约情况向对方支付一定数额的违约金，也可以约定因违约产生的损失赔偿额的计算方法。约定的违约金低于造成的损失的，当事人可以请求人民法院或者仲裁机构予以增加；约定的违约金过分高于造成的损失的，当事人可以请求人民法院或者仲裁机构予以适当减少。

基本术语释义

1. 建筑面积：是指房屋外墙（柱）勒脚以上各层的外围水平投影面积，包括阳台、挑廊、地下室、室外楼梯等，且具备有上盖，结构牢固，层高2.20米以上（含2.20米）的永久性建筑。

2. 套内建筑面积：是由套内房屋的使用面积、套内墙体面积、套内阳台建筑面积三部分组成。

3. 层高：是指上下两层楼面或楼面与地面之间的垂直距离。

4. 住宅共用部位：是指根据法律、法规和房屋买卖合同，由单幢住宅内业主或者单幢住宅内业主及与之结构相连的非住宅业主共有的部位，一般包括住宅的基础、承重墙体、柱、梁、楼板、屋顶以及户外的墙面、门厅、楼梯间、走廊通道等。

5. 共用设施设备：是指根据法律、法规和房屋买卖合同，由住宅业主或者住宅业主及有关非住宅业主共有的附属设施设备，一般包括电梯、天线、照明、消防设施、绿地、道路、路灯、沟渠、池、井、非经营性车场车库、公益性文体设施和共用设施设备使用的房屋等。

6. 质量缺陷：是指房屋建筑工程的质量不符合工程建设强制性标准以及合同的约定。

7. 住宅专项维修资金：是指专项用于住宅共用部位、共用设施设备保修期满后维修和更新、改造的资金。

8. 房屋登记：是指房屋登记机构依法将房屋权利和其他应当记载的事项在房屋登记簿上予以记载的行为。

9. 民用建筑节能：是指在保证民用建筑使用功能和室内热环境质量的前提下，降低其使用过程中能源消耗的活动。民用建筑是指居住建筑、国家机关办公建筑和商业、服务业、教育、卫生等其他公共建筑。

10. 不可抗力：是指不能预见、不能避免并且不能克服的客观情况。

11. 法定代理人：是指依照法律规定直接取得代理权的人。《民法通则》

第十四条规定，无民事行为能力人、限制民事行为能力的监护人是其的法定代理人。

12. **中国计量认证**（CMA）：CMA 是英文 "China Metrology Accreditation" 的缩写。《中华人民共和国计量法》第二十二条规定，为社会提供公证数据的产品质量检验机构，必须经省级以上人民政府计量行政部门对其计量检定、测试的能力和可靠性考核合格。

13. **返本销售**：是指房地产开发企业以定期向买受人返还购房款的方式销售商品房的行为。售后包租，是指房地产开发企业以在一定期限内承租或者代为出租买受人所购该企业商品房的方式销售商品房的行为。分割拆零销售，是指房地产开发企业以将成套的商品住宅分割为部分分别出售给买受人的方式销售商品住宅的行为。

第一章　　合同当事人

出卖人：_____

注册地址：_____

法定代表人：_____ 联系电话：_____

营业执照注册号：_____

企业资质证书号：_____

代理人：_____ 联系电话：_____

身份证件种类_____ 号码_____

代理权限：_____ 地址：_____

代理机构：_____

注册地址：_____

法定代表人：_____ 联系电话：_____

营业执照注册号：_____

企业资质证书号：_____

代理权限：_____ 地址：_____

买受人：_____

【法定代表人】：_____ 国籍：_____

营业执照注册号：_____

注册地址：_____ 联系电话：_____

【自然人】姓名：_____ 国籍：_____

身份证件种类：_____ 号码：_____

地址：_____ 联系电话：_____

【代理人】姓名：_____ 国籍：_____

身份证件种类：_____ 号码：_____

地址：_____ 电话：_____

代理权限：_____

买受人为两人以上的，其共有方式为【共同共有】【按份共有】

按份共有的约定份额具体为：_____

_____

根据《中华人民共和国合同法》《中华人民共和国物权法》《中华人民共和国城市房地产管理法》《贵州省城镇房地产开发经营管理条例》及其他有关法律、法规的规定，出卖人和买受人在平等、自愿、协商一致的基础上就商品房买卖事宜达成如下协议。

第二章　　商品房基本状况

第一条　项目建设依据

出卖人以【出让】【转让】【划拨】方式取得位于＿＿＿＿＿＿＿＿＿＿＿＿＿＿＿＿、总土地面积为＿＿＿＿＿＿＿＿＿＿＿＿＿平方米、编号为＿＿＿＿＿＿＿＿＿＿＿＿的地块的建设用地使用权，且土地价款已【全部】【部分】【未付】付清。该建设用地使用权批准文件是＿＿＿＿＿＿＿＿＿＿＿＿＿＿，合同编号是＿＿＿＿＿＿＿＿＿＿＿＿＿＿。

出卖人经批准，在上述地块建设商品房，【建设项目名称】【现定名】【暂定名】为＿＿＿＿＿＿＿＿＿＿。建设工程规划许可证号为＿＿＿＿＿＿＿＿＿＿。建筑工程施工许可证号为＿＿＿＿＿＿＿＿＿＿＿。建筑工程设计审查批准文号为＿＿＿＿＿＿＿＿＿＿＿。建筑工程施工合同约定的开工日期为＿＿＿＿＿＿＿，建筑工程施工合同约定的竣工日期为＿＿＿＿＿＿。

第二条　销售依据

买受人购买的商品房为【预售】【现售】商品房。预售商品房批准机关为＿＿＿＿＿＿＿＿＿＿＿＿＿＿，预售许可证号为＿＿＿＿＿＿＿＿＿＿＿＿＿＿＿。现售商品房备案机关为＿＿＿＿＿＿＿＿＿＿，备案号为＿＿＿＿＿＿＿＿＿＿。合同格式条款备案机关是＿＿＿＿＿＿＿＿＿＿，备案号是＿＿＿＿＿＿＿＿＿。

第三条　基本情况

买受人购买的商品房（以下简称该商品房，其房屋平面图见附件一），为本合同第一条和第二条约定项目中的：

第＿＿＿＿＿＿＿【幢】＿＿＿＿＿＿＿【座】＿＿＿＿＿＿＿【单元】＿＿＿＿＿＿＿【层】＿＿＿＿＿＿＿号房，或＿＿＿＿＿＿＿＿＿。建筑层数地上＿＿＿＿＿＿层＿＿＿＿＿＿＿，地下＿＿＿＿＿＿层，该商品房位于【地上】【地下】第＿＿＿＿＿＿层，名义楼层为第＿＿＿＿＿＿层，该房号为＿＿＿＿＿＿＿。房屋竣工后，以房屋所有权登记的地址为准。

该商品房的规划用途为【住宅】【办公】【商业营业用房】【　】，属＿＿＿＿＿＿＿＿＿＿结构。【层高】【净高】为＿＿＿＿＿＿＿米，【坡屋顶净结构标高】

_____米。该商品房朝向为_____。有_____个阳台，其中_____个阳台为封闭式，_____个阳台为非封闭式。

该商品房【合同约定】【产权登记】建筑面积_____平方米，套内建筑面积_____平方米。出卖人委托该商品房面积的房产测绘机构是_____。（共用部位与共用房屋分摊建筑面积构成说明见附件二）

该商品房土地使用权年限自_____年_____月_____日起至_____年_____月_____日止。

第四条　抵押情况

与该商品房有关的抵押情况为_____。（2和3可以同时选择）

1、该商品房占用范围内的土地使用权及在建工程均未设定抵押。

2、该商品房占用范围内的土地使用权已经设定抵押，抵押权人为_____，抵押登记部门为_____，抵押登记日期为_____。

3、该商品房在建工程已经设定抵押，抵押权人为_____，抵押登记部门为_____，抵押登记日期为_____。

（抵押权人同意该商品房预售或销售的证明及关于抵押的相关约定见附件三）

第五条　出卖人关于房屋权利状况的承诺

出卖人承诺：

1、该商品房没有权属纠纷和债权债务纠纷；

2、该商品房没有销售给除本买受人以外的其他人；

3、该商品房没有司法查封或其他受到限制交易的情况；

4、_____；

5、_____；

6、_____。

如因出卖人隐瞒上述情况，导致买受人不能办理预售合同登记备案、房屋登记或发生债权债务纠纷的，买受人有权退房。买受人退房的，应当书面通知出卖人。出卖人应当自收到退房通知之日起30日内，将买受人已付房价款及利息（按银行同期贷款利率计算）退还给买受人，并承担赔偿责任。

_____。

第六条　租赁情况

该商品房为现房的，租赁情况为_____。

1、出卖人未将该商品房出租；

2、出卖人已将该商品房出租，【买受人为该商品房承租人】【承租人已放弃优先购买权】。

租赁期限自_____年_____月_____日起至_____年_____月_____日止。出卖人与买受人经协商一致，自本合同约定的交付日至出租期限届满期间的房屋收益归【出卖人】【买受人】所有。

_____。

承租人放弃优先购买权的声明见附件四。

第三章 商品房价款的确定方式及总价款、付款方式、付款时间

第七条 计价方式与价款

出卖人与买受人约定按下述第_____种方式，计算该商品房价款（货币单位为人民币）：

1、按照套内建筑面积计算，该商品房单价每平方米_____元，总价款（小写）_____元，（大写）_____元整。

2、按照套（单元）计算，该商品房总价款为（小写）_____元，（大写）_____元整。

前述约定的商品房价格已包括水、电建设安装费用以及双方约定的附件五所列配套设施的建设安装费用，出卖人不再向买受人收取该商品房总价款以外的费用。

第八条 付款方式及期限

买受人采取下列第_____种方式付款。

1、一次性付款。买受人应当在_____年_____月_____日前支付全部房价款。

2、分期付款。买受人应当在_____年_____月_____日前分期支付房价款：_____

_____

_____。

3、贷款方式付款。买受人以【银行按揭】【公积金贷款】付款的，应于本合同签订之日向出卖人交付首期房款（小写）计_____元，余款（小写）_____元以【银行按揭】【公积金贷款】支付。买受人应在接到出卖人书面通知之日起_____日内，将申请办理银行按揭或公

积金贷款所需的全部资料提交给出卖人，在接到出卖人或贷款人书面通知后＿＿＿＿＿＿＿＿＿＿日内前往指定地点办理贷款相关手续，并按要求交清相关款项和费用；买受人逾期履行上述义务的，按照本合同第十条处理。

因买受人的原因导致买受人未能获得贷款或获得贷款少于申请贷款数额的，出卖人同意买受人在收到书面通知之日起＿＿＿＿＿＿＿＿＿＿日内，支付不足款项，不承担本合同第十条约定的违约责任；逾期，出卖人有权解除合同，合同解除后＿＿＿＿＿＿＿＿＿＿日内将已付款退还买受人。

因出卖人的原因导致买受人未能获得贷款或获得贷款少于申请贷款数额的，买受人可以选择以下第＿＿＿＿＿＿＿＿＿＿种方式：

（1）合同继续履行，具体付款方式和付款期限另行协商，并签订补充协议。

（2）买受人有权解除本合同，合同解除后＿＿＿＿＿＿＿＿＿＿日内出卖人应退还已付款及银行同期贷款利息。

因非归责于双方的原因，导致买受人未能获得贷款或获得贷款少于申请贷款数额的，买受人应在＿＿＿＿＿＿＿＿＿＿日内支付不足款项。逾期，任何一方均可单方解除合同。合同解除后＿＿＿＿＿＿＿＿＿＿日内，出卖人应退还已付款及银行同期存款利息。

4、其他方式。

＿＿＿＿＿＿＿＿＿＿＿＿＿＿＿＿＿＿＿＿＿＿＿＿＿＿＿＿＿＿＿＿＿＿＿＿＿＿＿；

＿＿＿＿＿＿＿＿＿＿＿＿＿＿＿＿＿＿＿＿＿＿＿＿＿＿＿＿＿＿＿＿＿＿＿＿＿＿＿。

第九条　预售所得款监管

出卖人承诺商品房预售所得款项，按法律法规的有关规定监管使用，用于本项目的工程建设。

根据本地商品房预售款监管的具体规定，该商品房的预售款监管机构为＿＿＿＿＿＿＿＿＿＿＿＿＿＿＿＿＿＿＿＿，预售款监管账户名称为＿＿＿＿＿＿＿＿＿＿＿＿＿＿＿＿，账号为＿＿＿＿＿＿＿＿＿＿＿＿＿＿＿＿＿＿＿，监管期限为＿＿＿＿＿＿＿＿＿＿＿＿＿＿＿＿。

第十条　逾期付款责任

买受人未按照约定时间付款的，双方同意按照下列第＿＿＿＿＿＿＿＿＿＿种方式处理：

1、按照逾期时间，分别处理（（1）和（2）（不作累加）

（1）逾期在＿＿＿＿＿＿＿＿＿＿日之内，自约定的应付款期限届满之次日起至实际支付应付款之日止，买受人按日计算向出卖人支付逾期应付款万分之＿＿＿＿＿＿的违约金，并于实际支付应付款之日起＿＿＿＿＿＿＿＿＿＿日内向出卖人支付违约金，合同继续履行。

（2）逾期超过＿＿＿＿＿＿日（该日期应当与第（1）项中的日期相同）后，出卖人有权解除合同。出卖人解除合同的，应当书面通知买受人。买受人应当自收到解除合同通知之日起＿＿＿＿＿＿日内按照累计的逾期应付款的＿＿＿＿＿＿％向出卖人支付违约金，并由出卖人退还买受人全部已付款。买受人愿意继续履行合同的，经出卖人同意后，合同继续履行，自约定的应付款期限届满之次日起至实际支付应付款之日止，买受人按日计算向出卖人支付逾期应付款万分之＿＿＿＿＿＿（该比率应当不小于第（1）项中的比率）的违约金，并于实际支付应付款之日起＿＿＿＿＿＿日内向出卖人支付违约金。

本条所称逾期应付款是指依照第八条约定的到期应付款与该期实际已付款的差额；采取分期付款的，按照相应的分期应付款与该期的实际已付款的差额确定。

2、＿＿＿。

第四章　商品房交付使用条件及日期、交接手续

第十一条　交付时间和条件

1、出卖人应当在＿＿＿＿＿＿年＿＿＿＿＿＿月＿＿＿＿＿＿日前向买受人交付该商品房。

2、该商品房交付时应当符合下列第1、2、3、＿＿＿＿＿＿、＿＿＿＿＿＿、＿＿＿＿＿＿、＿＿＿＿＿＿项所列条件：

（1）该商品房已取得建筑工程竣工合格证明文件；

（2）有资质的房产测绘机构出具的该商品房面积实测技术报告书；

（3）满足第十二条中出卖人承诺的本项目内相关设施、设备达到的条件；

（4）＿＿＿＿＿＿＿＿＿＿＿＿＿＿＿＿＿＿＿＿＿＿＿＿＿＿＿＿；

（5）＿＿＿＿＿＿＿＿＿＿＿＿＿＿＿＿＿＿＿＿＿＿＿＿＿＿＿＿；

（6）＿＿＿＿＿＿＿＿＿＿＿＿＿＿＿＿＿＿＿＿＿＿＿＿＿＿＿＿；

（7）＿＿＿＿＿＿＿＿＿＿＿＿＿＿＿＿＿＿＿＿＿＿＿＿＿＿＿＿；

（8）＿＿＿＿＿＿＿＿＿＿＿＿＿＿＿＿＿＿＿＿＿＿＿＿＿＿＿＿

该商品房为住宅的，出卖人还应当提供《住宅质量保证书》《住宅使用说明书》以及《住宅工程分户验收表》，《住宅质量保证书》承诺的保修范围和保

修期限必须符合国家和本地区有关法律、法规的规定及相关标准、规程的要求。

第十二条 本项目内相关设施、设备的交付时间与使用条件

（一）城市基础设施

1、上水、下水：交付时达到使用条件；

2、供电：交付时达到使用条件；

3、供暖：_____年_____月_____日达到_____；

4、燃气：_____年_____月_____日达到_____；

5、电话通信：交付时线路敷设到户；

6、有线电视：交付时线路敷设到户；

7、宽带网络：交付时线路敷设到户。

以上第_____项需要买受人自行办理开通使用手续。

如果在约定期限内未达到交付使用条件，双方同意按照下列第_____种方式处理：

（1）以上设施中第3、4项未按时达到交付条件的，出卖人按本合同约定承担逾期交付的违约责任；第5项未按时达到交付条件的，出卖人按日向买受人支付_____元的违约金；第6项未按时达到交付条件的，出卖人按日向买受人支付_____元的违约金；第7项未按时达到交付条件的，出卖人按日向买受人支付_____元的违约金。

（2）出卖人向买受人一次性支付相当于房屋总价款_____%的违约金，并采取措施保证相关设施于_____日之内达到交付条件。届时仍不能达到交付条件的，买受人有权要求退房和给予赔偿，出卖人赔偿数额为_____。

（3）_____

_____。

（二）公共服务设施（包括但不限于建设工程规划许可证附件及附图中载明的公共服务设施配套建设指标）

1、公共配套设施、市政公用设施及园林绿化工程交付时须按设计要求建成，取得建设、城乡规划等有关部门出具的认可文件或者准许使用文件，并经房地产主管部门备案；

2、运动场：_____；

3、游泳池：_____；

4、社区医院：_____；

5、垃圾站_____；

6、_____。

以上设施如果在约定期限内未达到交付使用条件，双方同意按照下列第_____种方式处理：

（1）出卖人向买受人一次性支付房屋总价款_____％的违约金，并采取措施保证相关设施于_____日之内达到交付条件。届时仍不能达到交付条件的，买受人有权要求退房和给予赔偿，出卖人赔偿数额为_____；

（2）每逾期一项，出卖人按日支付房屋总价款_____％的违约金给买受人；

（3）_____

_____。

（三）商业配套设施

1、幼儿园：_____年_____月_____日前竣工；

2、学校：_____年_____月_____日前竣工；

3、会所：_____年_____月_____日前竣工；

4、购物中心：_____年_____月_____日前竣工；

5、_____

_____。

以上设施如果在约定期限内未竣工，双方同意按照下列第_____种方式处理：

（1）出卖人向买受人一次性支付相当于房屋总价款_____％的违约金，并采取措施保证相关设施于_____日之内达到交付条件。届时仍不能达到交付条件的，买受人有权要求退房和给予赔偿，出卖人赔偿数额为_____；

（2）每逾期一项，出卖人按日支付房屋总价款_____％的违约金给买受人；

（3）_____。

（四）相关设施设备的具体约定

1、_____；

2、_____；

3、_____。

第十三条　逾期交房责任

除不可抗力外，出卖人未按照第十一条约定的期限和条件将该商品房交付买受人的，按照下列第_____种方式处理：

1、按照逾期时间，分别处理（（1）和（2）（不作累加）：

（1）逾期在＿＿＿＿＿＿＿＿日之内（该时限应当不小于第十条第 1（1）项中的时限），自第十一条约定的交付期限届满之次日起至实际交付之日止，出卖人按日计算向买受人支付已交付房价款万分之＿＿＿＿＿＿＿＿＿的违约金（该违约金比率应当不小于第十条第 1（1）项中的比率），并于该商品房实际交付之日起＿＿＿＿＿＿＿＿日内向买受人支付违约金，合同继续履行。

（2）逾期超过＿＿＿＿＿＿＿＿日（该日期应当与本条第 1（1）项中的日期相同），买受人有权退房。买受人退房的，应当书面通知出卖人。出卖人应当自收到退房通知之日起＿＿＿＿＿＿＿＿日内退还全部已付款，并按照买受人全部已付款的＿＿＿＿＿＿＿＿＿％向买受人支付违约金。买受人要求继续履行合同的，合同继续履行，自第十一条约定的交付期限届满之次日起至实际交付之日止，出卖人按日计算向买受人支付全部已付款万分之＿＿＿＿＿＿＿（该比率应当不小于本条第 1（1）项中的比率）的违约金，并于该商品房实际交付之日起＿＿＿＿＿＿＿＿日内向买受人支付违约金。

2、＿＿＿。

第十四条　交接手续

（一）该商品房达到第十一条约定的交付条件后，出卖人应当在交付日的＿＿＿＿＿＿＿＿日前，书面通知买受人办理交接手续的时间、地点以及应当携带的证件。双方进行验收交接时，出卖人应当出示满足第十一条及第十二条约定的证明文件。出卖人不出示证明文件或者出示的证明文件不齐全，不能满足第十一条及第十二条约定条件的，买受人有权拒绝接收，由此产生的逾期交房责任由出卖人承担，并按照第十三条处理。

（二）查验房屋

1、买受人应在收到书面通知后＿＿＿＿＿＿＿＿日内，办理该商品房的交接手续。

2、出卖人承诺买受人在办理交接手续前有权对所购买的该商品房进行查验，而且不以缴纳相关税费或者签署物业管理文件作为买受人查验该商品房的前提条件。

3、查验该商品房时，买受人对以下除该商品房主体结构和地基基础外的房屋质量缺陷提出异议的，由出卖人按照国家和地方有关工程质量的规范和标准自查验该商品房之次日起＿＿＿＿＿＿＿＿日内负责修复，并承担修复费用，修复完成后再行交付。因质量缺陷给买受人造成损失的，出卖人应当予以赔偿。

（1）天面渗水、滴漏；

    （2）墙面、厨房、卫生间地面渗漏；

    （3）墙面、顶棚抹灰层脱落；

    （4）地面空鼓开裂、大面积起砂；

    （5）门窗翘裂、五金件损坏；

    （6）管道堵塞；

    （7）卫生洁具开裂、漏水；

    （8）灯具、电器开关失灵；

    （9）防盗及对讲系统失灵；

    （10）_____；

    （11）_____；

    （12）_____；

    （13）_____。

    房屋质量严重影响买受人对房屋的正常使用的，出卖人按照国家和本地有关工程质量的规范和标准自查验该商品房之次日起_____日内负责修复，并承担修复费用，若由此产生的逾期交房责任由出卖人承担，并按照第十三条处理。修复后或经多次维修仍存在严重影响买受人正常居住使用的质量问题的，买受人有权退房。买受人退房的，应当书面通知出卖人，出卖人应当自收到退房通知之日起_____日内退还全部已付款，并按照_____利率付给利息，给买受人造成损失的由出卖人承担赔偿责任。

    _____。

    （三）查验该商品房后，买受人对出卖人所交付的商品房无异议，双方应当签署商品房交接单。由于买受人原因，未能按期交付的，双方同意按以下方式处理：

    _____；

    _____。

    （四）双方同意按照下列第_____种方式缴纳相关费用：

    1、买受人同意委托出卖人代买受人向相关单位缴纳下列第_____、_____、_____、_____、_____、_____项费用，并在签订本合同之日起_____日内将上述费用交给出卖人，出卖人应当于缴费后_____日内向买受人交付相应缴款凭证。

    （1）专项维修资金；

    （2）契税；

    （3）第二十三条约定的物业服务费用；

（4）供暖费；

（5）＿＿＿＿＿＿＿＿＿＿＿＿＿＿＿＿＿＿＿＿＿＿＿；

（6）＿＿＿＿＿＿＿＿＿＿＿＿＿＿＿＿＿＿＿＿＿＿＿。

2、本合同签订后，买受人自行向相关单位缴纳下列第＿＿＿＿、＿＿＿＿、＿＿＿＿、＿＿＿＿、＿＿＿＿、＿＿＿＿项费用，并在接收该商品房的同时向出卖人出示相应缴款凭证。

（1）专项维修资金；

（2）契税；

（3）第二十三条约定的物业服务费用；

（4）供暖费；

（5）＿＿＿＿＿＿＿＿＿＿＿＿＿＿＿＿＿＿＿＿＿＿＿；

（6）＿＿＿＿＿＿＿＿＿＿＿＿＿＿＿＿＿＿＿＿＿＿＿。

该商品房为住宅的，买受人应当在办理房屋交付手续前，将首期住宅专项维修资金存入住宅专项维修资金专户。未交纳专项维修资金的，出卖人不得向买受人交付房屋。

第五章　　面积差异处理方式

第十五条　面积差异处理

该商品房交付时，出卖人应当向买受人公示其委托的有资质的房产测绘机构出具的商品房面积实测技术报告书，并向买受人提供该商品房的面积实测数据（以下简称实测面积）。实测面积与第三条载明的预测面积发生误差的，双方同意按照第＿＿＿＿＿＿种方式处理。

1、根据第七条按照套内建筑面积计价的约定，双方同意按照下列原则处理：

（1）套内建筑面积误差比绝对值在 3％ 以内（含 3％）的，据实结算房价款；

（2）套内建筑面积误差比绝对值超出 3％ 时，买受人有权退房。

买受人退房的，应当书面通知出卖人。出卖人应当自收到退房通知之日起30 日内退还买受人已付房款，并按照＿＿＿＿＿＿＿＿利率付给利息。

买受人不退房的，实测套内建筑面积大于预测套内建筑面积时，套内建筑面积误差比在 3％ 以内（含 3％）部分的房价款由买受人补足；超出 3％ 部分的房价款由出卖人承担，产权归买受人所有。实测套内建筑面积小于预测套内建筑面积时，套内建筑面积误差比绝对值在 3% 以内（含 3%）部分的房价款由出卖人退还买受人；绝对值超出 3% 部分的房价款由出卖人双倍退还买受人。

$$面积误差比 = \frac{房屋实际面积 - 合同约定面积}{合同约定面积} \times 100\%$$

2、按套（单元）计价的，出卖人承诺在房屋平面图中标明详细尺寸，并约定误差范围。该房屋交付时，套型与设计图纸不一致或者相关尺寸超出约定的误差范围，双方约定如下：

_____。

3、双方自行约定：

_____；

_____。

第六章　规划设计变更

第十六条　规划变更的约定

出卖人应当按照规划行政主管部门核发的建设工程规划许可证规定的条件建设商品房，不得擅自变更。

双方签订合同后，涉及该商品房规划用途、面积、容积率及基础设施、公共服务设施、绿化率等规划许可内容变更的，出卖人应当及时将变更内容书面告知买受人，并应当取得规划行政主管部门的批准。

如规划变更，买受人选择退房的，应当书面通知出卖人。出卖人应当自收到退房通知之日起 _____ 日内退还买受人已付房款，并按照 _____ 利率付给利息。

买受人选择不退房的，有权要求出卖人赔偿由此造成的损失，双方约定如下：

_____。

第十七条　设计变更的约定

1、经行政主管部门审查批准，建筑工程施工图设计文件的下列设计变更影响到买受人所购商品房质量或使用功能的，出卖人应当在设计审查单位批准变更之日起 10 日内，书面通知买受人。

（1）该商品房结构形式、户型、空间尺寸、朝向；

(2) _____ ；

(3) _____ ；

(4) _____ ；

(5) _____ 。

出卖人未在规定时限内通知买受人的，买受人有权退房。

2、买受人应当在收到通知之日起 15 日内做出是否退房的书面答复。买受人逾期未予以书面答复的，视同接受变更。

3、买受人选择退房的，应当书面通知出卖人。出卖人应当自收到退房通知之日起_____日内退还买受人已付房款，并按照_____的利率付给利息。

买受人选择不退房的，有权要求出卖人赔偿由此造成的损失，双方约定如下：_____
_____ 。

第七章　商品房质量及保修责任

第十八条　商品房质量的约定

（一）出卖人承诺交付的房屋主体结构和地基基础合格，经检测不符合标准和设计要求的，买受人有权退房。买受人退房的，应当书面通知出卖人，出卖人应当自收到退房通知之日起_____日内退还全部已付款，并按照_____的____利率付给利息，给买受人造成损失的由出卖人承担赔偿责任。因此发生的检测费用由出卖人承担。

（二）出卖人承诺

1、交付的该商品房使用合格的建筑材料、构配件和设备；

2、交付的该商品房的装置、装修、装饰所用材料的产品质量必须符合国家的强制性规范；

3、交付的该商品房质量符合国家和本省颁布的工程质量规范、标准和施工图设计文件的要求；

4、交付的该商品房的装饰、设备标准应当符合双方约定的标准；

5、_____ ；

6、_____ 。

如交付的该商品房不符合工程质量规范，或其对人体有害物质超过国家强制性标准，危及买受人健康，或出卖人交付的该商品房达不到约定标准的，买受人有权要求出卖人按照下列第_____、_____、_____

_____、_____、_____方式处理（可多选）：

（1）及时更换、重做、修理；

（2）出卖人赔偿双倍的装饰、设备差价；

（3）房屋质量问题严重影响正常居住使用的，买受人有权退房。买受人退房的，应当书面通知出卖人，出卖人应当自收到退房通知之日起_____日内退还全部已付款，并按照_____的_____利率付给利息，给买受人造成损失的由出卖人承担赔偿责任。因此而发生的检测费用由出卖人承担；

（4）_____；

（5）_____。

具体装饰和设备标准的约定见附件六。

（三）关于室内空气质量的约定

1、买受人认为商品房室内空气存在质量问题，应在保持买受人对于商品房进场装修（包括材料设备进场等）前的状态下，委托具有 CMA 资质的检测机构出具检测报告。经检测该商品房室内空气不符合国家标准的，该检测费用由出卖人承担；否则该检测费用由买受人承担。

2、该商品房室内空气质量经检测不符合国家标准的，买受人有权退房。买受人退房的，应当书面通知出卖人，出卖人应当自收到退房通知之日起_____日内退还买受人全部已付购房款，并自买受人付款之日起，按照_____利率给付利息，给买受人造成其他损失的，由出卖人承担赔偿责任。买受人不退房的，出卖人应在负责整改，整改后检测发生的检测费用仍由出卖人承担。整改期间或因整改导致逾期交付的，出卖人应当承担逾期交付的违约责任。

（四）出卖人和买受人对工程质量问题发生争议的，任何一方均有权委托有资质的建设工程质量检测机构检测，双方均有协助并配合对方检测的义务。

_____

_____。

第十九条　住宅保修责任

1、商品房实行保修制度。该商品房为住宅的，出卖人自该商品房交付之日起，按照《住宅质量保证书》承诺的内容承担相应的保修责任。该商品房为非住宅的，双方应当签订补充协议详细约定保修范围、保修期限和保修责任等内容。具体内容见附件七。

2、在该商品房保修范围和保修期限内发生质量问题，双方有退房约定的，按照约定处理；没有退房约定的，出卖人应在收到买受人通知后_____日内履行保修义务，买受人应当配合保修。

买受人对住宅内的设备、设施的正常运行签字认可后，自行添置、改动的设施、设备，以及自行装修的，由于装修造成的质量问题及管道堵塞等，由买受人自行承担维修责任。若因此造成房屋质量受损或其他用户损失的，均由责任人承担相应责任。

因不可抗力或者买受人原因造成的损坏，出卖人不承担责任，但可协助维修，维修费用由买受人承担。出卖人对保修责任有异议的，应在收到买受人通知后_____日内通知买受人。双方可委托双方认可且具有资质的监理单位予以裁定，也可委托有资质的建设工程质量检测机构予以检测，所有费用由责任方承担。

在保修期内，买受人发出书面保修通知书_____日内，出卖人既不履行保修义务也不书面通知保修责任异议的，买受人可以自行或聘请他人进行维修，合理的维修费用由出卖人承担。

第二十条　建筑隔声情况

该商品房为住宅的，出卖人承诺该商品房建筑隔声情况符合《民用建筑隔声设计规范》（GBJ118－88）和《建筑门窗空气声隔声性能分级及检测方法》（GB/T8485－2008）标准，对该商品房所在地声环境状况的描述真实准确。商品房建筑设计文件所标注的建筑隔声情况和环境影响评价文件所表征的所在地声环境状况见附件八。

商品房建筑隔声情况未达到标准的，出卖人应当按照规划设计的要求补做建筑施工隔声措施，并承担全部费用；因此给买受人造成损失的，出卖人应当承担赔偿责任。

第二十一条　民用建筑节能措施

该商品房应当符合国家有关民用建筑节能强制性标准的要求。未达到标准的，出卖人应当按照相应标准要求补做节能措施，并承担全部费用；因此给买受人造成损失的，出卖人应当承担赔偿责任。

具体节能信息见附件九。

第八章   房屋登记

第二十二条   房屋登记

一、预告登记

（一）本商品房为【预售】【现售】商品房，双方约定由【出卖人与买受人】【买受人】向当地房屋登记机关申请预告登记。

（二）出卖人与买受人共同申请预告登记的，双方约定于【商品房买卖合同（预售）备案】【商品房买卖合同（现售）签订】之日起_____ 日内申请登记。

出卖人未按约定申请预告登记的，买受人可以单方申请预告登记。

（三）申请预购商品房预告登记时，由出卖人提交下列资料中的第_____项，买受人提交下列资料中的第_____项。

1、登记申请书；

2、申请人的身份证明；

3、已登记备案的商品房预售合同；

4、当事人关于预告登记的约定；

5、其他必要材料。

（四）申请商品房现房所有权预告登记时，由出卖人提交下列资料中的第_____项，买受人提交下列资料中的第_____项。

1、登记申请书；

2、申请人的身份证明；

3、房屋所有权转让合同；

4、转让方的房屋所有权证书；

5、当事人关于预告登记的约定；

6、其他必要材料

（五）其他有关事项约定如下：

_____；

_____。

二、初始登记

出卖人负责在商品房交付使用之日起 90 日内申请该商品房所有权初始登记。

_____；

_____。

三、转移登记

（一）出卖人承诺于_____年_____月_____日前，取得该商品房所有权初始登记，并将办理商品房转移登记的有关文书，交付给买受人。

（二）出卖人不能在前款约定期限内交付办理商品房转移登记的有关文书，双方同意按照下列约定处理：

1、约定日期起_____日内，出卖人交付办理商品房转移登记的有关文书的，按已付房价款的_____承担违约责任；

2、约定日期起_____日以后，出卖人仍不能交付办理商品房转移登记有关文书的，双方同意按下列第_____项处理：

（1）买受人有权退房，买受人退房的，出卖人应当自收到退房通知之日起_____日内退还买受人已付款，并按照_____利率支付利息。

（2）买受人不退房的，出卖人自约定日期至实际交付办理商品房转移登记的有关文书之日止，按日向买受人支付已交付房价款_____的违约金。

（三）建筑区划内依法或依照约定属于全体业主共有的公共场所、共用设施和物业服务用房等，由出卖人在申请房屋所有权初始登记时一并申请登记。商品房交付后_____日内，出卖人应当将相关登记信息书面告知买受人。

（四）双方同意按照下列第_____种方式办理商品房转移登记：

1、双方共同向房屋登记机关申请办理商品房转移登记。

2、买受人同意委托_____向房屋登记机关申请办理房屋权属转移登记，委托费用_____元（大写），由_____承担。

（五）其他有关事项约定如下：

1、_____。

2、_____。

第九章 前期物业管理

第二十三条 前期物业管理

1、出卖人依法选聘的物业服务企业为_____，资质证号为_____，物业服务企业招投标备案号为_____。

2、前期物业管理期间，物业服务收费价格为_____/月·平方米（建筑面积）。价格构成包括物业区域内保洁费、公共秩序维护费、共用部位共用设施设备日常维护费、绿化养护费、综合管理费、_____、_____、_____、_____。

地上停车管理费 _____，地下停车管理费_____。

3、物业服务企业按照第 _____ 种方式收取物业服务费。

（1）按照年收取，买受人应当在每年的 _____ 月 _____ 日前缴费。

（2）按照半年收取，买受人应当分别在每年的 _____ 月 _____ 日前和 _____ 月 _____ 日前缴费。

（3）按照季收取，买受人应当分别在每季度后_____ 日内缴费。

4、物业服务内容（前期物业委托服务合同、临时业主管理规约）见附件十。

买受人已详细阅读前期物业委托服务合同和临时业主管理规约，同意由出卖人依法选聘的物业服务企业提供前期物业服务，遵守临时业主管理规约。业主委员会成立后，由业主大会决定选聘或续聘物业服务企业。

第十章　双方约定的其他事项

第二十四条　共有权益的约定

买受人对其建筑物专有部分享有占有、使用、收益和处分的权利。行使权利不得危及建筑物的安全，不得损害其他买受人的合法权益。对建筑物专有部分以外的共有部分，享有权利，承担义务；不得以放弃权利为由不履行义务。双方对共有权益的约定如下：

1、该商品房所在楼栋的屋面使用权归本楼栋产权人共有；

2、该商品房所在楼栋的外墙面使用权归本楼栋产权人共有；

3、该商品房所在建筑区划内的道路（属于城镇公共道路的除外）、绿地（属于城镇公共绿地或者明示属于个人的除外）、占用全体产权人共有的道路或者其他场地用于停放汽车的车位、物业服务用房归全体产权人共有；

4、建筑物的基础、承重结构、外墙、屋顶等基本结构部分，通道、楼梯、大堂等公共通行部分，消防、公共照明等附属设施、设备，避难层、设备层或者设备间等结构部分归全体产权人共有；

5、_____；

6、_____；

7、_____；

8、_____。

第二十五条　销售和使用承诺

1、出卖人承诺商品住宅不分割拆零销售；不采取返本销售或者变相返本销售的方式销售商品房；不采取售后包租或者变相售后包租的方式销售未竣工商品房。

2、出卖人承诺按照规划用途进行建设和出售，不擅自改变该商品房使用性质，并按照规划用途办理房屋登记。

3、出卖人承诺已将遮挡或妨碍房屋正常使用的情况告知买受人。具体内容见附件十一。（如：该商品房公共管道检修口、柱子、变电箱等有遮挡或妨碍房屋正常使用的情况）

4、买受人使用该商品房期间，不得擅自改变该商品房的用途、建筑主体结构和承重结构。除本合同、补充协议及其附件另有约定外，买受人在使用该商品房期间有权与其他权利人共同使用与该商品房有关的共用部位和设施，并按照共用部位与共用房屋分摊面积承担义务。

出卖人不得擅自改变与该商品房有关的共用部位和设施的使用性质。

5、_____。

6、_____。

第二十六条　销售广告及宣传资料

商品房销售广告及宣传材料的内容对商品房规划范围内房屋及相关设施所作说明和允诺具体明确、对商品房买卖合同的订立及房屋价格的确定有重大影响的视为合同内容，出卖人违反的，应当承担违约责任。

第二十七条　不可抗力

双方因不可抗力不能按照约定履行本合同的，根据不可抗力的影响，部分或全部免除责任，但因不可抗力不能按照约定履行合同的一方当事人应当及时告知另一方当事人，并自不可抗力事件结束之日起 _____ 日内向另一方当事人提供证明。

第二十八条　争议解决方式

本合同在履行过程中发生的争议，由双方当事人协商解决、调解解决；协商、调解不成的，按照下列第_____ 种方式解决：

1、提交_____仲裁委员会仲裁。

2、依法向房屋所在地人民法院起诉。

第二十九条　本合同自双方签字（盖章）之日起生效。双方可以根据具体情况对本合同中未约定、约定不明或不适用的内容签订书面补充协议进行变更或补充（补充协议见附件十二），但补充协议中含有不合理地减轻或免除本合同中约定应当由出卖人承担的责任或不合理地加重买受人责任、排除买受人主要权利内容的，仍以本合同为准。对本合同的解除，应当采用书面形式。本合同附件及补充协议与本合同具有同等法律效力。

第三十条　本合同及附件共 ＿＿＿＿＿＿ 页，一式 ＿＿＿＿＿＿ 份，具有同等法律效力，其中出卖人 ＿＿＿＿＿＿ 份，买受人 ＿＿＿＿＿＿ 份。

出卖人（签章）：　　　　　　　买受人（签章）：

【法定代表人】：　　　　　　　【法定代表人】：

【委托代理人】：　　　　　　　【委托代理人】：

签订时间：＿＿年＿＿月＿＿日　　　签订时间：＿＿年＿＿月＿＿日

签订地点：　　　　　　　　　　签订地点：

附件一　房屋平面图及位置图（应标明方位）

1、房屋平面图（应当标明详细尺寸，并约定误差范围）。

2、该房屋在整个楼栋中的位置图。

3、建设工程设计方案总平面图。

附件二　该商品房共用部位及设施具体情况

1、共用部位与共用房屋分摊建筑面积构成说明 。

（1）被分摊的共用部位的名称、用途、所在位置、面积；

（2）参与分摊公用建筑面积的商品房名称、用途、所在位置、面积、分摊系数等；

（3）不分摊的共用部位；

2、关于其他设备、设施所在位置、用途等。

附件三　该商品房取得抵押权人同意销售的证明及抵押的相关约定

1、该商品房取得抵押权人同意销售的证明。

2、解除抵押的条件和时间。

3、关于抵押的其他约定。

附件四　承租人放弃优先购买权的声明

附件五　关于本项目内相关配套设施、设备的具体约定

1、相关设施的位置及用途。

2、其他约定。

附件六　装饰、设备标准的约定

（双方还应当具体约定主要材料和设备的品牌、产地、规格、数量等内容）

交付的商品房的装修部分达不到本附件约定的装修标准的，买房人有权要求出卖人就未达标准部分进行重新装修。对出卖人未经双方约定增加的装置、装修、装饰，视为无条件赠送给买受人。但买受人明确表示不接受这部分装置、装修、装饰的，出卖人有义务对其加以拆除，并赔偿买受人因此而遭受的直接损失。

1、外墙：【瓷砖】【涂料】【玻璃幕墙】【　　　】＿＿＿＿＿＿＿＿＿。

2、起居室。

（1）内墙：【涂料】【壁纸】【　　　】＿＿＿＿＿＿＿＿＿＿＿＿＿；

（2）顶棚：【石膏板吊顶】【涂料】【　　　】＿＿＿＿＿＿＿＿＿＿；

（3）室内地面：【大理石】【花岗岩】【水泥抹面】【实木地板】【　　　】＿。

3、厨房。

（1）地面：【水泥抹面】【瓷砖】【　　　】＿＿＿＿＿＿＿＿＿＿＿；

（2）墙面：【耐水腻子】【瓷砖】【　　　】＿＿＿＿＿＿＿＿＿＿＿；

（3）顶棚：【水泥抹面】【石膏吊顶】【　　　】＿＿＿＿＿＿＿＿＿；

（4）厨具：＿＿＿＿＿＿＿＿＿＿＿＿＿＿＿＿＿＿＿＿＿＿＿＿＿＿。

4、卫生间。

（1）地面：【水泥抹面】【瓷砖】【　　　】＿＿＿＿＿＿＿＿＿＿＿；

（2）墙面：【耐水腻子】【涂料】【瓷砖】【　　　】＿＿＿＿＿＿＿＿；

（3）顶棚：【水泥抹面】【石膏吊顶】【　　　】＿＿＿＿＿＿＿＿＿；

（4）卫生器具。

5、阳台：【塑钢封闭】【铝合金封闭】【断桥铝合金封闭】【不封闭】【　　　】＿＿＿＿＿＿。

6、电梯。

（1）电梯品牌名称：＿＿＿＿＿＿＿＿＿＿＿＿＿＿＿＿＿＿＿＿＿；

（2）电梯速度：＿＿＿＿＿＿＿＿米／秒；

（3）电梯载重量：＿＿＿＿＿＿＿＿千克；

（4）＿＿＿＿＿＿＿＿＿＿＿＿＿＿＿＿＿＿＿＿＿＿＿＿＿＿＿＿。

7、其他。

＿＿＿＿＿＿＿＿＿＿＿＿＿＿＿＿＿＿＿＿＿＿＿＿＿＿＿＿＿＿；

附件七　保修范围、保修期限和保修责任的约定

（该商品房为住宅的，出卖人应提供《住宅质量保证书》；该商品房为非住宅的，双方可参照《住宅质量保证书》中的内容对保修范围、保修期限和保修责任等进行约定）

该商品房的保修期自房屋交付买受人使用之日起计算，保修期限不应低于国家规定的期限。出卖人可以延长保修期。

在保修期限内，出卖人应设立相应机构和人员处理保修问题：

办公时间：＿＿＿＿＿＿＿＿＿＿＿＿＿＿＿＿＿＿＿＿＿＿＿；

办公地点：＿＿＿＿＿＿＿＿＿＿＿＿＿＿＿＿＿＿＿＿＿＿＿；

联系电话：＿＿＿＿＿＿＿＿＿＿＿＿＿＿＿＿＿＿＿＿＿＿＿。

（一）保修项目、期限及责任的约定

1、地基基础和主体结构。

保修期限为【国家标准：合理使用寿命年限】【　】：＿＿＿＿＿＿＿＿＿；

保修期内，因设计或施工的原因，造成建筑物地基下陷、倾斜及主体结构构件开裂、变形、破损且超出国家设计规范的规定值的，无偿进行保修；

＿＿＿＿＿＿＿＿＿＿＿＿＿＿＿＿＿＿＿＿＿＿＿＿＿＿＿。

2、屋面防水。

保修期限为【国家标准：5 年】【　】：＿＿＿＿＿＿＿＿＿＿；

保修期内，因设计、施工或所用防水材料的质量问题，造成天面渗水、滴漏的，无偿进行保修；

＿＿＿＿＿＿＿＿＿＿＿＿＿＿＿＿＿＿＿＿＿＿＿＿＿＿＿。

3、墙面、厨房和卫生间地面、地下室地面防水。

保修期限为【国家标准：5 年】【　】：＿＿＿＿＿＿＿＿＿＿；

保修期内，因施工或所用材料的质量问题，造成外墙面、厨房、卫生间地面渗漏的，无偿进行保修；

＿＿＿＿＿＿＿＿＿＿＿＿＿＿＿＿＿＿＿＿＿＿＿＿＿＿＿。

4、墙面、顶棚抹灰层。

保修期限为【国家标准：2 年】【　】：＿＿＿＿＿＿＿＿＿＿；

保修期内，因施工质量问题，造成墙面、顶棚抹灰层脱落的，无偿进行保修；

＿＿＿＿＿＿＿＿＿＿＿＿＿＿＿＿＿＿＿＿＿＿＿＿＿＿＿。

5、地面。

保修期限为【国家标准：2 年】【 】：＿＿＿＿＿＿＿＿＿＿＿＿＿＿＿＿；

保修期内，因施工质量问题，造成地面空鼓开裂、大面积起砂的，无偿进行保修；

＿＿＿＿＿＿＿＿＿＿＿＿＿＿＿＿＿＿＿＿＿＿＿＿＿＿＿＿＿。

6、门窗、五金件。

保修期限为【国家标准：1 年】【 】：＿＿＿＿＿＿＿＿＿＿＿＿＿＿＿＿；

保修期内，因施工质量问题，造成门窗翘裂、五金件损坏的，无偿进行保修；

＿＿＿＿＿＿＿＿＿＿＿＿＿＿＿＿＿＿＿＿＿＿＿＿＿＿＿＿＿。

7、管道。

保修期限为【国家标准：2 年】【 】：＿＿＿＿＿＿＿＿＿＿＿＿＿＿＿＿；

保修期内，因施工质量问题或产品质量问题，造成管道堵塞的，无偿进行保修；

＿＿＿＿＿＿＿＿＿＿＿＿＿＿＿＿＿＿＿＿＿＿＿＿＿＿＿＿＿。

8、卫生洁具。

保修期限为【国家标准：1 年】【 】：＿＿＿＿＿＿＿＿＿＿＿＿＿＿＿＿；

保修期内，因施工质量问题或产品质量问题，造成卫生洁具开裂、漏水的，无偿进行保修；

＿＿＿＿＿＿＿＿＿＿＿＿＿＿＿＿＿＿＿＿＿＿＿＿＿＿＿＿＿。

9、灯具、电器开关。

保修期限为【国家标准：1 年】【 】：＿＿＿＿＿＿＿＿＿＿＿＿＿＿＿＿；

保修期内，如因施工质量问题，造成灯具、电器开关失灵的，无偿进行保修（不包括灯泡）；

＿＿＿＿＿＿＿＿＿＿＿＿＿＿＿＿＿＿＿＿＿＿＿＿＿＿＿＿＿。

10、防盗及对讲系统。

保修期限为【国家标准：1 年】【 】：＿＿＿＿＿＿＿＿＿＿＿＿＿＿＿＿；

保修期内，因产品或施工质量问题，造成防盗及对讲系统失灵的，无偿进行保修；

＿＿＿＿＿＿＿＿＿＿＿＿＿＿＿＿＿＿＿＿＿＿＿＿＿＿＿＿＿。

11、＿＿＿＿＿＿＿＿＿＿＿＿＿＿＿＿＿＿＿＿＿＿＿＿＿＿＿。

12、＿＿＿＿＿＿＿＿＿＿＿＿＿＿＿＿＿＿＿＿＿＿＿＿＿＿＿。

13、＿＿＿＿＿＿＿＿＿＿＿＿＿＿＿＿＿＿＿＿＿＿＿＿＿＿＿。

14、_____。

15、_____。

（二）其他约定

附件八　该商品房的建筑设计文件所标注的建筑隔声情况和环境影响评价文件所表征的所在地声环境状况（环境影响评价文件未含声环境状况的应在商品房预售时通过实测取得）

1、建筑隔声情况。

（1）室内允许噪声级≤_____dB(A)，符合《民用建筑隔声设计规范》住宅建筑_____级标准；

（2）分户墙及楼板计权隔声量≥_____dB(A)，符合《民用建筑隔声设计规范》住宅建筑_____级标准；

（3）分户层间楼板计权标准化撞击声压级≤_____dB(A)，符合《民用建筑隔声设计规范》住宅建筑_____级标准；

（4）建筑外窗计权隔声量_____≤R_w+C_{tr}<_____dB(A)，符合《建筑门窗空气声隔声性能分级及检测方法》_____级标准；

（5）阳台门计权隔声量_____≤R_w+C_{tr}<_____dB(A)，符合《建筑门窗空气声隔声性能分级及检测方法》——级标准。

2、所在地声环境状况。

（1）项目边界噪声或振动情况（监测数据可依据环评数据填写）：

①东侧，监测值为昼间_____dB(A)～_____dB(A)，夜间_____dB(A)～_____dB(A)，_____（超过/符合）本侧环境质量标准适用区域_____类区（具体功能区类别）限值要求，监测时间为_____年_____月_____日；

②西侧，监测值为昼间_____dB(A)～_____dB(A)，夜间_____dB(A)～_____dB(A)，_____（超过/符合）本侧环境质量标准适用区域_____类区（具体功能区类别）限值要求，监测时间为_____年_____月_____日；

③南侧，监测值为昼间_____dB(A)～_____dB(A)，夜间_____dB(A)～_____dB(A)，_____（超过/符合）本侧环境质量标准适用区域_____类区（具体功能区类别）限值要求，监测时间为_____年_____月_____日；

④北侧，监测值为昼间_____dB(A)～_____dB(A)，夜间_____dB(A)

～_____dB（A），_____（超过/符合）本侧环境质量标准适用区域_____类区（具体功能区类别）限值要求，监测时间为_____年_____月_____日；

⑤项目所在地周边_____（有/无）对本项目产生噪声影响的机场或飞行航道，为_____（机场名），飞机噪声监测值为_____dB（L~~WECPN~~），_____（超过/符合）机场周围飞机噪声环境标准_____类区域限值要求，监测时间为_____年_____月_____日；

_____；

_____；

_____；

_____。

（2）项目边界或内部交通线路情况：

项目边界（或内部）_____（有/无）可能对本项目产生噪声或振动影响的道路（支路及以上级别）、轨道线路、铁路（含专线），其名称和位置分别是_____。

（3）商品房交付时项目边界（或内部）在建交通线路情况：

项目所在地周边（或内部）_____（有/无）在建可能对本项目商品房交付时产生噪声或振动影响的道路（支路及以上级别）、轨道线路、铁路（含专线）、机场或飞行航道，其名称和位置分别是_____。

附件九　民用建筑节能信息

一、围护结构保温（隔热）、遮阳设施

（一）墙体

1、保温形式：【　】【A 外保温】【B 内保温】【C 夹芯保温】【D 其他】

2、保温材料名称：【　　】【A 挤塑聚苯乙烯发泡板】【B 模塑聚苯乙烯发泡板】【C 聚氨酯发泡】【D 岩棉】【E 玻璃棉毡】【F 保温浆料】【G 其他】

3、保温材料性能：密度【　　kg/m^3】、燃烧性能【　　h】、导热系数【　　$W/M \cdot K$】、保温材料层厚度【　　mm】

4、墙体传热系数：【　$w/m^2 \cdot k$】

（二）屋面

1、保温（隔热）形式：【　、　】【A 坡屋顶】【B 平屋顶】【C 坡屋顶、平屋顶混合】【D 有架空屋面板】【E 保温层与防水层倒置】【F 其他】

2、保温材料名称：【 】【A 挤塑聚苯乙烯发泡板】【B 聚氨酯发泡】【C 加气砼砌块】 【D 憎水珍珠岩】【F 其他】

3、保温材料性能：密度【 kg/m³】、导热系数【 W/M·K】、吸水率【 ％】、保温材料层厚度【 mm】

4、屋顶传热系数：【 w/m²·k】

（三）地面（楼面）

1、保温形式：【 】【 】【 A 采暖区不采暖地下室顶板保温】【B 采暖区过街楼面保温】【C 底层地面保温】【D 其他】

2、保温材料名称：【 】【A 挤塑聚苯乙烯发泡板】【B 模塑聚苯乙烯发泡板】【C 聚氨酯发泡】【G 其他】

3、保温材料性能：密度【 kg/m³】、导热系数【 W/M·K】、保温材料层厚度【 mm】

4、地面（楼面）传热系数：【 w/m²·k】。

（四）外门窗（幕墙）

1、门窗类型【 、 】【 、 】【 、 】【 、 】【A 断热桥铝合金中空玻璃窗】【B 断热桥铝合金 loe 中空玻璃窗】【C 塑钢中空玻璃窗】【D 塑钢 loe 中空玻璃窗】【E 塑钢单层玻璃窗】【F 其他】

2、外遮阳形式：【 、 】【A 水平百叶遮阳】【B 水平挡板遮阳】【C 垂直百叶遮阳】【E 垂直挡板遮阳】【F 垂直卷帘遮阳】

3、内遮阳材料【 】【A 金属百叶】【B 无纺布】【C 绒布】【D 纱】【F 竹帘】【G 其他】

4、门窗性能：传热系数【 w/m²·k】、遮阳系数【 ％】、可见光透射比【 】、气密性能【 】

二、供热采暖系统及其节能设施

（1）供热方式：【 】【A 城市热力集中供热】【B 区域锅炉房集中供热】【C 分户独立热源供热】【D 热电厂余热供热】

（2）室内采暖方式：【 】【A 散热器供暖】【B 地面辐射供暖】【C 其他】

（3）室内采暖系统形式：【A 垂直双管系统】【B 水平双管系统】【C 带跨越管的垂直单管系统】【D 带跨越管的水平单管系统】【E 地面辐射供暖系统】【F 其他系统】

（4）系统调节装置：【 】【A 静态水力平衡阀】【B 自力式流量控制阀】【C 自力式压差控制阀】【散热器恒温阀】【E 其他】

（5）热量分摊（计量）方法：【　　　　】【A 户用热计量表法】【B 热分配计法】【C 温度法】【D 楼栋热量表法】【E 其他】

三、空调、通风、照明系统及其节能设施（公共建筑）

（1）空调风系统形式：【　　　　】【A 定风量全空气系统】【B 变风量全空气系统　】【C 风机盘管加新风系统　】【D 其他】

（2）有无新风热回收装置：【　　】【A 有　】【B 无　】

（3）空调水系统制式：【　　　】【A 一次泵系统　】【B 二次泵系统　】【C 一次泵变流量系统　】【D 其他】

（4）空调冷热源类型及供冷方式：【　　　】【　　　】【A 压缩式冷水（热泵）机组】　【B 吸收式冷水机组】【C 分体式房间空调器】【D 多联机】【E 其他】【F 区域集中供冷】【G 独立冷热源集中供冷】

（5）系统调节装置：【　　　　】【A 电动两通阀】【B 电动两通调节阀】【C 动态电动两通阀】【D 动态电动两通调节阀】【E 压差控制装置】【F 对开式电动风量调节阀】【G 其他】

（6）送、排风系统形式：【　　　】【A 自然通风系统　】【B 机械送排风系统　】【C 机械排风、自然进风系统】【D 设有排风余热回收装置的机械送排风系统】【E 其他】

（7）照明系统性能：照度值【　　　　　】、功率密度值【　　　　　】

（8）节能灯具类型：【A 普通荧光灯】【B T8 级】【C T5 级】【D LED】【E 其他】

（9）照明系统有无分组控制控制方式：【A 有】【B 无】

（10）生活热水系统的形式和热源：【A 集中式】【B 分散式】【C 电】【D 蒸汽】【E 燃气】【F 太阳能】【G 其他】

四、可再生能源利用

（一）太阳能利用：【　　　】【A 太阳能生活热水供应】【B 太阳能采暖】【C 太阳能空调制冷】【D 太阳能光伏发电】【E 其他】

（二）地源热泵：【　　　】【A 土壤源热泵】【　B 浅层地下水源热泵】【C 地表水源热泵】【D 污水水源热泵】

（三）风能利用：【　　　】【A 风能发电】【B 其他】

（四）余热利用：【　　　】【A 利用余热制备生活热水采暖】【　B 利用余热制备采暖热水】【C 利用余热制备空调热水】【D 利用余热加热（冷却）新风】

五、建筑能耗与能源利用效率

（一）当地节能建筑单位建筑面积年度能源消耗量指标：采暖【　　】w/m²，制冷【　　】w/m²，

（二）本建筑单位建筑面积年度能源消耗量指标：采暖【　　】w/m²、制冷【　　】w/m²

（三）本建筑建筑物用能系统效率：热（冷）源效率【　　　%】、管网输送效率【　　%】

（四）本建筑与建筑节能标准比较：【　　　　】【A优于标准规定】【B满足标准规定】【C不符合标准规定】

附件十　物业服务

一、前期物业委托服务合同

二、临时业主管理规约

三、其他约定

附件十一　买受人关于遮挡或妨碍房屋正常使用的情况的承诺

（如：该商品房公共管道检修口、柱子、变电箱等有遮挡或妨碍房屋正常使用的情况。）

附录二：前期物业委托服务合同

前期物业委托服务合同

甲方：（房地产开发公司）

法定代表人：

住所地：

邮编：

乙方：（物业服务公司）

法定代表人：

住所地：

邮编：

资质等级：

证书编号：

根据《物业管理条例》和相关法律、法规、政策，甲乙双方在自愿、平等、协商一致的基础上，就甲方选聘乙方对＿＿＿＿＿＿（某小区）＿＿＿＿提供前期物业管理服务事宜，订立本合同。

第一章　物业基本情况

第一条　物业基本情况：

物业名称：

物业类型：

座落位置：

建筑面积：

物业管理区域四至：

东至——；

南至——；

西至——；

北至——。

（规划平面图见附件一，物业构成明细见附件二）

第二章　服务内容与质量

第二条　在物业管理区域内，乙方提供的前期物业管理服务包括以下内容：

1、物业共用部位的维修、养护和管理（物业共用部位明细见附件三）；

2、物业共用设施设备的运行、维修、养护和管理（物业共用设施设备明细见附件四）；

3、物业共用部位和相关场地的清洁卫生，垃圾的收集、清运及雨、污水管道的疏通；

4、公共绿化的养护和管理；

5、车辆停放管理；

6、公共秩序维护、安全防范等事项的协助管理；

7、装饰装修管理服务；

8、物业档案资料管理。

第三条　在物业管理区域内，乙方提供的其他服务包括以下事项：（另签订协议）

第四条　乙方提供的前期物业管理服务应达到约定的质量标准（前期物业管理服务质量标准见附件五）。

第五条　单个业主可委托乙方对其物业的专有部分提供维修养护等服务，服务内容和费用由双方另行商定。

第六条　本物业管理区域物业服务收费选择以下第——种方式：

1、包干制。

2、物业服务费用由业主按其拥有物业的建筑面积交纳，具体标准如下：

多层住宅：＿＿＿＿＿／＿＿＿＿＿元/月·平方米；

高层住宅：＿＿＿＿＿／＿＿＿＿＿元/月·平方米；

别墅：＿＿＿＿＿／＿＿＿＿＿元/月·平方米；

办公楼：_____元/月·平方米；

商业物业：_____元/月·平方米；

住宅物业：_____元/月·平方米。

物业服务费用主要用于以下开支：

（1）管理服务人员的工资、社会保险和按规定提取的福利费等；

（2）物业共用部位、共用设施设备的日常运行、维护费用；

（3）物业管理区域清洁卫生费用；

（4）物业管理区域绿化养护费用；

（5）物业管理区域秩序维护费用；

（6）办公费用；

（7）物业管理企业固定资产折旧；

（8）物业共用部位、共用设施设备及公众责任保险费用；

（9）法定税费；

（10）物业管理企业的利润。

乙方按照上述标准收取物业服务费用，并按本合同约定的服务内容和质量标准提供服务，盈余或亏损由乙方享有或承担。

3、酬金制。

物业服务资金由业主按其拥有物业的建筑面积预先交纳，具体标准如下：

多层住宅：_____元/月·平方米；

高层住宅：_____元/月·平方米；

别墅：_____元/月·平方米；

办公楼：_____元/月·平方米；

商业物业：_____元/月·平方米；

物业：_____元/月·平方米。

预收的物业服务资金由物业服务支出和乙方的酬金构成。

物业服务支出为所交纳的业主所有，由乙方代管，主要用于以下开支：

（1）管理服务人员的工资、社会保险和按规定提取的福利费等；

（2）物业共用部位、共用设施设备的日常运行、维护费用；

（3）物业管理区域清洁卫生费用；

（4）物业管理区域绿化养护费用；

（5）物业管理区域秩序维护费用；

（6）办公费用；

（7）物业管理企业固定资产折旧；

（8）物业共用部位、共用设施设备及公众责任保险费用；

（9）＿＿＿＿＿＿＿＿＿＿＿＿＿＿＿＿＿＿＿＿。

乙方采取以下第　种方式提取酬金：

（1）乙方按＿＿＿＿＿＿（每月/每季/每年）＿＿＿＿＿＿元的标准从预收的物业服务资金中提取。

（2）乙方＿＿＿＿＿＿（每月/每季/每年）按应收的物业服务资金＿＿＿＿＿＿％的比例提取。

物业服务支出应全部用于本合同约定的支出。物业服务支出年度结算后结余部分，转入下一年度继续使用；物业服务支出年度结算后不足部分，由全体业主承担。

第七条　业主应于＿＿＿＿＿＿之日起交纳物业服务费用。

纳入物业管理范围的已竣工但尚未出售，或者因甲方原因未能按时交给物业买受人的物业，其物业服务费用由甲方按标准的一半交纳。

业主与物业使用人约定由物业使用人交纳物业服务费用的，从其约定，业主负连带交纳责任。业主与物业使用人之间的交费约定，业主应及时书面告知乙方。

物业服务费用按＿＿＿＿＿＿交纳，业主或物业使用人应在＿＿＿＿＿＿＿＿＿＿＿＿履行交纳义务。

第八条　物业服务费用实行酬金制方式计费的，乙方应向全体业主公布物业管理年度计划和物业服务资金年度预决算，并每年＿＿＿＿＿＿次向全体业主公布物业服务资金的收支情况。

对物业服务资金收支情况有争议的，甲乙双方同意采取以下方式解决：

1、＿＿＿＿＿＿＿＿＿＿＿＿＿＿＿＿＿＿＿＿＿＿；

2、＿＿＿＿＿＿＿＿＿＿＿＿＿＿＿＿＿＿＿＿＿＿。

第三章　物业的经营与管理

第九条　停车场收费分别采取以下方式：

1、停车场属于全体业主共有的，车位使用人应按露天车位＿＿＿＿＿＿元/个·月交纳停车费。乙方从停车费中按露天车位＿＿＿＿＿＿元/个·月的标准提取停车管理服务费。

2、停车场属于甲方所有、委托乙方管理的，乙方按露天车位＿＿＿＿＿＿/个·月、车库车位＿＿＿＿＿＿/个·月的标准提取停车管理服务费。

3、停车场车位所有权或使用权由业主购置的，车位使用人应按露天车位

_____/个·月、车库车位_____元/个·月的标准向乙方交纳停车管理服务费。

第十条　乙方应与停车场车位使用人签订书面的停车管理服务协议，明确双方在车位使用及停车管理服务等方面的权利义务。

第十一条　本物业管理区域内的会所属甲方所有。

会所委托乙方经营管理的，乙方按下列标准向使用会所的业主或物业使用人收取费用：

1、租金收入的_____%计提费用；

2、_____。

第十二条　本物业管理区域内属于全体业主所有的停车场、会所及其他物业共用部位、公用设备设施统一委托乙方经营，经营收入按下列约定分配：

1、乙方按经营收入的_____%计提；

2、_____ 。

第四章　　物业的承接验收

第十三条　乙方承接物业时，甲方应配合乙方对以下物业共用部位、共用设施设备进行查验，双方并签署验收交接文件。

第十四条　甲乙双方确认查验过的物业共用部位、共用设施设备存在问题的，双方在验收交接文件是注明。

第十五条　对于本合同签订后承接的物业共用部位、共用设施设备，甲乙双方应按照前条规定进行查验并签订确认书，作为界定各自在开发建设和物业管理方面承担责任的依据。

第十六条　乙方承接物业时，甲方应向乙方移交下列资料：

1、竣工总平面图，单体建筑、结构、设备竣工图，配套设施、地下管网工程竣工图等竣工验收资料；

2、设施设备的安装、使用和维护保养等技术资料；

3、物业质量保修文件和物业使用说明文件；

第十七条　甲方保证交付使用的物业符合国家规定的验收标准，按照国家规定的保修期限和保修范围承担物业的保修责任。

第五章　物业的使用与维护

第十八条　业主大会成立前，乙方应配合甲方制定本物业管理区域内物业共用部位和共用设施设备的使用、公共秩序和环境卫生的维护等方面的规章制度。

乙方根据规章制度提供管理服务时，甲方、业主和物业使用人应给予必要配合。

第十九条　乙方可采取＿＿＿＿＿＿＿＿＿等必要措施，制止业主、物业使用人违反本临时公约和物业管理区域内物业管理规章制度的行为。

第二十条　乙方应及时向全体业主通告本物业管理区域内有关物业管理的重大事项，及时处理业主和物业使用人的投诉，接受甲方、业主和物业使用人的监督。

第二十一条　因维修物业或者公共利益，甲方确需临时占用、挖掘本物业管理区域内道路、场地的，应征得相关业主和乙方的同意；乙方确需临时占用、挖掘本物业管理区域内道路、场地的，应征得相关业主和甲方的同意。

临时占用、挖掘本物业管理区域内道路、场地的，应在约定期限内恢复原状。

第二十二条　乙方与装饰装修房屋的业主或物业使用人应签订书面的装饰装修管理服务协议，就允许施工的时间、废弃物的清运与处置、装修管理服务费用等事项进行约定，并事先告知业主或物业使用人装饰装修中的禁止行为和注意事项。

第二十三条　甲方应于工程竣工验收合格交付使用＿＿＿＿＿日内按有关规定向乙方提供能够直接投入使用的物业管理用房。（小区已统一配置）

第二十四条　物业管理用房属全体业主所有，乙方在本合同期限内无偿使用，但不得改变其用途。

第六章　　专项维修资金

第二十五条　专项维修资金的缴存　按有关规定执行。

第二十六条　专项维修资金的管理　按有关规定执行。

第二十七条　专项维修资金的使用　按有关规定执行。

第二十八条　专项维修资金的续筹　按有关规定执行。

第七章　违约责任

第二十九条　甲方违反本合同第十三条、第十四条、第十五条的约定，致使乙方的管理服务无法达到本合同第二条、第三条、第四条约定的服务内容和质量标准的，由甲方赔偿由此给业主和物业使用人造成的损失。

第三十条　除前条规定情况外，乙方的管理服务达不到本合同第二条、第三条、第四条约定的服务内容和质量标准，应按_____的标准向甲方、业主支付违约金。

第三十一条　甲方、业主或物业使用人违反本合同第六条、第七条的约定，未能按时足额交纳物业服务费用的，应按应交总额的_____％的标准向乙方支付违约金。

第三十二条　乙方违反本合同第六条、第七条的约定，擅自提高物业服务费用标准的，业主和物业使用人就超额部分有权拒绝交纳；乙方已经收取的，业主和物业使用人有权要求乙方双倍返还。

第三十三条　甲方违反本合同第十七条的约定，拒绝或拖延履行保修义务的，业主、物业使用人可以自行或委托乙方修复，修复费用及造成的其他损失由甲方承担。

第三十四条　以下情况乙方不承担责任：

1、因不可抗力导致物业管理服务中断的；

2、乙方已履行本合同约定义务，但因物业本身固有瑕疵造成损失的；

3、因维修养护物业共用部位、共用设施设备需要且事先已告知业主和物业使用人，暂时停水、停电、停止共用设施设备使用等造成损失的；

4、因非乙方责任出现供水、供电、供气、通讯、有线电视及其他共用设施设备运行障碍造成损失的。

第八章　其他事项

第三十五条　本合同期限自_____年_____月_____日起至_____年_____月_____日止；但在本合同期限内，业主委员会代表全体业主与物业管理企业签订的物业服务合同生效时，本合同自动终止。

第三十六条　本合同期满前_____月，业主大会尚未成立的，甲、乙双方应就延长本合同期限达成协议；双方未能达成协议的，甲方应在本合同期满前选聘新的物业管理企业。

第三十七条 本合同终止时，乙方应将物业管理用房、物业管理相关资料等属于全体业主所有的财物及时完整地移交给业主委员会；业主委员会尚未成立的，移交给甲方或房产管理部门代管。

第三十八条 甲方与物业买受人签订的物业买卖合同，应当包含本合同约定的内容；物业买受人签订物业买卖合同，即为对接受本合同内容的承诺。

第三十九条 业主可与物业使用人就本合同的权利义务进行约定，但物业使用人违反本合同约定的，业主应承担连带责任。

第四十条 本合同的附件为本合同不可分割的组成部分，与本合同具有同等法律效力。

第四十一条 本合同未尽事宜，双方可另行以书面形式签订补充协议，补充协议与本合同存在冲突的，以本合同为准。

第四十二条 本合同在履行中发生争议，由双方协商解决，协商不成，双方可选择以下两种方式处理：

1、向仲裁委员会申请仲裁；

2、向人民法院提起诉讼。

第四十三条 本合同一式两份，甲、乙双方各执一份。

甲方（签章）   乙方（签章）

法定代表人   法定代表人

                    年　月　日

附件一　物业构成明细

1、类　　型：

2、幢　　数：

3、套（单元）数：

4、建筑面积：

5、高层住宅：

6、多层住宅：

7、别　　墅：

8、商业用房：

9、工业用房：

10、办公楼：

11、车　库：

12、会　所：

13、学　校：

14、幼儿园：

15、用房：

16、合　计：

17、备　注：

附件二　物业共用部位明细

1、房屋承重结构；

2、房屋主体结构；

3、公共门厅；

4、公共走廊；

5、公共楼梯间；

6、内天井；

7、户外墙面；

8、屋面；

9、传达室；

10、_____；

11、_____。

附件三　物业共用设施设备明细

1、绿地_____平方米；

2、道路_____平方米；

3、化粪池_____个；

4、污水井_____个；

5、雨水井_____个；

6、垃圾中转站_____个；

7、水泵_____个；

8、水箱_____个；

9、电梯_____部；

10、信报箱_____个；

11、消防设施_____；

12、公共照明设施_____；

13、监控设施_____；

14、避雷设施_____；

15、共用天线_____根；

16、机动车库_____个_____平方米；

17、露天停车场_____个_____平方米；

18、非机动车库_____个_____平方米；

19、共用设施设备用房_____平方米；

20、物业管理用房_____平方米。

附件四　前期物业管理服务质量标准

一、物业共用部位的维修、养护和管理

1、维修及时，对共用部位使用情况一天检查一次，并有检查记录，发现问题及时处理；

2、每天巡查小区单元门，楼梯通道及其他共用部位的门窗并有巡查记录。按标准养护到位；

3、管理规范，小区内主要路口设有路标或小区平面图。

二、物业共用设施设备的运行、维修、养护和管理

1、运行正常，做到安全运行，维护制度健全，设备台帐完整，运行记录齐全；

2、按规范检修维护，每天一次巡查，及时发现安全隐患，并进行排除；

3、公共区域用灯的完好率确保在95％以上。

三、物业共用部位和相关场地的清洁卫生，垃圾的收集、清运及雨、污水管道的疏通

1、保持清洁卫生，不留纸屑废弃物等，垃圾及时清运。楼梯及扶手一天一次清扫，三天一次拖擦；

2、楼道玻璃、路灯、搂道灯一个季度一次擦拭；

3、垃圾一天两次清运，垃圾桶三天一次清洗；外置桌椅保持清洁干净；

4、小区排污管一年两次疏通；

5、共用污水井、化粪池每月检查一次，发现异常及时处理；

6、建立消杀制度，投药时提前通知业主或物业使用人。

四、公共绿化的养护和管理

1、由专业人员实施绿化养护管理，包括浇水、修枝、施肥、打药等；

2、园林植物生长良好，无杂草物，如有缺损，及时补齐；

3、清理枯枝败叶，及时清运枯草、枯叶和枯死花木。

4、管理到位，落实到人，有记录有检查；

5、园林建筑和喷洒系统完好率在95％以上。

五、车辆停放管理

1、智能停车管理，车辆进出实行读卡管理，并有专人值守，对进出车辆进行登记；

2、临时停车位有专人指挥引导，并做好进出登记。临时停车管理及收费；

3、道路疏通，车辆停放检查指挥。

六、公共秩序维护、安全防范等事项的协助管理

1、小区内保安实行24小时值班制度，并配有监控系统对小区关键部位24小时实时监控并录像备查；

2、巡逻保安每小时对小区巡视一次；

3、对需进入小区进行装修、安装等劳务人员实行临时出入证管理，并将相关资料存档备查。

4、对可疑人员进行盘查；

5、突发事件的报警，协助公安机关治安管理。

七、装饰装修管理服务

1、按规定收取装修保证金并按装修管理规定进行管理，对不按规定违搭乱建私拆乱装影响小区及业主安全的进行制止；

2、在业主委员会同意授权的情况下，对不听劝阻的私搭乱建进行强制拆除；

3、装饰装修检查；

4、外墙及小区内可供装饰及宣传的部位进行规划装饰（包括广告）管理。

八、物业档案资料管理

1、工程资料档案；

2、设备设施档案；

3、维修维护检查记录档案；

4、业主大会或业主委员会会议记录档案；

5、业主及物业使用人资料档案；

6、收费情况档案；

7、档案资料收集齐全，整理编目归档，分类管理。档案资料妥善保管，专人负责，借出必须登记。

九、其他服务

另行约定。

附录三：临时业主管理规约

临时业主管理规约

第一章　总　则

第一条　根据《物业管理条例》和相关法律、法规、政策，建设单位在销售物业之前，制定本临时规约，对有关物业的使用、维护、管理，业主的共同利益，业主应当履行的义务，违反规约应当承担的责任等事项依法作出约定。

第二条　建设单位应当在物业销售前将本临时规约向物业买受人明示，并予以说明。

物业买受人与建设单位签订物业买卖合同时对本临时规约予以的书面承诺，表示对本临时规约内容的认可。

第三条　本临时规约对建设单位、业主和物业使用人均有约束力。

第四条　建设单位与物业管理企业签订的前期物业委托服务合同中涉及业主共同利益的约定，应与本临时规约一致。

第二章　物业基本情况

第五条　本物业管理区域内物业的基本情况

1、物业名称：＿＿＿＿＿＿＿＿＿＿＿＿＿＿＿＿＿＿＿＿＿；

2、座落位置：＿＿＿＿＿＿＿＿＿＿＿＿＿＿＿＿＿＿＿；

3、物业类型：＿＿＿＿＿＿＿＿＿＿＿＿＿＿＿＿＿＿；

4、建筑面积：＿＿＿＿＿＿＿＿＿＿＿＿＿＿＿＿＿＿。

5、物业管理区域四至：

东至：＿＿＿＿＿＿＿＿＿＿＿＿＿＿＿＿＿＿＿；

南至：_____；

西至：_____；

北至：_____。

第六条 根据有关法律法规和物业买卖合同，业主享有以下物业共用部位、共用设施设备的所有权：

1、由单幢建筑物的全体业主共有的共用部位，包括该幢建筑物的承重结构、主体结构、公共门厅、公共走廊、公共楼梯间、户外墙面、屋面；

2、由单幢建筑物的全体业主共有的共用设施设备，包括该幢建筑物内的给排水管道、落水管、水箱、水泵、电梯、照明设施、消防设施、避雷设施等；

3、由物业管理区域内全体业主共有的共用部位和共用设施设备，包括围墙、池井、照明设施、共用设施设备使用的房屋、物业管理用房等。

第七条 在本物业管理区域内，根据物业买卖合同，以下部位和设施设备为建设单位所有：

1、_____；

2、_____；

3、_____。

建设单位行使以上部位和设施设备的所有权，不得影响物业买受人正常使用物业。

第三章 物业的使用

第八条 业主对物业的专有部分享有占有、使用、收益和处分的权利，但不得妨碍其他业主正常使用物业。

第九条 业主应遵守法律、法规的规定，按照有利于物业使用、安全、整洁以及公平合理、不损害公共利益和他人利益的原则，在供电、供水、供气、排水、通行、通风、采光、装饰装修、环境卫生、环境保护等方面妥善处理与相邻业主的关系。

第十条 业主应按设计用途使用物业。因特殊情况需要改变物业设计用途的，业主应在征得相邻业主书面同意后，报有关行政主管部门批准，并告知物业管理企业。

第十一条 业主需要装饰装修房屋的，应事先告知物业管理企业，并与其签订装饰装修管理服务协议。

业主应按装饰装修管理服务协议的约定从事装饰装修行为，遵守装饰装修的注意事项，不得从事装饰装修的禁止行为。

第十二条 业主应在指定地点放置装饰装修材料及装修垃圾，不得擅自占用物业共用部位和公共场所。

本物业管理区域的装饰装修施工时间为 上午＿＿＿＿＿＿＿＿；下午＿＿＿＿＿＿＿＿＿＿，其他时间不得施工。

第十三条 因装饰装修房屋影响物业共用部位、共用设施设备的正常使用以及侵害相邻业主合法权益的，业主应及时恢复原状并承担相应的赔偿责任。

第十四条 业主应按有关规定合理使用水、电、气等共用设施设备，不得擅自拆改。

第十五条 业主应按设计预留的位置安装空调，未预留设计位置的，应按物业管理企业指定的位置安装，并按要求做好噪音及冷凝水的处理。

第十六条 业主及物业使用人使用电梯，应遵守本物业管理区域的电梯使用管理规定。

第十七条 在物业管理区域内行驶和停放车辆，应遵守本物业管理区域的车辆行驶和停车规则。

第十八条 本物业管理区域内禁止下列行为：

1、损坏房屋承重结构、主体结构，破坏房屋外貌，擅自改变房屋设计用途；

2、占用或损坏物业共用部位、共用设施设备及相关场地，擅自移动物业共用设施设备；

3、违章搭建、私设摊点；

4、在非指定位置倾倒或抛弃垃圾、杂物；

5、违反有关规定堆放易燃、易爆、剧毒、放射性物品，排放有毒有害物质，发出超标噪声；

6、擅自在物业共用部位和相关场所悬挂、张贴、涂改、刻画；

7、利用物业从事危害公共利益和侵害他人合法权益的活动；

8、法律、法规禁止的其他行为。

第十九条 业主和物业使用人在本物业管理区域内饲养动物不得违反有关规定。

第四章　物业的维修养护

第二十条　业主对物业专有部分的维修养护行为不得妨碍其他业主的合法权益。

第二十一条　因维修养护物业确需进入相关业主的物业专有部分时，业主或物业管理企业应事先告知相关业主，相关业主应给予必要的配合。

相关业主阻挠维修养护的进行造成物业损坏及其他损失的，应负责修复并承担赔偿责任。

第二十二条　发生危及公共利益或其他业主合法权益的紧急情况，必须及时进入物业专有部分进行维修养护但无法通知相关业主的，物业管理企业可向相邻业主说明情况，在第三方（如所在地居委会或派出所）的监督下，进入相关业主的物业专有部分进行维修养护，事后应及时通知相关业主并做好善后工作。

第二十三条　因维修养护物业或者公共利益，业主确需临时占用、挖掘道路、场地的，应当征得建设单位和物业管理企业的同意，并在约定期限内恢复原状。

第二十四条　物业存在安全隐患，危及公共利益或其他业主合法权益时，责任人应当及时采取措施消除隐患。

第二十五条　建设单位应按国家规定的保修期限和保修范围承担物业的保修责任。

建设单位在保修期限和保修范围内拒绝修复或拖延修复的，业主可以自行或委托他人修复，修复费用及修复期间造成的其他损失由建设单位承担。

第二十六条　本物业管理区域内的全体业主按规定缴存、使用和管理物业专项维修资金。

第五章　业主的共同利益

第二十七条　为维护业主的共同利益，全体业主同意在物业管理活动中授予物业管理企业以下权利：

1、根据本临时规约配合建设单位制定物业共用部位和共用设施设备的使用、公共秩序和环境卫生的维护等方面的规章制度；

2、以批评、规劝、公示等必要措施制止业主、物业使用人违反本临时规约和规章制度的行为。

第二十八条 建设单位应在物业管理区域内显著位置设置公告栏，用于张贴物业管理规章制度，以及应告知全体业主和物业使用人的通知、公告。

第二十九条 本物业管理区域内，物业服务收费采取包干制（酬金制）方式。业主应按照前期物业委托服务合同的约定按时足额交纳物业服务费用（物业服务资金）。

物业服务费用（物业服务资金）是物业服务活动正常开展的基础，涉及全体业主的共同利益，业主应积极倡导欠费业主履行交纳物业服务费用的义务。

第三十条 利用物业共用部位、共用设施设备进行经营的，应当在征得相关业主、物业管理企业的同意后，按规定办理有关手续，业主所得收益主要用于补充专项维修资金。

第六章　违约责任

第三十一条 业主违反本临时规约关于物业的使用、维护和管理的约定，妨碍物业正常使用或造成物业损害及其他损失的，其他业主和物业管理企业可依据本临时规约向人民法院提起诉讼。

第三十二条 业主违反本临时规约关于业主共同利益的约定，导致全体业主的共同利益受损的，其他业主和物业管理企业可依据本临时规约向人民法院提起诉讼。

第三十三条 建设单位未能履行本临时规约约定义务的，业主和物业管理企业可向有关行政主管部门投诉，也可根据本临时规约向人民法院提起诉讼。

第七章　附　则

第三十四条 本临时规约所称物业的专有部分，是指由单个业主独立使用并具有排他性的房屋、空间、场地及相关设施设备。

本临时规约所称物业的共用部位、共用设施设备，是指物业管理区域内单个业主专有部分以外的，属于多个或全体业主共同所有或使用的房屋、空间、场地及相关设施设备。

第三十五条 业主转让或出租物业时，应提前书面通知物业管理企业，并要求物业继受人签署本临时规约承诺书或承租人在租赁合同中承诺遵守本临时规约。

第三十六条　本临时规约由建设单位、物业管理企业和每位业主各执一份。

第三十七条　本临时规约自首位物业买受人承诺之日起生效，至业主大会制定的《业主规约》生效之日终止。

附件　临时业主管理规约承诺书

承　诺　书

本人为＿＿＿＿＿＿＿＿＿＿＿＿＿＿＿＿＿＿（物业名称及具体位置，以下称"该物业"）的买受人，为维护本物业管理区域内全体业主的共同利益，本人声明如下：

一、确认已详细阅读＿＿＿＿＿＿＿＿＿（建设单位）制订的＿＿＿＿＿
＿＿＿＿＿＿＿＿（临时规约名称，以下称"本临时规约"）。

二、同意遵守并倡导其他业主及物业使用人遵守本临时规约。

三、本人同意承担违反本临时规约的相应责任，并同意对该物业的使用人违反本临时规约的行为承担连带责任。

四、本人同意转让该物业时取得物业继受人签署的本临时规约承诺书并送交建设单位或物业管理企业，建设单位或物业管理企业收到物业继受人签署的承诺书前，本承诺继续有效。

承诺人（签章）

＿＿＿＿＿＿年＿＿＿＿月＿＿＿＿日

主要参考书目

［1］叶剑平，谢经营. 房地产业与社会协调发展研究（房地产前沿丛书）. 北京：中国人民大学出版社，2005.

［2］王文群. 房地产经济学（"新世纪"经济学文库）. 北京：经济管理出版社，2003.

［3］陈鹏. 中国土地制度下的城市空间演变. 北京：中国建筑工业出版社，2009.

［4］唐在富. 中国土地制度创新土地财税制度重构. 北京：经济科学出版社，2008.

［5］艾建国. 中国城市土地制度经济问题研究. 武汉：华中师范大学出版社，2001.

［6］周京奎. 城市土地经济学. 北京：北京大学出版社，2007.

［7］刘敏，朱来宽. 商品房买卖纠纷高发，开发商多为被告. 源至：http://www.dffy.com，2008－12－6.

［8］雷兰. 商品房买卖纠纷案例评析. 北京：科学出版社，2005.

［9］张东波. 商品房买卖纠纷成投诉热点，法官详解十例房产官司. 源至：http://www.sina.com.cn，2005－9－23.

［10］最高人民法院民事审判第一庭编著. 最高人民法院关于审理商品房买卖合同纠纷案件司法解释的理解与适用（司法解释理解与适用丛书）. 北京：人民法院出版社，2003.

［11］郭玉社. 房地产测绘. 北京：机械工业出版社，2004.

［12］王跃国. 物业管理法规. 北京：机械工业出版社，2009.

［13］刘辉宇. 物业管理法规及实务. 北京：中国轻工业出版社，2003.

［14］"物业管理条例"及相关法规. 西安：长安出版社，2003.

［15］李永贵. 土地增值税讲解. 北京：中国商业出版社，1995.

［16］王克忠. 房地产经济学教程. 上海：复旦大学出版社，2005.

［17］沈建忠. 房地产基本制度与政策. 北京：中国建筑工业出版社，2007.

［18］民事审判指导与参考（总第 25 期）. 最高人民法院民事审判第一庭编.

［19］寇志中. 商品房买卖办证中的现实问题及解决. 湖北三峡律师事务所，2006－8－7.

［20］建设项目环境保护管理条例.（1998 年 11 月 18 日国务院第 10 次常务会议通过，1998 年 11 月 29 日国务院令第 253 号发布施行）

［21］黄河主编. 房地产法（高等政法院校规划教材）. 北京：中国政法大学出版社，2008.

［22］赵旭东主编. 合同法学. 北京：中央广播电视大学出版社，2000.

后 记

从上世纪末房地产开发最初的土地置换到联合开发，再到土地市场化的招拍挂以及国有企业改制的收购开发等不同的开发形式；从项目贷款、土地贷款，到民间融资，再到包括虚假按揭的资金运作；从项目运作、商业谈判，到公共关系；从方案设计到各种行政审批程序；从工程招标到质量管理，再到验收及备案；从广告策划到营销宣传及合同条款设计到合同签订；从房款回收到交房入伙；从物业管理服务到各种纠纷及诉讼，从项目公司的游击战到品牌战略的正规运筹推动；从人员招聘到机构组织，等等。房地产开发鲜明地有别于其他产业的经营管理活动。在房地产业界的十几年中，房地产开发的各个环节都有所亲历，对房地产开发的学习、认知、了解、思考、感悟，以及经验教训亦有所积累。本来没有系统整理成书之计划，奈凯里学院郑茂刚教授的勉励和帮助，加上在教学、研习过程中发现房地产开发方面的书籍大都限于理论上的概述，少有实际操作性的包括经验性的房地产开发方面的教材资料，遂对房地产开发包括从理论、宏观政策、行政法规、操作流程及公司管理等各方面进行系统地再学习和梳理，查阅和借鉴他人的资料成果，又积四个学年在"房地产经济学"讲习中的修补积累，斗胆编写成此书。

本书在编写过程中，得到了贵州省凯里高璐房地产开发实业有限公司董事长范才形先生，贵州东昇集团董事局主席、东昇房地产开发公司董事长唐绍平先生，凯里市格兰房地产开发有限公司董事长兼总经理杨智勇先生，以及国土、房产、建设部门，房地产界、律师界及教育界的朋友的大力支持和帮助，同事姜红霞女士、学生杨晓慧同学对文字整理亦付出了劳动。在此一并致谢。

本书按房地产开发流程编辑，侧重于常识性、实践性、可操作性，以及各环节运作。以期对想了解房地产的朋友、投资消费大众、在校的房地产、物业服务专业的大中专学生，有所帮助。

因理论素养不深，房地产开发的资历尚浅，经验和教训也欠丰富，不当及谬误难除，敬请批评指正，不胜荣幸和感激。

杨通权

2010 年 9 月 29 日